DIE INSPEKTION DER KONZENTRATIONSLAGER 1938–1945

Johannes Tuchel

# DIE INSPEKTION DER KONZENTRATIONSLAGER 1938–1945

## Das System des Terrors

Schriftenreihe der
Stiftung Brandenburgische Gedenkstätten
Nr. 1

EDITION HENTRICH

**Stiftung Brandenburgische Gedenkstätten** Brandenburg Ravensbrück Sachsenhausen

Heinrich-Grüber-Platz
16515 Oranienburg
Telefon: 03301/ 8109 12/25
Telefax: 03301/ 810 928

Schriftenreihe der
Stiftung Brandenburgische Gedenkstätten
Band Nr. 1



Gestaltung
Elke Friedmann, Berlin

Dokumentenfotografie
Hermann Kiessling, Berlin

Lithos
Reprowerkstatt Rink, Berlin

Satz und Druck
Druckhaus Hentrich

Buchbinder
Buchbinderei Heinz Stein, Berlin

ISBN 3-89468-158-6
Printed in Germany
1. Auflage 1994

# Inhaltsverzeichnis

## Die Perversion der Bürokratie – Ein Vorwort

Gegenstand dieses Buches ist die Bürokratie. Seit den Analysen Max Webers galt Bürokratie als eine an Recht und Gesetz gebundene Institution. Die Bürokratie der SS hatte diese Bindung nicht und betätigte sich als Teil eines recht- und gesetzlosen Mord- und Terrorapparates. Wie war es möglich geworden, daß gerade die an Formalien gebundene und an Formen orientierte Bürokratie sich einfügte in das allein am politischen „Führer"-Willen orientierte politische Machtgefüge, das Mord, Krieg, Terror und Entwürdigung über Europa gebracht hatte?
Bürokratie war für Max Weber ein Instrument zur Ausübung von Herrschaft. Die Analysen des großen Soziologen zu diesem Thema kreisen um die Frage, wie dieses Instrument an die Legitimität einer Herrschaftsordnung gebunden werden kann. In der Industriegesellschaft leitet sich die Legitimation der Herrschaft dabei aus der „Rationalität" des Systems ab. Der zur Herrschaft Berechtigte erhält durch feste Regeln wie Gesetze und Verordnungen das Instrument der Bürokratie an die Hand, um seine Funktion erfüllen zu können. Dabei ist die rationale Herrschaft Max Webers mehr als nur formale Legalität. Sie ist Ausdruck eines historischen Entwicklungsprozesses, wo sich aus der charismatischen die traditionale und schließlich eben die rationale Herrschaft entwickelt hat. Diese rationale Herrschaft ist die der Industriegesellschaft entsprechende Formation des politischen Systems. Die Bürokratie ist durch ihre Gesetzesbindung berechenbar, sie ist an Regeln gebunden; Emotionen sollen in ihren Arbeitsabläufen keine Rolle spielen. Die Mitarbeiter der Bürokratie, die Beamten, sind so geschult, daß sie Gesetze und Verordnungen ohne Ansehen der Person umsetzen können und in Verwaltungsangelegenheiten professionell sind. Dabei wird impliziert, daß Bürokratie nicht nur im staatlichen Bereich zu finden ist, sondern auch in der Wirtschaft, bei Verbänden, Vereinen, in der Kultur und in der Wissenschaft.

I.

Diese Bürokratie-Analyse Webers ist aus heutiger Sicht neben den Erfahrungen mit dem Nationalsozialismus aus zwei Gründen problematisch:

1. Bei aller Faszination über die analysierte Perfektion des Idealtypus der Bürokratie sieht Max Weber selber in einer Hinsicht eine immanente Gefahr des bürokratischen Systems: Durch faktische Abkopplung vom legitimen Inhaber der Macht kann sich die Bürokratie verselbständigen und eine „bürokratische Herrschaft" entwickeln, deren Interessen die Erhaltung des status quo und damit der privilegierten Stellung der Beamten bestimmt ist. Wo sich in einer Gesellschaft eine solche bürokratische Herrschaft entwickelt, kommt es zu einer sozialen Stagnation; sozialer Wandel findet nicht mehr statt. Die Verselbständigung der Bürokratie ist eine immer wieder zu beobachtende Erscheinung. Gerade auch in der Bundesrepublik wird gegenwärtig die allzu große Macht der Beamten, verknüpft und verfilzt mit dem Parteiensystem, beklagt. Es werden die hohen Kosten der Gehaltszahlungen für die öffentliche Verwaltung kritisiert, und es wird betont, daß die öffentlichen Haushalte durch den steigenden Anteil der Personalkosten unflexibler wür-

den. Wieweit insgesamt der Zustand der bürokratischen Herrschaft in der Bundesrepublik vorangeschritten ist, läßt sich pauschal nicht sagen. Jedenfalls ist die Tendenz allenthalben festzustellen, und jeder Minister oder sonstige Inhaber politischer Macht auf Zeit muß heute viel Mühe darauf verwenden, mit mikropolitischem Geschick die jeweilige Verwaltung dazu zu bringen, daß sie seinen politischen Willen umsetzt.

2. Welche Rolle die „Leistungsverwaltung" einmal spielen würde, ist in der Weberschen Analyse nicht erkennbar. Ihn interessierte die Bürokratie fast ausschließlich als Instrument der Machtausübung und weniger als Verteiler von Ressourcen bei der Bevölkerung. Hier aber hat ein enormer Zuwachs des Verwaltungspotentials stattgefunden. Allein in den Bereichen „Bildung" und „Soziales" läßt sich von einer Explosion der Kapazitäten sprechen. In diesem Leistungsbereich ist die Selbständigkeit der Bürokratie geradezu gefordert und gilt als Indiz einer bürgernahen Verwaltung. Hier tun sich völlig andere Probleme auf als bei der hoheitlichen Verwaltung, so daß diese beiden Zweige des öffentlichen Dienstes unterschiedlich betrachtet werden müssen und die Weberschen Ansätze mehr für die hoheitlichen als für die Leistungsaufgaben der staatlichen Bürokratie gelten.

## II.

Aber vor allem anderen hat uns der Nationalsozialismus gelehrt, daß Weber in seinem Modell nicht bedacht hatte, welch mörderische Widersprüche sich aus der Tatsache ergeben können, daß die Bürokratie zwar nach einem rationalen Modell konstruiert sein mag, nicht jedoch die Politik, der sie ja dienen soll. Hier spielen im Prozeß der Meinungsbildung und der Machtverteilung charismatische Elemente eine oft entscheidende Rolle. Vor massenpsychologischen Prozessen und charismatischen Erwägungen sind jedoch auch die Angehörigen der Bürokratie nicht gefeit. Vielleicht sind sie noch mehr als andere von emotionalen Strömungen in der Politik eines Staates beeinflußbar, denn viele von ihnen reduzieren politische Herrschaft auf das Problem ihrer persönlichen Beförderung. Aus diesen Erwägungen heraus müssen Zweifel bestehen, ob die Bürokratie in der Lage ist, Grundwerte einer Gesellschaft zu erhalten und sie gegen Gefährdungen zu verteidigen. Der Beamte ist geschult, Machtwechsel im Rahmen der Verfassung zu akzeptieren und loyal mitzutragen. Wie kann er entscheiden, ob der Macht- ein Systemwechsel ist, wo da die Grenzen liegen? Es ist auch höchst fraglich, ob Beamte überhaupt motiviert sein können, Widerstand gegen einen Systemwechsel zu leisten, wenn sie – vielleicht nicht zu unrecht – befürchten müssen, durch den Widerstand ihre privilegierte Stellung zu verlieren. In der Bundesrepublik werden die Nachwuchsbeamten zu demokratischem Verhalten geschult, und sie werden am Wertsystem des Grundgesetzes (Menschenrechte) orientiert. Es ist eine spannende und für die Stabilität der Bundesrepublik entscheidende Frage, ob diese demokratische Berufssozialisation tief genug geht, um den öffentlichen Dienst in Deutschland zu einem Bollwerk der Demokratie zu machen. Wie bei vielem, so ist es auch hier die Frage, ob die Katastrophe des Nationalsozialismus wenigstens bewirkt hat, daß die Ursachen für den Kulturzusammenbruch heute erkannt und beherrschbar sind.

Eine dieser Ursachen war, daß sich die Verwaltung der Weimarer Republik fast reibungslos in den Dienst der Nationalsozialisten gestellt hat, darin nicht schlechter oder besser als alle anderen Teile der Gesellschaft. Aber es geschah noch mehr: Es bildeten sich neue Verwaltungen wie zum Beispiel bei der SS, und die alten Bürokratien arbeiteten ganz normal mit diesen zusammen. Alle nahmen hin, daß offensichtlich gegen die Menschenrechte gerichtete Gesetze erlassen und Maßnahmen durchgeführt wurden wie bei den Rassengesetzen und bei der Entlassung aller Juden aus dem öffentlichen Dienst. Am Ende war es so weit, daß Weisungen gegeben wurden mit dem ausdrücklichen Hinweis auf die Ungesetzlichkeit, und diese Weisungen wurden befolgt; von Leuten, die doch so viel Wert auf die Förmlichkeit ihres Handelns, auf Gesetze und Verordnungen legten. Zuerst also wurde die rationale Legitimität der Vorgaben des Verwaltungshandelns nicht mehr gefordert, dann verzichtete man sogar auf eine – wenn auch zweifelhafte – Legalität.

Die SS-Inspektion der Konzentrationslager ist der Ort für den idealtypischen Verfall des von Max Weber beschriebenen Idealtypus der Bürokratie und ihrer Kultur. Anweisungen, Verfügungen, Abzeichnungen, Siegel und Randbemerkungen haben die gleiche Form wie in jeder anderen Behörde der Welt. Hier dienten sie jedoch der Vernichtung von Menschenleben, nicht der Umsetzung legitimer Herrschaft, nicht der Verteilung begehrter Ressourcen. Diese nach dem Erscheinungsbild ebenfalls Bürokratie zu nennende Institution hatte schließlich jede Bindung an Recht und Gesetz aufgegeben. Daß derartiges möglich war, wie es kam, daß ältere Bürokratien wie die Ministerialverwaltungen oder die Polizei der SS-Perversion nicht entgegentraten oder sie wenigstens mit bürokratischen Tricks sabotierten, das alles ist von der Bürokratieforschung bis heute nicht hinlänglich geklärt worden. Es ist daher zu wünschen, daß dieses Buch zur Pflichtlektüre der Studenten der Verwaltungsfachhochschulen in Berlin, Bernau und anderswo in der Bundesrepublik wird und daß die Bürokratieseminare der Universitäten die hier versammelten Dokumente und Analysen zum Gegenstand ihrer Beratungen machen. Heute kann niemand sicher sein, daß sich ähnliches wie bei der Inspektion der SS nicht wiederholt.

Wird es solche Sicherheit je geben?

Prof. Dr. Jürgen Dittberner

– Direktor der Stiftung Brandenburgische Gedenkstätten –

## Zur Einführung – Das T-Gebäude als Ort der Erinnerung

Es gibt in Deutschland neben einer größeren Zahl von Gedenkstätten für die Opfer des Nationalsozialismus nur wenige Orte, an denen über die nationalsozialistischen Schreibtischtäter informiert und die Möglichkeit genutzt wird, über die Bereitschaft der einzelnen Täter zur Teilnahme an NS-Gewaltverbrechen nachzudenken. Es ist bezeichnend, daß diese wenigen Orte erst in den siebziger oder achtziger Jahren in das öffentliche Bewußtsein gerückt sind.

Zu nennen sind hier an erster Stelle das Gestapo- und SS-Gelände an der ehemaligen Prinz-Albrecht-Straße in Berlin[1] und die Gedenkstätte „Haus der Wannsee-Konferenz"[2]. Während die Diskussion um das Haus der Wannsee-Konferenz Anfang der sechziger Jahre einsetzte und im Januar 1992 zur Eröffnung einer Gedenkstätte führte, geriet das Gelände an der Prinz-Albrecht-Straße erst im Umfeld der 750-Jahr-Feier Berlins 1987 in das Zentrum der Aufmerksamkeit. Hier wird die Stiftung „Topographie des Terrors" 1995/96 ein Internationales Dokumentationszentrum eröffnen. Als dritter Ort ist die Wewelsburg bei Paderborn zu nennen, die in ihrer Doppelstellung als Konzentrationslager und geplantes Zentrum der SS-Weltanschauung einen besonderen Charakter besitzt.[3]

Das bis 1990 im militärischen Sperrgebiet liegende und nicht zugängliche „T-Gebäude" in Oranienburg, der Sitz der Inspektion der Konzentrationslager (ab 1942: Amtsgruppe D des SS-Wirtschafts-Verwaltungshauptamtes), steht zwar in engem räumlichen Zusammenhang mit dem Konzentrationslager Sachsenhausen, seine Bedeutung weist jedoch weit über Sachsenhausen und Oranienburg hinaus.

Im „T-Gebäude" wirkten „Schreibtischtäter" weit entfernt vom Ort der eigentlichen Tat an den nationalsozialistischen Gewaltverbrechen mit. Bis zum Umbruch in der DDR war dieses Gebäude im öffentlichen Bewußtsein nicht präsent.

Erst bei der Diskussion eines Gesamtkonzepts für die Gedenkstätten im Land Brandenburg wurde man auch auf das T-Gebäude aufmerksam. In den „Empfehlungen zur Neukonzeption der brandenburgischen Gedenkstätten" vom Januar 1992 hieß es: „Am ‚T-Gebäude' sollte eine Tafel angebracht werden, die auf die frühere Nutzung des Gebäudes hinweist. Die Kommission hält es für unerläßlich, im Eingangsbereich eine Ausstellung über die hier von 1938 bis 1945 angesiedelte ‚KZ-Inspektion' einzurichten. Die Kommission empfiehlt, das ‚T-Gebäude' vorrangig durch Einrichtungen zu nutzen, die mit der Gedenkstätte in Zusammenhang stehen oder doch mit deren Arbeit kompatibel sind: – die Stiftung ‚Brandenburgische Gedenkstätten' mit ihren verschiedenen Abteilungen . . ., – das Archiv der Gedenkstätte Sachsenhausen, – Tagungsräume der Stiftung und der Gedenkstätte. Vorstellbar ist auch eine Nutzung durch Institutionen der politischen Bildung oder andere Bildungseinrichtungen. Sinnvoll wäre, Institutionen wie der Aktion Sühnezeichen/Friedensdienste, Amnesty International etc. das Anmieten von Räumlichkeiten anzubieten. Für den dann noch verbleibenden Teil von Räumen kommt eine Form behördlicher Nutzung in Frage, die dem Umfeld der Gedenkstätte nicht unangemessen ist."[4]

1 Vgl. dazu Reinhard Rürup (Hrsg.): Topographie des Terrors. Gestapo, SS und Reichssicherheitshauptamt auf dem „Prinz-Albrecht-Gelände". Eine Dokumentation, Berlin 1987 ff. und Johannes Tuchel/Reinold Schattenfroh: Zentrale des Terrors. Prinz-Albrecht-Straße 8. Hauptquartier der Gestapo, Berlin 1986.

2 Vgl. Gerhard Schoenberner: Der lange Weg nach Wannsee. Von der Gründerzeitvilla zur Gedenkstätte, in: Dachauer Hefte 8 (1992), S. 150 ff.; Johannes Tuchel: Am Großen Wannsee 56–58. Von der Villa Minoux zum Haus der Wannsee-Konferenz, Berlin 1992.

3 Vgl. Karl Hüser: Wewelsburg 1933–1945. Kult- und Terrorstätte der SS, Paderborn 1982.

4 Empfehlungen zur Neukonzeption der brandenburgischen Gedenkstätten, in: Stefanie Endlich (Red.): Brandenburgische Gedenkstätten für die Verfolgten des NS-Regimes. Perspektiven, Kontroversen und internationale Vergleiche, Berlin 1992, S. 239.

Diese Empfehlung der Gedenkstätten-Kommission wurde nur zum Teil verwirklicht. Anläßlich des Colloqiums über die Empfehlungen der Kommission erklärte Staatssekretär Prof. Dr. Jürgen Dittberner am 9. März 1992, die Landesregierung habe Anfang März 1992 beschlossen, das T-Gebäude für die Nutzung durch das Finanzamt Oranienburg zur Verfügung zu stellen. Die Umbauten für das Finanzamt veränderten den räumlichen Charakter des Gebäudes noch einmal erheblich.
Ich halte diese Nutzung für falsch, wie ich bereits 1992 betont habe: „Ein Finanzamt oder die Nutzung durch eine andere Verwaltungsdienststelle verbieten sich jedoch aus meiner Sicht an dieser Stelle, der Registratur des Todes aus allen Konzentrationslagern des Dritten Reiches, von selbst. Der Ort, an dem die Erlöse der Sklavenarbeit zwischen 1940 und 1945 peinlich genau registriert und für die Kasse des Deutschen Reiches vereinnahmt wurden, wo die Schreibtische von Eicke und Glücks, von Liebehenschel und Höß standen, eignet sich nicht für die Zwecke der ‚normalen' deutschen Verwaltung."[5]
Auch Detlef Hoffmann beschrieb in seinem Artikel über „vergegenständlichte Erinnerung" das Grunddilemma der Nutzung des Hauses als Finanzamt: „Wenn das T-Gebäude in Sachsenhausen zu einem Finanzamt umgerüstet würde, wäre die Chance vertan, an diesem Ort auch die Täter im Gedächtnis zu behalten: ihre Karteikästen und Schreibtische, ihre Aktenordner und Schreibmaschinen. Falls tatsächlich das Finanzamt einzöge, werden seine Schreibtische und Aktenordner, ergänzt durch Geräte der Datenverarbeitung, vom genius loci erfaßt werden und die Bürokratie der SS symbolisieren oder gar thematisieren. Die schlechten Witze, die dann erzählt werden, wären heute schon aufzuschreiben."[6]
Der Kommissionsbericht von 1991 schlug eine Ausstellung im Eingangsbereich des T-Gebäudes vor. Der kommissarische Leiter der Gedenkstätte Sachsenhausen, Gerhard Emig, bat mich im Sommer 1992, aufgrund meiner Vorarbeiten zur Inspektion der Konzentrationslager[7] im Auftrag des Ministeriums für Wissenschaft, Forschung und Kultur einen Vorschlag für eine Dokumentation im „T-Gebäude" vorzulegen. Auf dieser Grundlage wurde die Dokumentation im Sommer 1993 im Auftrag der Stiftung Brandenburgische Gedenkstätten nach einem Gestaltungskonzept der Berliner Grafikerin Elke Friedmann realisiert und im September 1993 eröffnet.
Die vorliegende Publikation gibt nach einer Einführung in das Thema einen großen Teil der Texte und Dokumente der Ausstellung wieder. Die Einführung will noch einmal vertiefend versuchen, den Ort der Täter und ihre Taten im Gesamtzusammenhang der nationalsozialistischen Gewaltverbrechen zu beschreiben.

Mein Dank gilt an dieser Stelle dem Direktor der Stiftung Brandenburgische Gedenkstätten Prof. Dr. Jürgen Dittberner und seinen Mitarbeitern Markus Ohlhauser, Antje von Meer und Bärbel Topçu. Ich danke herzlich Gerhard Emig, ohne dessen Beharrlichkeit dieses Projekt nicht einmal begonnen worden wäre, und Elke Friedmann für die hervorragende Zusammenarbeit und ein überzeugendes Gestaltungskonzept, das jede Gefahr einer Überinszenierung vermied.

Berlin, im Oktober 1994 Johannes Tuchel

5 Vgl. Johannes Tuchel: Die „Inspektion der Konzentrationslager" und das Oranienburger „T-Gebäude" 1938–1945, in: Brandenburgische Gedenkstätten für die Verfolgten des NS-Regimes (wie Anm. 4), S. 164.

6 Detlef Hoffmann, „Vergegenständlichte Erinnerung", in: Brandenburgische Gedenkstätten für die Opfer des NS-Regimes (wie Anm. 4), S. 138.

7 Vgl. Johannes Tuchel, Konzentrationslager. Organisationsgeschichte und Funktion der „Inspektion der Konzentrationslager" 1934–1938 (= Schriftenreihe des Bundesarchivs, Bd. 39), Boppard 1991.

Luftaufnahme von 1944/45 des Konzentrationslagers Sachsenhausen (oben rechts), des SS-Kasernengeländes (rechts Mitte) und der Inspektion der Konzentrationslager im „T-Gebäude" (Kreis)

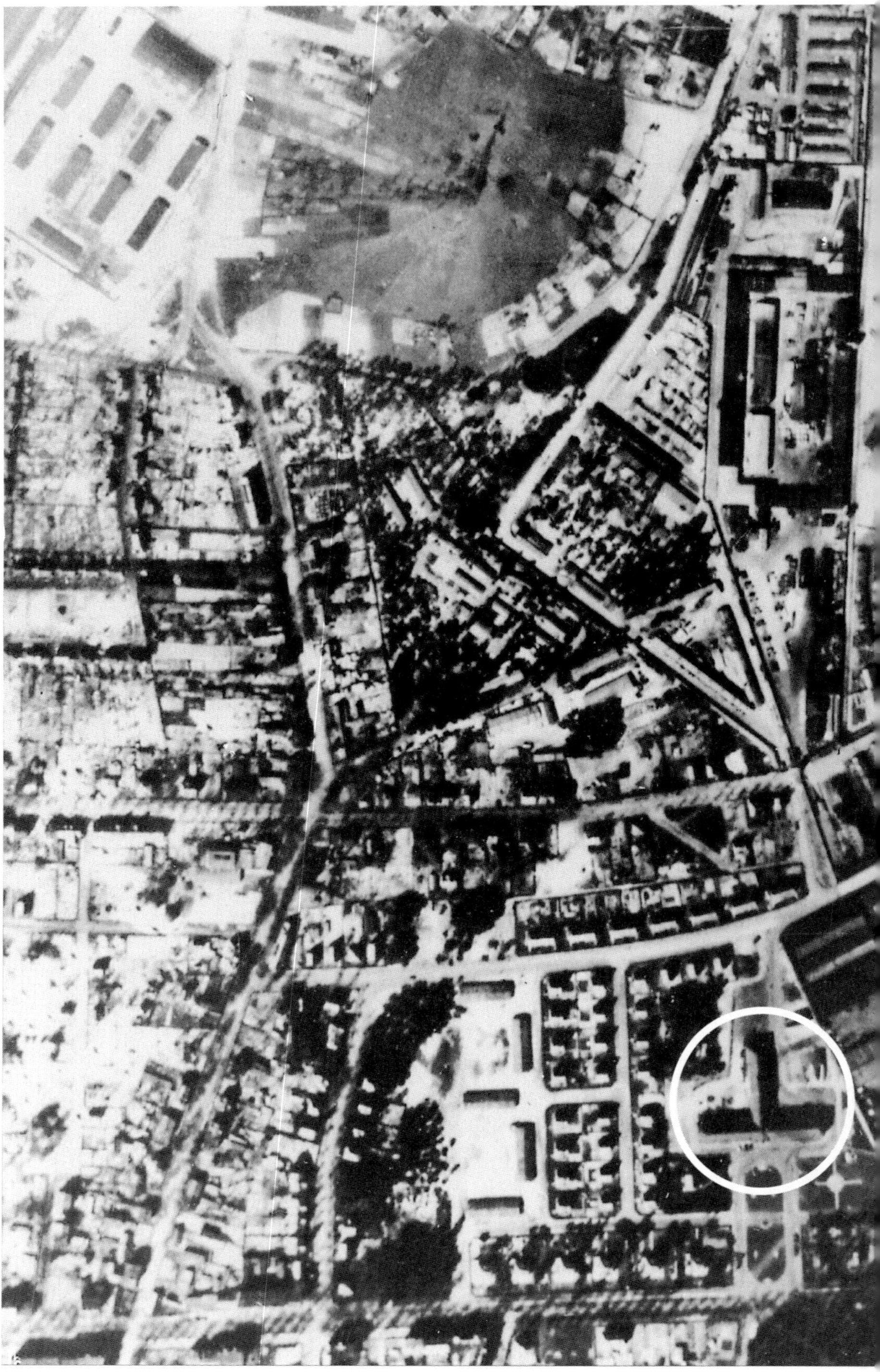

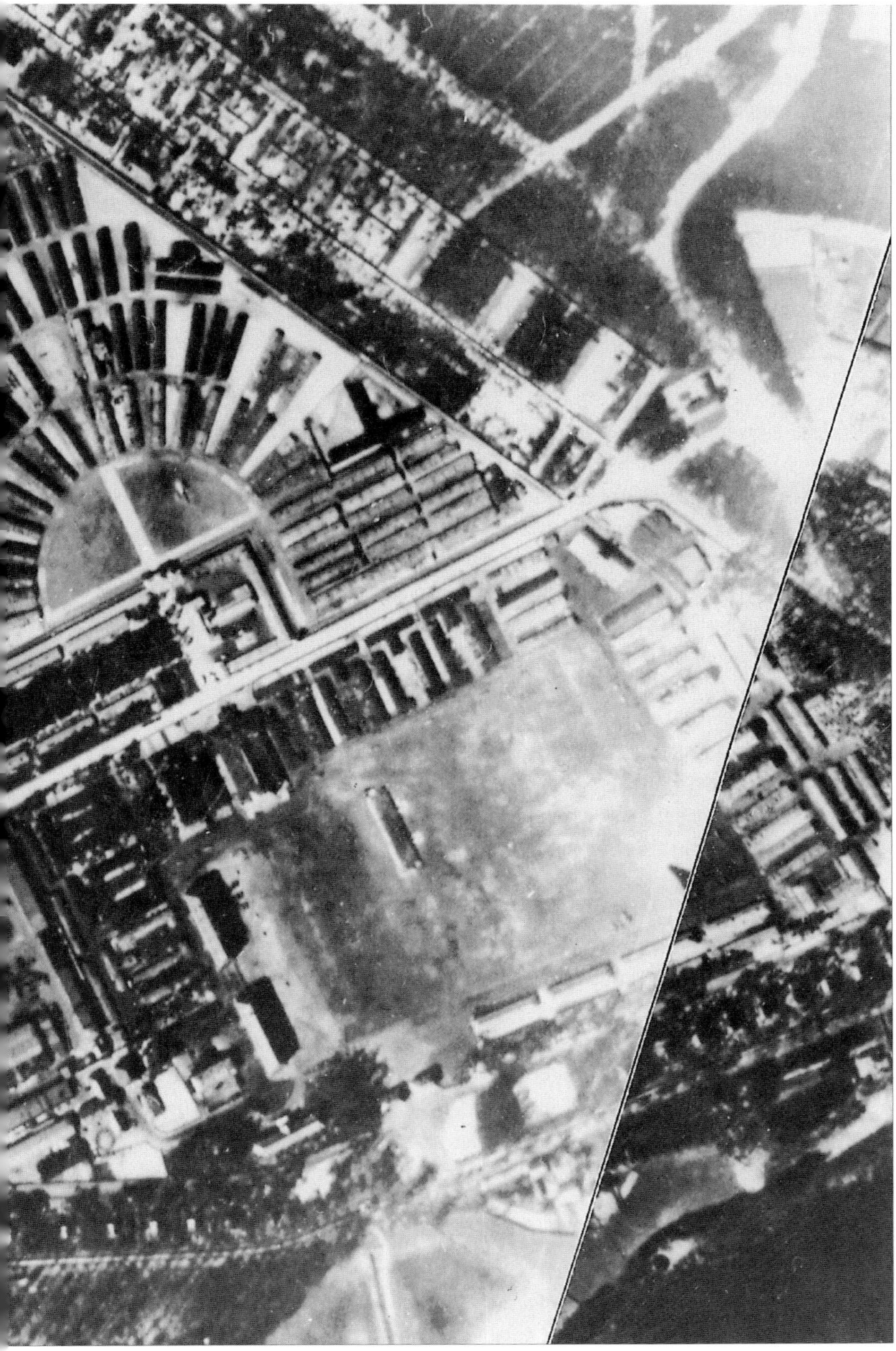

## Die Inspektion der Konzentrationslager im „T-Gebäude"

Die folgenden Überlegungen sollen den Katalogteil dieses Buches (ab S. 25) ergänzen und versuchen zum einen, das T-Gebäude und die Inspektion der Konzentrationslager im örtlichen Gesamtzusammenhang der SS-Anlage in Oranienburg darzustellen. Zum anderen sollen hier einige andere Aspekte vertieft werden, darunter die Funktion der Inspektion der Konzentrationslager im Gesamtzusammenhang der nationalsozialistischen Gewaltverbrechen. Um den Anmerkungsapparat möglichst klein zu halten, wird im folgenden mehrfach auf den Katalogteil und die dort abgedruckten Bilder und Dokumente sowie auf die Arbeit des Verfassers über die Inspektion der Konzentrationslager in den Jahren 1934 bis 1938 verwiesen.[1]

1 Vgl. Johannes Tuchel, Konzentrationslager. Organisationsgeschichte und Funktion der „Inspektion der Konzentrationslager" 1934–1938 (= Schriftenreihe des Bundesarchivs, Bd. 39), Boppard 1991.

### Sachsenhausen und das „T-Gebäude" – Die Architektur der Gewalt

Dachau, Sachsenhausen und Buchenwald sind nicht nur die Namen nationalsozialistischer Konzentrationslager, in denen mehrere hunderttausend Menschen inhaftiert waren und viele von ihnen ermordet wurden oder an den unmenschlichen Lebensbedingungen starben. Vielmehr stehen diese Namen auch für den Versuch der SS, einer Landschaft, einer Stadt, einem Ort das Zeichen des „Schwarzen Korps" einzubrennen. Die Konzentrationslager wurden nach 1933 zum Mittelpunkt eigener „SS-Gebiete". Hier ließ die SS Kasernen für die Wachmannschaften und für die Verbände der Waffen-SS errichten, hier entstanden SS-eigene Werkstätten, Fabriken, Bäckereien und andere Versorgungsbetriebe. Am augenfälligsten wurde dieser Versuch, eine Region unter die Herrschaft der SS zu stellen, dann mit der kartographischen Festlegung des „SS-Interessengebietes" in der gesamten Umgebung des Konzentrationslagers Auschwitz 1941. Tausende von Hektar gerieten unter die Gewalt der SS, wurden von ihr verplant und genutzt.

Oranienburg sollte nach 1935 das Zentrum der SS nördlich von Berlin werden. Dazu mußten Häftlinge aus dem Lager Esterwegen 1936 in Oranienburg das neue KZ Sachsenhausen errichten. Neben dem Lager, das die Form eines fast gleichschenkligen Dreiecks erhielt, entstand ein immer größer werdender Kasernenkomplex für die KZ-Wachverbände, die seit 1936 „SS-Totenkopfverbände" hießen. Auch viele Wohnhäuser für SS-Führer wurden jetzt in der Umgebung des KZ Sachsenhausen gebaut. Die Inspektion der Konzentrationslager und die Führung der SS-Totenkopfverbände zogen im August 1938 in das große Stabsgebäude südlich des KZ Sachsenhausen, das wegen seiner charakteristischen dreiflügeligen Form oftmals noch heute „T-Gebäude" genannt wird. Bis Mai 1945 hatte die Inspektion der Konzentrationslager dort ihren Sitz.

Im Zentrum von Oranienburg gab es bereits 1933/34 ein Konzentrationslager der SA-Standarte 208,[2] das von Theodor Eicke, dem ersten Inspekteur der Konzentrationslager, im Juli 1934 aufgelöst wurde.[3] Seit April 1935 war das Oranienburger Schloß Sitz des SS-Wachverbandes (später SS-Totenkopfverbandes) „Brandenburg", dessen Hundertschaften in wöchentlichem Wechsel den Wachdienst im Berliner Konzentrationslager Columbia-Haus übernahmen.[4]

2 Vgl. Günter Morsch (Hrsg.): Konzentrationslager Oranienburg (= Schriftenreihe der Stiftung Brandenburgische Gedenkstätten Nr. 3), Berlin 1994.

3 Vgl. Johannes Tuchel: Die Systematisierung der Gewalt. Vom KZ Oranienburg zum KZ Sachsenhausen, in: Günter Morsch (Hrsg.): Konzentrationslager Oranienburg (wie Anm. 2), S. 117 ff.

4 Vgl. ausführlich zum KZ Columbia-Haus Kurt Schilde und Johannes Tuchel: Columbia-Haus. Berliner Konzentrationslager 1933–1936, Berlin 1990.

Der Aufbau des Lagers Sachsenhausen wurde im Frühjahr 1936 von Theodor Eicke zielstrebig in Angriff genommen: Im März führte er Gespräche mit dem Forstamt Sachsenhausen, im April besichtigte er zusammen mit anderen SS-Führern das vorgesehene Gebiet. Bereits im Juli 1936 waren die Baupläne, die zum Teil im Konzentrationslager Columbia von Häftlingen gezeichnet worden waren, fertiggestellt, und am 12. Juli 1936 trafen die ersten 50 Häftlinge aus dem Lager Esterwegen als Vorauskommando in Sachsenhausen ein.[5] Die Baracken lieferte die Berliner Firma Kämper & Seeberg, „Spezialwerk für Holzbauten und Inneneinrichtung".[6] Bis Ende September 1936 wurden rund 900 Häftlinge von Esterwegen nach Sachsenhausen gebracht; offiziell wurde das Lager am 5. September 1936 verlegt.[7]

Architekt des T-Gebäudes war aller Wahrscheinlichkeit nach der „Leiter der SS-Neubauleitung Sachsenhausen und Buchenwald" und „Leiter des Baubüros des Inspekteurs der Konzentrationslager", Robert Riedl.[8]

Für seine Leistungen als Bauleiter bei der Errichtung des KZ Sachsenhausen wurde Riedl am 29. Mai 1937 während einer Besichtigung von Heinrich Himmler persönlich zum SS-Untersturmführer befördert.

Riedl war nicht nur Architekt, sondern auch Bauleiter der beiden Konzentrationslager Sachsenhausen und Buchenwald[9] und wurde später von Eicke mit den Worten charakterisiert: „Riedl ist der einzige Bauführer und Architekt, der am Aufbau der Konzentrationslager und SS-Kasernen hervorragenden Anteil hat."[10]

Für die Tatsache, daß Riedl der Architekt des T-Gebäudes war, spricht auch, daß sein Vorgänger Bernhard Kuiper, der bis Ende 1936 den Lageraufbau leitete, auf seiner Planzeichnung vom 8. Juli 1936 ein Gebäude für die Inspektion der Konzentrationslager noch nicht vorgesehen hatte.[11] Erst auf einem undatierten Erweiterungsplan findet sich das Gebäude. Die erste Planung sah ein einfaches Gebäude in Nord-Süd-Richtung mit einem repräsentativen Eingang nach Osten, zum SS-Kasernengelände hin, vor. Dieses Gebäude ist der heutige nördliche Gebäudeflügel. Offenbar mitten in der Bauphase wurde eine Erweiterung des Gebäudes beschlossen und ein Querflügel

5 Vgl. dazu Interview mit Werner Peuke, Kopie im Besitz des Verfassers, sowie Georg Wolff, Kalendarium der Geschichte des KZ Sachsenhausen – Strafverfolgung, Oranienburg 1987, S. 6 ff.

6 Vgl. BAK, NS 4 Flossenbürg/50. Schreiben vom 22. August 1938.

7 Internationaler Suchdienst des Roten Kreuzes in Arolsen, Historische Abteilung, Ordner Allgemeines 6–7 a.

8 Robert Riedl. Geb. am 30. 7. 1912. NSDAP-Eintritt zum 1. 5. 1933 mit der Nr. 2336309. SS-Eintritt zum 1. 3. 1933 mit der Nr. 96363. Als Sohn eines Bauführers in Schönwald/Oberfranken geboren. Besuch der Volksschule, danach zwei Jahre Berufsfortbildungsschule. Im April 1926 Beginn einer Maurerlehre, ab dem 1. 10. 1928 Vorkurs an der höheren Technischen Lehranstalt in Nürnberg, danach drei Semester Studium. Februar – Oktober 1931 arbeitslos, danach bis Juni 1933 Architekturpraktikant. Bauleitung für Kleinsiedlungen, ab Oktober 1933 Bauleitung für das Hochbauamt in Selb (Moorkultivierungen des Arbeitsdienstes). Am 15. 2. 1935 Eintritt in die Wachtruppe „Oberbayern", seit April 1935 Kommandanturangehöriger im KZ Dachau. 1. 3. 1936 Oberscharführer, seit November 1936 im KZ Sachsenhausen. Über die Tätigkeit von Riedl zwischen Sommer 1940 und Ende 1941 konnten keine Informationen ermittelt werden. Von Herbst 1941 bis zum 21. 1. 1942 war er Leiter der „Bauinspektion der Waffen-SS und Polizei Ostraum Mitte" in Mogilew, daran anschließend Leiter der „Bauinspektion der Waffen-SS und Polizei Norwegen" in Oslo, die später in die Dienststelle „Der SS-Wirtschafter – Gruppe Bauwesen" umgewandelt wurde. Zum 1. 3. 1944 wurde er als Leiter der „Bauinspektion der Waffen-SS und Polizei Reich West" nach Wiesbaden versetzt und am 20. 6. 1944 noch zum SS-Sturmbannführer befördert. Am 26. 6. 1944 bescheinigte ihm SS-Gruppenführer Hans Kammler, Leiter der Amtsgruppe C (Bauwesen) des SS-WVHA, unter anderem „alten Staffelgeist" und „gutes militärisches Auftreten" (Alle Angaben nach BDC, Riedl). Nach 1945 lebte Riedl als Architekt in der Bundesrepublik. Ein Strafverfahren gegen ihn wurde nicht durchgeführt.

9 Vgl. dazu Johannes Tuchel, Konzentrationslager (wie Anm. 1), S. 270 ff.

10 Berlin Document Center (BDC), Personalakte Riedl. Schreiben vom 20. 10. 1938.

11 Brandenburgisches Landeshauptarchiv Potsdam, Rep II A, III Forsten, Akte 16238, Plan vom 8. Juli 1936.

an den Nordflügel angesetzt, der dem Gebäude die heute vorhandene charakteristische Form eines umgedrehten „T" verlieh. Der südliche Querflügel war alleine größer als das vorher geplante Gebäude; er wurde komplett unterkellert. 1939 war das gesamte Gebäude endgültig fertiggestellt. In den Gesprächen und Haushaltsanmeldungen, die zwischen Gestapo, SS und Preußischer/Reichsfinanzverwaltung geführt wurden, findet das „T-Gebäude" nur einmal in einer Aufzählung von SS-Bauten Erwähnung. Offiziell sind für den Bau weder von Preußen noch vom Reich Mittel bewilligt worden.[12]

Hinweise auf Bauakten des Gebäudes haben sich noch nicht gefunden; wie das gesamte Lager Sachsenhausen wurde auch das „T-Gebäude" unter Ausnutzung der Zwangsarbeit der Häftlinge errichtet und im übrigen aus Parteimitteln der NSDAP und aus den Geldern, die für den Verkauf des Lagers Esterwegen an die Reichsjustizverwaltung erzielt wurden, gebaut. Während der Bau des Lagers Sachsenhausen noch von der Preußischen Oberrechnungskammer kritisiert wurde, weil die SS einen vollkommen unzureichenden Geldnachweis führte,[13] haben sich ähnliche Hinweise, die Aufschluß über die Baugeschichte des „T-Gebäudes" geben könnten, noch nicht finden lassen.

Seit dem 2. August 1938 war im „T-Gebäude" die „Inspektion der Konzentrationslager" (IKL) untergebracht. Sie hatte bis dahin ihren Sitz im Zentrum Berlins – 1934/35 in der Prinz-Albrecht-Straße 8, 1936 in der Wilhelmstraße 98 und 1936/38 in der Friedrichstraße 129, Block F – gehabt. Nach der Errichtung Sachsenhausens, mit dem Oranienburg das Zentrum der SS in der Nähe Berlins werden sollte, war es nur logisch, daß die zentrale Führung der Konzentrationslager in die Nähe des neuen großen Lagers verlegt wurde. Hier blieb sie bis Mai 1945.

Über dem Eingang des T-Gebäudes mit seinen rötlichen Steinen wurde das SS-Motto „Meine Ehre heißt Treue" in erhabenen Buchstaben angebracht, auf und neben den Pfeilern zwischen den einzelnen Eingangstüren waren die Wappen der Totenkopfstandarten zu sehen.[14]

Von einem großen und repräsentativen Foyer aus, das ständig von einer Wache und einem Unteroffizier vom Dienst überblickt wurde, gingen Flure in drei Richtungen. Von hier aus wurde auch die erste Etage über zwei Treppen an der Rückseite des Foyers erschlossen. Im handgeschmiedeten Treppengeländer waren Hakenkreuze, Schmuckrosetten und SS-Runen zu sehen.[15]

Der Raum über dem Foyer war das ehemalige Arbeitszimmer des Inspekteurs der Konzentrationslager (1934–1939 Theodor Eicke, 1939–1945 Richard Glücks). Unklar ist, ob es nur den direkten Zugang vom Treppenhaus gab oder ob Eicke und Glücks noch eine Verbindung zu einem Vorzimmer links vom Arbeitszimmer besaßen.

Eine Rekonstruktion der übrigen Belegung des Hauses in den Jahren 1939 bis 1945 ist vor allem für das Erdgeschoß möglich.[16] Grundlage dafür ist ein von der örtlichen Finanzamtsbauleitung zur Verfügung gestellter Plan[17], dessen Blaupause offensichtlich vor 1945 gefertigt wurde und der noch Original-Einträge wie „Wache", „Turnhalle" u. a. schwach lesbar enthält, sowie das Fernsprechverzeichnis der Amtsgruppe D des SS-Wirtschafts-Verwaltungshauptamtes (WVHA) nach dem Stand vom 15. Januar 1945.[18] Danach ist rekonstruierbar, daß im Erdgeschoß des Hauses

12 Vgl. Bundesarchiv Koblenz, R 2/1263. Diverse Schreiben über den Haushalt der SS-TV und KL 1936–1939.

13 Geheimes Staatsarchiv Preußischer Kulturbesitz, Rep. 151/424. Vermerk der Preußischen Oberrechnungskammer vom 10. 2. 1937.

14 Heute sind lediglich die Wappenschilder noch erkennbar. An seinem typischen Rautenmuster kann das Wappen des SS-Totenkopfverbandes „Oberbayern" noch am besten identifiziert werden.

15 Vgl. Bild 40.2. Nach 1945 wurden die Hakenkreuze entfernt und ein Teil der Runen abgesägt.

16 Vgl. Dokument 36.6.

17 Undatierter Plan, rechts unten der Vermerk „Quartier-Unterkunfts-Nutzungsamt"; der Plan wurde offensichtlich von einer Originalpause der Zentralbauleitung der Waffen-SS Oranienburg abgepaust, von dem lediglich der Herkunftsnachweis am unteren Rand des Plans auf der ganzen Länge abgeschnitten wurde. Der gesamte Plan wurde mit Bleistift, offensichtlich in anderem Maßstab, überzeichet und ist nur schwach erkennbar.

18 Bundesarchiv Koblenz, NS 4 Flossenbürg/59. Abgedruckt unten als Dokument 36.7.

diverse technische Einrichtungen, eine Turnhalle, eine Waffenkammer, eine Bekleidungskammer, die Abteilungen des Amtes D I und die Rechtsabteilung der Inspektion der Konzentrationslager untergebracht waren. Im ersten Obergeschoß saßen neben dem Inspekteur der Konzentrationslager (Eicke, Glücks) dessen Stellvertreter (Liebehenschel, Maurer) und große Teile des Amtes D II („Arbeitseinsatz der Häftlinge").
Das Gebäude diente nicht nur als Dienst-, sondern auch als Wohngebäude für 80 bis 120 SS-Männer und Unterführer der Amtsgruppe D, die unter dem Dach untergebracht waren.[19] Neben der Inspektion KL waren im T-Gebäude ebenfalls noch die KfZ-Zulassungsstelle der gesamten Waffen-SS und die „Kriegsgeschichtliche Forschungsabteilung der Waffen-SS", aber auch das Kommando der SS-Totenkopfstandarten (-Sturmbanne) untergebracht.[20]
Über die Nutzung des Gebäudes nach 1945 liegen nur unvollständige Angaben vor. Sicher ist, daß der gesamte Komplex spätestens seit den fünfziger Jahren von einer Mot.-Schützen-Brigade der Nationalen Volksarmee der DDR genutzt wurde und diese Nutzung erst 1990 endete. In diesen Jahren war weder das Gebäude noch das umliegende Gelände zugänglich; in der Gedenkstätte Sachsenhausen fanden sich nur spärliche Hinweise auf die Lage und die Nutzung des Gebäudes.[21]
Die Umbauarbeiten 1991 haben das Gebäude erheblich verändert. Es sind nur noch spärlichste Elemente seiner Nutzung in der NS-Zeit zu erkennen – etwa einzelne SS-Runen in einem Teil der Treppengeländer oder andere Schmuckornamente. Vor allem im Foyer läßt sich durch den Einbau modernster Feuerschutztüren und einer sehr modernen Verglasung der Portiersloge nichts mehr vom historischen Charakter des Gebäudes erkennen. Ein mißverstandener Denkmalschutz führte dazu, daß sowohl im Foyer als auch im 1. Obergeschoß im Flurbereich schwere schmiedeeiserne Leuchter aufgehängt wurden, die „dem Geschmack der Zeit entsprochen haben könnten".

### Die Schreibtischtäter und ihre Taten

Eine Analyse der überlieferten Akten der Inspektion der Konzentrationslager zeigt, mit welcher Detailbesessenheit kleinste und auch auf den ersten Blick unwichtig erscheinende Vorgänge in den Konzentrationslagern überall in Deutschland und in den besetzten Gebieten von der Inspektion geregelt werden sollten. Neben dieser zentralistisch arbeitenden Bürokratie stand – und damit ist ein Grundproblem angesprochen – die zügellose Gewalt und Willkür in den Lagern. Beide Elemente widersprechen sich nicht, sondern ergänzen einander zum System des nationalsozialistischen Terrors.
Es waren Elemente der „normalen" Bürokratie, mit denen hier über menschliche Schicksale entschieden wurde. Aktenvermerke, Bestimmungen, Ausführungsverordnungen – sie alle wurden mit der gleichen Unbeteiligtheit und „Normalität" ausgefüllt, wie es überall von der deutschen Bürokratie bekannt ist. 300 Tote täglich im Konzentrationslager Auschwitz werden hier zu „Beurkundungsziffern", für die es galt, eine „Such- und Vermerkkartei" einzurichten. Selbstverständlich war hierfür eine vorgedruckte Karteikarte notwendig, deren Druck vom Amt D IV veranlaßt werden mußte.[22] Verwaltung und Bürokratie prägten den Charakter des Gebäudes.

19 Staatsanwaltschaft beim Landgericht Koblenz (im folgenden: StA), Verfahren 9 Js 127/68, Bl. 762 f. Das Verfahren der StA Koblenz, 9 Js 127/68 gegen ehemalige Angehörige der Ämter D I und D II des SS-WVHA durfte von mir mit freundlicher Genehmigung des Leitenden Oberstaatsanwalts in Koblenz ausgewertet werden. Zu den Auflagen für die Einsicht gehört, daß „bei der schriftlichen Behandlung . . . aus der Art der Darstellung ein Schluß auf einen der Verfahrensbeteiligten nicht möglich sein" darf (Brief vom 3. 5. 1983 an den Verfasser). Daher sind im folgenden die Namen der Verfahrensbeteiligten, soweit es sich nicht um Personen der Zeitgeschichte handelt, abgekürzt worden.

20 Ebenda, Blatt 784 f.

21 Vgl. unten, Tafel 40.

22 Zentrale Stelle der Landesjustizverwaltungen, Ordner 510. Vgl. unten, Dokument 30.4.

Die Inspektion der Konzentrationslager besaß zentrale Lenkungs- und Leitungsfunktionen für sämtliche Konzentrationslager. Der Täter entschied über eine Tat, die weitab von Oranienburg verübt wurde. Die Distanz zwischen Täter und Tatort sowie die Arbeitsteilung zwischen Inspektion und den Lagern ermöglichte den systematischen Terror in den nationalsozialistischen Konzentrationslagern. Die Arbeitsteilung war zugleich auch keinerlei Hindernis für die brutale Gewalt der Angehörigen der einzelnen Lagerkommandanturen gegenüber den Gefangenen.

Rund 20 SS-Führer und mehr als 80 SS-Männer[23] sollten von diesem Gebäude aus die Konzentrationslager nach den Vorgaben von Himmler, Pohl und Glücks kontrollieren und die Ziele der nationalsozialistischen Gewaltpolitik umsetzen. Dies geschah nicht vor den Augen der Öffentlichkeit, sondern im stillen. So liegen uns keine Selbstzeugnisse der Täter aus der Zeit vor 1945 vor, sondern lediglich einige pathetische Artikel in der SS-Zeitung „Das Schwarze Korps", in der über den Kampf an der „Inneren Front" berichtet wurde.

In einem Ermittlungsverfahren der Zentralen Stelle der Landesjustizverwaltungen in Ludwigsburg, das später an die Staatsanwaltschaft beim Landgericht in Koblenz abgegeben wurde, wurden ab 1965 einige der SS-Männer, die bis 1945 in der Inspektion gearbeitet haben, befragt. Obwohl derartige Aussagen in staatsanwaltlichen Ermittlungsverfahren immer mit besonderer quellenkritischer Vorsicht zu analysieren sind, sind sie in diesem Fall doch die einzigen Zeugnisse über die Vorgänge im T-Gebäude vor 1945.

So heißt es in der Aussage eines als Schreibkraft eingesetzten SS-Unterscharführers, der von Mitte 1942 bis Januar 1945 im Amt D I des SS-Wirtschafts-Verwaltungshauptamtes vor allem mit der Sortierung und Ablage von Sterbeurkunden befaßt war: „Diese Sterbeurkunden wurden alphabetisch in einem Kellerraum, der gut eingerichtet war, aufgehoben und abgelegt.[24] Kamen irgendwelche Anfragen über einen Verstorbenen, so mußte ich dessen Sterbeurkunde herbeiziehen und Otto (Obersturmführer, Leiter der Abt. D I 1, d. V.) vorlegen. Diese Tätigkeiten führte ich täglich durch. Später wurde ich in einen Büroraum mit Verbindungstür zum Arbeitszimmer des Otto gesetzt, wo ich Unger (Untersturmführer, direkter Vorgesetzter des Zeugen) und Süß (Oberscharführer, Nachfolger von Unger, d. V.) bei leichten Büroarbeiten zur Hand ging. Später sammelte ich die eingehenden Stärkemeldungen, die per Fernschreiber von den einzelnen KL eingingen. Diese faßte ich dann zusammen nach folgenden Gesichtspunkten: Alter, Belegungsstand, Zugänge, Abgänge in andere Lager, Todesfälle, Sonderrubrik SB (Sonderbehandlung). Weiterhin hatte ich die Aktenablage zu verwalten: Meldungen von KL über vereinzelte Fluchtversuche und Sprecherlaubnisse . . . Die o. a. Tätigkeit der Zusammenfassung der Belegungsstände wurde von mir monatlich einmal zu einer großen Statistik zusammengefaßt, die dann von Süß als ‚geheime Reichssache' an den Reichsführer SS abgesandt wurde. Unterschrieben wurde diese Aufstellung von Glücks."[25]

Ein Oberscharführer aus der Fernschreibstelle der Amtsgruppe D sagte aus: „Gelegentlich kamen über Fernschreiber lange Transportlisten." Zum Beispiel wurde gemeldet, „daß auf dem Transport von Prag nach Auschwitz meinetwegen 50 Personen verstorben waren – sie wurden dann namentlich aufgeführt" oder „der Sonderbehand-

23 Vgl. unten, Dokument 36.5

24 Wenn man sich die reinen Sterblichkeitsziffern (ohne die Massenmordaktionen) in den Konzentrationslagern vor Augen hält, wird deutlich, daß diese Kartei mindestens 300 000 Todesurkunden umfaßt haben muß. Bei dieser vorsichtigen Schätzung ist berücksichtigt, daß viele Todesfälle in den letzten Monaten des Krieges überhaupt nicht mehr beurkundet wurden. Diese Sterberegistratur aller deutschen Konzentrationslager ist ebenso wie der größte Teil aller Akten der Amtsgruppe D im Frühjahr 1945 in Oranienburg vernichtet worden. Ein Teil der Unterlagen über die Häftlinge und allgemeines Schriftgut wurde in ein Kalibergwerk nach Wanzleben am See bei Halle ausgelagert und muß als verschollen gelten. Die Personalkartei aller sowohl in den Kommandanturen als auch bei den Wachverbänden eingesetzten SS-Angehörigen befand sich bis Ende Januar 1945 in Oranienburg, wurde dann nach Halle ausgelagert und kam später in das KZ Flossenbürg. Sämtliche Karteikarten sind dort Ende April 1945 verbrannt worden. Die umfangreichen Akten des Amtes D II wurden nach Rostock gebracht und sollen dort verbrannt worden sein.

25 StA Koblenz, 9 Js 127/68, Bl. 825 ff.

lung zugeführt" – wieder mit Namenslisten – oder „gesondert untergebracht und dem Arbeitseinsatz zugeführt" – ebenfalls mit Namenslisten. „Hauptschriftverkehr waren Versetzungen und Personenstandsmeldungen ... Durch die vielen Versetzungen von Bewachungsmannschaften u. dgl. entstand ein riesiger Wust von Fernschreiben. Ebenso wurden Verpflegungs- und Bekleidungsanforderungen, selbst die Abstellung von Wachhunden, über Fernschreiben abgewickelt."[26]

Die Täter versuchten nach 1945, ihre Taten zu leugnen und zu verdrängen. So hieß es etwa: „Wir haben zwar alle geahnt, was in den Konzentrationslagern los war, aus Fernschreiben jedoch konnte man nichts entnehmen."[27] Der Befragte ergänzte dann: „Wir erhielten über Fernschreiben lediglich nichtssagende Vollzugsmeldungen etwa folgenden Inhalts: ‚gesondert untergebracht 2 500 Personen' oder ‚dem Arbeitseinsatz zugeführt'."

Ein anderer Mitarbeiter der Fernschreibstelle erinnerte sich jedoch: „Wir wußten alle, daß in den Konzentrationslagern schreckliche Verbrechen begangen wurden. Unsere Devise war deshalb ‚Nichts hören, nichts sehen, nichts wissen'. Aber dennoch hat man über verschiedene Dinge Kenntnis erhalten. So habe ich als Fernschreiber täglich die von den KL eingehenden Todesmeldungen entgegengenommen. Diese waren zur Unterrichtung der Angehörigen an die örtlichen Wohnort-Gestapo-Dienststellen weiterzugeben. Als Todesursache waren m. E. fingierte Krankheiten angegeben worden.... Ich kann mich noch an eine Meldung des KL Auschwitz erinnern, in der für eine Woche die Zahl der Abgänge mit 15 000 angegeben war.... Der Name Zyklon war uns bekannt und wir wußten, daß dies ein Mittel zur Vernichtung der Juden war und hierzu auch gebraucht worden ist."[28]

Das Eingeständnis, von Verbrechen gewußt zu haben, blieb jedoch ein Einzelfall bei den Befragungen der ehemaligen Angehörigen der Inspektion der Konzentrationslager durch deutsche Ermittlungsbehörden. Festzuhalten gilt, daß von deutschen Gerichten kein einziger früherer Mitarbeiter der Inspektion der Konzentrationslager wegen seiner Beteiligung an nationalsozialistischen Gewaltverbrechen verurteilt oder auch nur angeklagt worden ist.[29]

26 StA Koblenz 9 Js 127/68, Bl. 840 ff.

27 Ebenda.

28 Ebenda, Blatt 954.

29 Der Schwerpunkt der Koblenzer Ermittlungen lag in den Jahren 1968 bis 1974. Obwohl die StA Koblenz eine Reihe von Angehörigen der Amtsgruppe D ermittelte, lagen ihr doch grundlegende Dokumente wie etwa die „Namentliche Liste der Führer, Unterführer und Männer Stab/Amtsgruppe D" (vgl. unten, Dokument 36.5) oder gar das eine vollständige Geschäftsverteilungsübersicht enthaltende „Fernsprechverzeichnis" der Amtsgruppe D vom 15. 1. 1945 (Vgl. unten, Dokument 36.7) nicht vor. Der zusätzliche Verzicht auf Ermittlungen gegen Angehörige der Inspektion der Konzentrationslager vor 1939 trug dazu bei, ein fragmentiertes Bild der Ämter D I und D II entstehen zu lassen. Alle besonderen Probleme eines Ermittlungsverfahrens bei nationalsozialistischen Gewaltverbrechen sind an diesem Beispiel ablesbar: Der Sachverhalt war bei Ermittlungsbeginn durch die Wissenschaft nur mangelhaft historisch erforscht, die Dokumente waren fragmentarisch und verstreut, der Beginn der Ermittlungen lag zu spät und führte bei den Beschuldigten zu einem tatsächlichen oder vorgeschobenen Erinnerungsverlust. Hat die Einstellung des Ermittlungsverfahrens nur daran gelegen, daß die höheren Dienstgrade für die Ermittlung ausfielen (durch Selbstmord u. a. Glücks, Lolling; durch Verurteilung von alliierten oder ausländischen Gerichten u. a. Sommer, Liebehenschel, Höß, Burger), oder hätten nicht trotz all dieser Behinderungen ein früherer Ermittlungsbeginn und sorgfältigere Ermittlungen zu einem besseren Ergebnis führen können?

## Die Inspektion der Konzentrationslager im Gesamtzusammenhang der nationalsozialistischen Gewaltverbrechen

Die Inspektion der Konzentrationslager, ab 1942 als Amtsgruppe D des SS-Wirtschafts-Verwaltungshauptamtes, war an verschiedensten nationalsozialistischen Gewaltverbrechen maßgeblich beteiligt. Zu nennen sind dabei die Massenmorde an sowjetischen Kriegsgefangenen, die Ermordung kranker Häftlinge in den Konzentrationslagern und die Beteiligung am Völkermord an den Juden Europas. Die Verantwortung der Inspektion reichte dabei von der zentralen Organisationsebene bis zur Verteilung des Zahngoldes der im Vernichtungslager Auschwitz Ermordeten.

Die politischen Entscheidungen, die diesen Verbrechen vorangingen, fielen an anderer Stelle. Sie wurden von Hitler selbst, oft in enger Abstimmung mit Heinrich Himmler und anderen NS-Führern, getroffen. Adolf Hitler war nicht jener „schwache" Diktator, als der er heute oftmals dargestellt wird.[30] Für Hitler waren die Konzentrationslager Instrumente zur Unterdrückung und Vernichtung des politisch und rassistisch definierten Gegners. Dies zeigen einige Äußerungen aus den Jahren 1941 und 1942. In der Nacht vom 14. auf den 15. September 1941 erklärte Hitler: „Ich habe dem Reichsführer-SS Weisung gegeben, falls einmal mit inneren Unruhen zu rechnen sein sollte, alles aus der Welt zu räumen, was sich in den Konzentrationslagern findet; damit ist der Masse die Anführerschaft genommen."[31] Ähnlich brutal hieß es am 7. April 1942: „Wenn heute irgendwo im Reich eine Meuterei ausbreche, so würde er sie mit Sofortmaßnahmen beantworten. Als erstes würde er: a) noch am Tage der ersten Meldung alle leitenden Männer gegnerischer Strömungen, und zwar auch die des politischen Katholizismus, aus ihren Wohnungen heraus verhaften und exekutieren lassen; b) alle Insassen von Konzentrationslagern würde er innerhalb von drei Tagen erschießen lassen; c) alle kriminellen Elemente, gleichgültig, ob sie zur Zeit in Gefängnissen wären oder sich in Freiheit befänden, würde er aufgrund der vorhandenen Listen ebenfalls binnen drei Tagen zur Exekution sammeln und erschießen lassen ..."[32] Für Hitler waren die Häftlinge in den Konzentrationslagern „Gesockse", dessen Erschießung „die Meuterei aus Mangel an meuternden Elementen und Mitläufern von selbst zusammenbrechen" lassen würde.[33]

Heinrich Himmler setzte die Weisungen und die Befehle Hitlers um. Seine Instrumente für die Verfolgung des politischen Gegners und den rassistisch motivierten Massenmord waren die Hauptämter der SS und der gesamte deutsche Polizeiapparat. Himmler ließ der Inspektion der Konzentrationslager bewußt bis 1942 ihre organisatorische Eigenständigkeit. Dies ermöglichte erst die arbeitsteilige Verfolgung des weltanschaulichen Gegners mit dem Instrument der KZ-Haft, die von der Polizei angeordnet, deren völlig unzureichende Lebensbedingungen allerdings von der Inspektion bestimmt wurden.

Die umfassende Beteiligung der Inspektion der Konzentrationslager an den nationalsozialistischen Gewaltverbrechen setzte nach dem deutschen Überfall auf die Sowjetunion und dem damit verbundenen Rassen- und Weltanschauungskrieg ein.

In den Jahren 1941/42 war die Inspektion führend an den Massenexekutionen sowjetischer Kriegsgefangener und an den systematischen Morden an kranken und

30 Vgl. dazu ausführlich Johannes Tuchel, Konzentrationslager (wie Anm. 1), S. 351 ff.

31 Adolf Hitler: Monologe im Führerhauptquartier 1941–1944. Die Aufzeichnungen Heinrich Heims. Hrsg. von Werner Jochmann, Hamburg 1980, S. 59.

32 Henry Picker: Hitlers Tischgespräche im Führerhauptquartier 1941–1942. Stuttgart 1963, S. 258.

33 Ebenda.

schwachen Häftlingen beteiligt. Seit Herbst 1941 koordinierte sie die Ermordung jener sowjetischen Kriegsgefangenen, die die Gestapo als angebliche „Politkommissare" in den Kriegsgefangenenlagern des Reichsgebietes auswählte.[34] Erkennbar ist, daß der Inspektion eine „reibungslose" Durchführung dieser Aktion besonders wichtig war und sie Belohnungen für die Mörder aussetzte. Unter dem Betreff „Einmalige Zuwendungen für Exekutionen" teilte Arthur Liebehenschel, Chef des Amtes D I, am 11. November 1941 dem Kommandanten des KZ Groß-Rosen mit, daß „aus Sondermitteln als einmalige Zuwendung zur Verteilung an die Beteiligten bei der Durchführung der Exekutionen dem dortigen Konzentrationslager der Betrag von RM 600.--" zur Verfügung gestellt wurde.[35]

Die Spuren sollten vertuscht werden. Als der Lagerkommandant von Groß-Rosen, Arthur Rödl, am 19. November 1941 bei der Inspektion anfragte, ob bei einer Vorschlagsliste für Kriegsverdienstkreuze „unter ‚Begründung und Stellungnahme des Zwischenvorgesetzten' als Begründung ‚Exekution bezw. Sonderaktion' oder eine allgemein übliche Begründung angegeben werden sollte",[36] holte er sich eine scharfe Abfuhr. Liebehenschel antwortete: „In den Vorschlagslisten für die Verleihung der Kriegsverdienstkreuze an SS-Angehörige, die an den Exekutionen beteiligt waren, ist unter Begründung einzutragen: ‚Durchführung von kriegswichtigen Sonderaufgaben'. Das Wort ‚Exekutionen' darf auf keinen Fall erwähnt werden."[37] Seit dem 15. November 1941 wurde bei den „in die Konzentrationslager zur Exekution überstellten russischen Kriegsgefangenen (insbesondere Kommissare), die auf Grund ihrer körperlichen Beschaffenheit zur Arbeit in einem Steinbruch eingesetzt werden können, die Exekution aufgeschoben"[38].

Seit Herbst 1939 lief unter der Tarnbezeichnung „T 4" (für den Sitz der Organisation in der Berliner Tiergartenstraße 4) die große Mordaktion an Kranken, die mit dem Begriff der „Euthanasie" (Sterbehilfe) zusätzlich verschleiert werden konnte. Bereits Anfang 1941 setzte sich Himmler mit dem für T 4 zuständigen Chef der Kanzlei des Führers, Philipp Bouhler, in Verbindung. Sein Ziel war es, von den als „Gutachtern" für T 4 tätigen Ärzten, die die Mordopfer auswählten, auch die Häftlinge in den Konzentrationslager selektieren zu lassen.[39] Die erste Erfassung wurde im April 1941 im Konzentrationslager Sachsenhausen durchgeführt; beim Inspekteur der Konzentrationslager erhielt die Aktion die Tarnbezeichnung „14 f 13" aus dem SS-Einheitsaktenplan. Die gesamte Organisation lag bei der Inspektion der Konzentrationslager. Insgesamt wurden im Rahmen der Aktion „14 f 13" mindestens 15 000, vermutlich aber bis zu 20 000 Menschen, kranke oder einfach nur geschwächte Häftlinge, ermordet.[40] Am 27. April 1943 teilte Glücks den Lagerkommandanten mit: „Der Reichsführer SS und Chef der Deutschen Polizei hat auf Vorlage entschieden, daß in Zukunft nur noch geisteskranke Häftlinge durch die hierfür bestimmten Ärztekommissionen für die Aktion 14 f 13 ausgemustert werden dürfen. Alle übrigen arbeitsunfähigen Häftlinge . . . sind grundsätzlich von dieser Aktion auszunehmen."[41]

Die Amtsgruppe D war auch an der Koordination des Völkermords an den Juden Europas, der „Endlösung der Judenfrage" und am Genozid an den Sinti und Roma beteiligt.[42] Bereits im März 1942 wirkt Liebehenschel an der Deportation der slowakischen Juden in die Lager Auschwitz und Lublin-Majdanek mit. Die Inspektion organi-

34 Vgl. unten, Tafel 13.

35 Staatsarchiv Nürnberg, Kriegsverbrecher-Anklage, Beweisdokumente (= im folgenden: IMT) PS 1150 und NO 1991.

36 BAK, NS 4 Groß-Rosen/3. Fernschreiben des KL Groß-Rosen an die IKL vom 19. 11. 1941.

37 Ebenda. Fernschreiben der IKL an Groß-Rosen vom 20. 11. 1941.

38 Vgl. unten, Dokument 13.5.

39 Vgl. unten, Tafel 14.

40 Vgl. dazu Walter Grode: Die „Sonderbehandlung 14 f 13" in den Konzentrationslagern des Dritten Reiches. Ein Beitrag zur Dynamik faschistischer Vernichtungspolitik. Frankfurt 1987, S. 253.

41 IMT, NO 1007.

42 Vgl. unten, Tafel 32.

siert auch die Beschaffung und Verteilung des Giftgases Zyklon B.[43] Zugleich wird Glücks immer wieder von Rudolf Höß über die Mordaktionen in Auschwitz informiert. Selbst die einzelnen Gespräche mit Vertretern der Deutschen Reichsbahn, die Höß zur Abwicklung der Massendeportationen führt, werden von ihm nach Oranienburg gemeldet.[44]

## Zwangsarbeit für die Rüstungsindustrie

Seit dem Frühjahr 1942, mit der Funktionserweiterung der Konzentrationslager vom Instrument der innenpolitischen Unterdrückung und rassischen Verfolgung zum Zwangsarbeiterreservoir der deutschen Industrie, arbeiteten in der Inspektion erheblich mehr SS-Angehörige als vorher, da sie jetzt auch wesentliche Teile der Arbeitskräftekoordination und des Häftlingsaustausches zwischen den einzelnen Lagern zu übernehmen hatte. Nach außen wurde dies im März 1942 mit der Eingliederung der Inspektion als „Amtsgruppe D" in das SS-Wirtschafts-Verwaltungshauptamt deutlich. Himmler begründete dies am 3. März 1942: „Die größte Bedeutung hat neben der Wehrkraft heute die Arbeitskraft. Wenn wir uns mit voller Verantwortung bewußt sind, was es bedeutet, daß Deutschland diesen Krieg führt, dann haben wir konsequent jede Möglichkeit zu ergreifen, um auch die letzte Arbeitsstunde irgendeines Menschen für den Sieg nutzbar zu machen.... Ich ordne daher an, daß SS-Brigadeführer Glücks mit seinem ganzen Stab ... dem SS-Wirtschafts-Verwaltungshauptamt unterstellt wird."[45]

Am 16. März 1942 nahm Glücks an einer Besprechung im Reichsministerium für Rüstung und Kriegsproduktion teil, über deren Ergebnis es hieß:
„Auf Grund einer Besprechung im Führerhauptquartier sollen die Konzentrationsläger in stärkerem Maße für die Rüstungsfertigung eingespannt werden. In der gestrigen Besprechung gab Brigadeführer Glücks bekannt, daß folgende Lager für einen solchen Einsatz in Frage kommen

| | | | |
|---|---|---|---|
| Buchenwald | mit etwa | 5.000 | Arbeitsfähigen |
| Sachsenhausen | „ „ | 6.000 | „ |
| Neuengamme | „ „ | 2.000 | „ |
| Auschwitz | „ „ | 6.000 | „ |
| Ravensbrück | „ „ | 6.000 | „ (Frauen) |
| Lublin | | | wird aufgefüllt. |

Ende dieses Monats wird ein grösserer Zugang von Häftlingen erwartet. Aus diesen werden sämtliche Handwerker und verwandte Berufe aussortiert und denjenigen Lägern zugewiesen, die eine Rüstungsfertigung übernehmen. Nach einer Verordnung des Reichsführers SS müssen die Fertigungen in den Lägern verbleiben. Die Betreuerfirmen müssen daher ihre Erzeugung in den Bereich des Lagers verlegen unter zeitweiliger Zurverfügungstellung von Ingenieuren und Meistern zum Anlernen der Häftlinge."[46]

43 Vgl. unten, Dokument 32.4.

44 Vgl. unten als Beispiel Dokument 32.7.

45 BAK, NS 3/1080. Befehl Nr. 10 des Chefs des SS-WVHA vom 13. 3. 1942. Siehe unten, Dokument 16.3.

46 BDC, Personalakte Richard Glücks. Niederschrift über eine Besprechung im Büro Saur am 16. März 1942 (Kopie).

Dieses Konzept konnte sich jedoch nicht gegen die Vorstellungen des Reichsministers für Rüstung und Kriegsproduktion durchsetzen. Albert Speer erreichte es in zähen Verhandlungen mit Himmler, daß nicht die Rüstungsproduktion in die Lager verlegt wurde, sondern neue Außenlager der KZ bei bereits arbeitenden Rüstungsbetrieben errichtet wurden.[47]
Seit 1942 wurde nach dieser Grundsatzentscheidung von Oranienburg aus der gesamte „Arbeitseinsatz der Häftlinge" für die deutsche Rüstungsindustrie zentral gelenkt. Die Rüstungsfirmen erhielten von den einzelnen Konzentrationslagern „Forderungsnachweise"für die Zwangsarbeit der Häftlinge, nach denen sie bestimmte Zahlungen zu leisten hatten. Diese Zahlungen wurden ausnahmslos im Haushalt des Deutschen Reiches vereinnahmt. Nach Aussagen von Beteiligten waren dies im zweiten Halbjahr 1944 monatlich Beträge zwischen 30 und 50 Millionen Reichsmark. Im Amt D II entstand auch eine riesige Kartei, die nur nach Berufsgruppen, Lagerabkürzungen und Häftlingsnummern geordnet war. Einen Namen benötigte der in dieser Kartei erfaßte Mensch nicht mehr.[48]

47 Vgl. unten Tafel 25 und 26.

48 Vgl. unten, Dokument 22.1.

Für die Amtsgruppe D war der Mensch nur noch eine Nummer, ein Vorgang oder eine Sterbeurkunde. Hier wurden Sklavenarbeit und medizinische Experimente, Hungerrationen und Lagerstrafen kalkuliert und angeordnet, hier wurde der Transport von tausend Menschen an einem Tag ebenso wie ihr Einsatz zur Sklavenarbeit oder ihre Ermordung kurz darauf mit der gleichen Selbstverständlichkeit geplant und koordiniert. Das T-Gebäude in Oranienburg ist damit ein Ort, der zum Nachdenken über die Verfügbarkeit der Bürokratie und über die Anpassung des Menschen an die Diktatur anregen sollte.

# DIE INSPEKTION DER KONZENTRATIONSLAGER 1938–1945

## EINE DOKUMENTATION

# 1

## Die Errichtung der Inspektion 1934

Bereits 1921 kündigt Hitler die Errichtung von Konzentrationslagern für politische Gegner an. Nach der nationalsozialistischen Machtübernahme richten die SA (Sturmabteilung) und regionale Behörden in ganz Deutschland über 80 Konzentrationslager in alten Fabriken, stillgelegten Zuchthäusern oder auf ehemaligen Truppenübungsplätzen ein. Zu den ersten großen Lagern gehören in Preußen Oranienburg, Sonnenburg und Lichtenburg (Bild 1.2). Politische Gegner sind hier als „Schutzhäftlinge" dem schrankenlosen Terror der SA ausgeliefert. Insgesamt sind 1933 etwa 80 000 Menschen in Konzentrationslagern inhaftiert. In Bayern errichten SS und politische Polizei das KZ Dachau.

Im Mai 1934 bekommt der Dachauer KZ-Kommandant Theodor Eicke von Heinrich Himmler, Reichsführer SS und Chef der Politischen Polizeien in allen Ländern, den Auftrag, kleinere Lager aufzulösen und die verbleibenden Lager zu reorganisieren. Ende Mai 1934 traf Theodor Eicke im KZ Lichtenburg ein; er und sein Stab erhalten die Bezeichnung „Inspektion der Konzentrationslager RfSS" (Dokument 1.4).

Anschließend organisiert Eicke die Konzentrationslager Esterwegen und Sachsenburg neu und löst mit Waffengewalt das KZ Oranienburg auf. Im August 1934 ist Theodor Eicke vor allem im Konzentrationslager Esterwegen (Bild 1.3). Alle bisherigen Wachmannschaften werden von ihm abgelöst und eine bereits in Dachau entwickelte Lagerordnung eingeführt, die ein Höchstmaß an normierter Brutalität gegenüber den Häftlingen sichern soll. Eicke bittet am 13. August 1934 den Chef der SS-Leibstandarte „Adolf Hitler", SS-Gruppenführer Sepp Dietrich, um Ausbilder für KZ-Wachmannschaften. In den folgenden Monaten schulen Unteroffiziere und Offiziere der Leibstandarte die KZ-Bewacher.

Weil die Inspektion der Konzentrationslager im Sommer und Herbst 1934 nur Himmler als Führer der NSDAP-Formation SS untersteht, ist dieser bemüht, sie in den Polizeiapparat einzubauen. Damit soll die in den Lagern herrschende Willkür legitimiert werden. Zugleich will Himmler so staatliche Gelder für den Ausbau der Lager erhalten. Im Dezember 1934 befiehlt er die Einrichtung der Dienststelle „Inspekteur der Konzentrationslager" im Rahmen der Preußischen Geheimen Staatspolizei (Dokument 1.5). Im Erdgeschoß des Geheimen Staatspolizeiamtes in der Berliner Prinz-Albrecht-Straße 8 arbeiten Theodor Eicke und sein Stab zwischen Spätherbst 1934 und Sommer 1935.

Während Eicke in allen Fragen der Lebensbedingungen der Häftlinge in den Dienstweg der Gestapo eingebunden ist, wollen er und Himmler von Anfang an die Zuständigkeit für die Wachtruppen innerhalb der SS sicherstellen. In dieser Funktion ist Eicke dem Chef des SS-Hauptamtes unterstellt.

Bild 1.1
Entlassung von Häftlingen aus dem KZ Dachau, Weihnachten 1933 (im schwarzen Umhang: Theodor Eicke)

Bild 1.2
Häftlinge im Konzentrationslager Lichtenburg 1933

Bild 1.3
Häftlinge im Konzentrationslager Esterwegen

**Konzentrationslager Lichtenburg**
**Kommandantur**

21. Juni 1934

R I
48.
19

RFSS - Chef des SS-Amtes - ,

M ü n c h e n

1.) Nach Durchsicht der Vorgänge schlage ich vor, den SS-Obersturmbannführer S c h mi d t anfang Juli 1934 zu meiner Verfügung zu stellen. Zu diesem Zeitpunkt werde ich die Umorganisation des Konzentrationslagers Papenburg in Angriff nehmen. Obersturmbannführer Schmidt soll sich dort einarbeiten, um anschliessend in Papenburg oder Sachsenburg entsprechend Verwendung zu finden. Die Gehaltsfrage müsste vorerst durch Abtg. IV geregelt werden.

2.) Aus dem anliegenden Schreiben des SS-Obersturmführers i.V. Frank geht hervor, dass der SA-Obersturmbannführer Engel in Papenburg den Vorschlag des RFSS, zur SS überzutreten, nicht annimmt. Engel sollte in Sachsenburg als Lagerkommandant später verwendet werden.

RFSS hat den SS-Sturmhauptführer S c h l e c h l als Lagerkommandant für Papenburg vorgesehen. Für Lichtenburg will RFSS einen Standartenführer bestimmen; dies ist bis jetzt nicht erfolgt. Ich bitte durch Rückfrage bei RFSS einen diesbezüglichen Versetzungsbefehl zu erwirken, denn die Angelegenheit ist vordringlich. Am 1. Juli 1934 werde ich voraussichtlich meinen Auftrag in Lichtenburg beenden können und mich anschliessend nach Papenburg begeben. Bis zu diesem Zeitpunkt muss das Lager einen verantwortlichen Kommandanten haben, da ich sonst an das Lager gebunden bin. Es wäre zweckmässig, den Betreffenden vor diesem Zeitpunkt nach hier zu beordern, damit er von mir eingewiesen werden kann.

Kenntn.

SS-Sturmhauptführer Schlechl hält sich auf Befehl des RFSS zu Jnformationszwecken hier auf und begibt sich mit mir nach Papenburg.

3.) Ich bitte meinen Antrag vom 2.6.34 Ziffer 4 zu verbescheiden, da mein Aufenthalt in Lichtenburg nur noch

- 2 -

18 ~~17~~

kurz bemessen ist.

4.) Ferner bitte ich mich meiner Dienststellung als Kommandant des Konzentrationslagers Dachau zu entheben und mich dem Stabe des RFSS unter der Dienststellenbezeichnung = Jnspektion der Konzentrationslager RFSS = anzugliedern. Meinen Adjutanten, SS-Truppführer W e i b r e c h t vom K.L.D., bitte ich mir zu belassen, da Weibrecht für mich eine unentbehrliche Stütze ist.

5.) Eine Fortsetzung meines Tätigkeitsberichts liegt hier bei.

Der Lagerkommandant
i.A.

SS-Brigadeführer

Dokument 1.4
Schreiben Eickes vom 21. Juni 1934 an SS-Gruppenführer Curt Wittje, den Chef des SS-Amtes, mit der Bitte um Errichtung der Inspektion der Konzentrationslager und weiteren Vorschlägen für die personelle Neuorganisation der Konzentrationslager im Emsland

Der Leiter
des Geheimen Staatspolizeiamts
I 1 A.

Berlin, den 20. Dezember 1934.

64

F. 2/1

Nachstehende Verfügung des stellvertretenden Chefs und Inspekteurs wird allen Dienststellen zur Kenntnisnahme und Beachtung zugeleitet:

"Preussische Geheime Staatspolizei
Der stellvertretende Chef und Inspekteur.

Berlin, den 10. Dezember 1934.

Betrifft: Inspektion der Konzentrationslager.

Mit Wirkung vom 10. 12. 1934 ab wird die Dienststelle: "Inspekteur der Konzentrationslager" errichtet, die ihren Sitz im Dienstgebäude des Geheimen Staatspolizeiamts in Berlin, Prinz-Albrechtstr. 8 (Erdgeschoss, - Zimmer 30-34 - ) hat und mir unmittelbar untersteht. Die bisher bei der Dienststelle II 1 D des Geheimen Staatspolizeiamts bearbeiteten Angelegenheiten der Organisation, Verwaltung- und Wirtschaftsführung der Konzentrationslager scheiden dort von dem genannten Zeitpunkt ab aus und gehen auf die obenbezeichnete neue Dienststelle über, während die Bearbeitung der materiellen (politischen) Angelegenheiten der Schutzhaft nach wie vor bei der Dienststelle II 1 D verbleibt.

- In Angelegenheiten, die die im Wachdienst der Konzentrationslager verwendeten SS-Wachmannschaften betreffen, untersteht der Inspekteur der Konzentrationslager dem Chef des SS-Amts bei der Reichsführung SS -.

Die Inspektion der Konzentrationslager wird von SS-Gruppenführer Eicke verantwortlich geleitet. Als

An
alle Dienststellen
im Hause.

Prejer

- 2 -

65

Dezernent für die Angelegenheiten der Organisation, Verwaltung und Wirtschaftsführung der Lager wird ihm der bisherige Sachbearbeiter, Amtsrat Piefke, zugeteilt, der fortan dem Inspekteur der K.L. unmittelbar untersteht und die Leitung der Verwaltungsabteilung der K.L. übernimmt; er ist als solcher ermächtigt, alle Verfügungen und Schriftstücke in Verwaltungs- und Wirtschaftsangelegenheiten, - soweit sie nicht mir selbst oder dem Inspekteur der K.L. zur unterschriftlichen Vollziehung vorzulegen sind - "im Auftrage" selbst zu zeichnen und ist in diesen Angelegenheiten ständiger Vertreter des Inspekteurs der K.L.

Alle wichtigen, an gleich - oder übergewordnete Behörden herausgehende Schriftstücke führen die Kopfbezeichnung:

"Preussische Geheime Staatspolizei
-Der stellv.Chef -",

alle übrigen Schriftstücke dieselbe Kopfbezeichnung mit dem Zusatz:

"Inspektion der Konzentrationslager".

Die Inspektinn der Konzentrationslager erhält eigenes Büro-, Kassen- und Revisionspersonal und führt eigene Registratur, Kanzlei- und Absendestelle; über die Einrichtung und Besetzung dieser Stellen ergeht demnächst besondere Verfügung. Die bisher bei der Dienststelle II 1 D geführten Akten u.a.m., sowie etwaige in der Hauptregistratur der Geheimen Staatspolizei noch laufenden Terminssachen und sonstige Vorgänge sind an die neue Dienststelle abzugeben.

Dokument 1.5
Verfügung Heinrich Himmlers vom 10. Dezember 1934 über die Eingliederung der Inspektion der Konzentrationslager in die Gestapo

2

Bild 2.1
Theodor Eicke als SS-Gruppenführer

Dokument 2.2
Gesamtdienstzeitbescheinigung der Waffen-SS für Theodor Eicke

## Die Täter: Zur Biographie von Theodor Eicke

Theodor Eicke wird am 17. Oktober 1892 in Hampont im Elsaß als elftes Kind eines Stationsvorstehers geboren. Die Realschule verläßt er 1909 ohne Abschluß, um Berufssoldat zu werden. Als Heereszahlmeister 1919 demobilisiert, zieht er mit seiner Familie nach Thüringen. Nach zwei Monaten bei der Polizei in Ilmenau wird er wegen republikfeindlicher Betätigung entlassen. Dennoch legt er an der Polizeischule in Cottbus die Kommissarprüfung ab. Nach vergeblichen Versuchen, in der Polizei unterzukommen, geht er 1922 zum BASF-Werkschutz in Ludwigshafen. Erst 1928 wird Eicke in NSDAP und SA aktiv und tritt 1930 zur SS über. Im November 1931 übernimmt er die Führung der 10. SS-Standarte und hat 1932 das Kommando über rund 1000 SS-Männer.
Im Sommer 1931 erhält Eicke vom pfälzischen Gauleiter Josef Bürckel, mit dem er später in schwere Konflikte gerät, den Auftrag zur Herstellung von Sprengkörpern. Er wird deswegen im März 1932 verhaftet und zu zwei Jahren Zuchthaus verurteilt. Einen Tag später wird er unter Vorspiegelung eines schlechten Gesundheitszustandes für sechs Wochen beurlaubt. Kurz vor Ende seines Urlaubs erhält Eicke im September 1932 den Befehl des SS-Führers Himmler, nicht ins Gefängnis zurückzugehen, sondern nach Italien zu fliehen.
Im Oktober 1932 übernimmt Eicke, inzwischen zum SS- Oberführer befördert, die Leitung des NS-Flüchtlingslagers Malcesine am Gardasee. Weil er dort an einer Feier am Bozener Siegesdenkmal teilnimmt, das dem italienischen Sieg über Deutschland und Österreich gewidmet ist, soll er aus der NSDAP ausgeschlossen werden.
Am 16. Februar 1933 kehrt Theodor Eicke nach Deutschland zurück und gerät erneut in Konflikt mit Bürckel, der ihn am 21. März 1933 verhaften läßt. Nach einem zweitägigen Hungerstreik wird er in die Psychiatrische und Nervenklinik der Universität Würzburg eingewiesen. Es folgt die Entlassung aus der SS.
Der behandelnde Arzt Dr. Werner Heyde setzt sich in seinem Bericht sehr für Eicke ein. Dadurch entsteht ein enge Verbundenheit zwischen beiden. Heyde fertigt später „erbbiologische Gutachten" über KZ-Häftlinge und ist nach 1939 am Mord an über 100 000 Kranken und Schwachen beteiligt. Sein Gutachten führt zur Freilassung Eickes.
Als die Münchener Staatsanwaltschaft im Frühsommer 1933 eine Untersuchung von Morden in Dachau einleitet, kann Himmler den Kommandanten Hilmar Wäckerle nicht mehr halten. Neuer Kommandant wird Theodor Eicke. Himmler kennt Eickes Ergebenheit und Organisationstalent, aber auch dessen Sturheit und Brutalität. Eicke soll die Gewalt und den Terror in den Lagern nicht abschwächen, sondern nur unauffälliger und systematischer handhaben.
Zwischen Mai 1934 und November 1939 ist Theodor Eicke Inspekteur der Konzentrationslager. Er läßt größere Lager planen und errichten und schafft so die Voraussetzungen für ein zentralisiertes Terrorinstrument. In den späten dreißiger Jahren baut er die SS-Wachverbände der Konzentrationslager zu kampfstarken Verbänden aus, die den Kern der späteren SS-Totenkopfdivision bilden. Seit 1939 ist Eicke Kommandeur der SS-Totenkopfdivision, die während des deutschen Überfalls auf Frankreich und auf die Sowjetunion an schweren Kriegsverbrechen beteiligt ist. Am 23. Februar 1943 wird das Flugzeug Eickes von sowjetischen Truppen in der Nähe von Demjansk abgeschossen.

Der Reichsführer-SS
und Chef der deutschen Polizei
SS-Personalhauptamt
I - Az. PA E Nr. 857.
Rei./Si.

Berlin-Charlottenburg 4, den 30. März 1943.
Wilmersdorfer Straße 98-99
Fernsprecher: Sammel-Nr. 32 39 96

## Gesamtdienstzeitbescheinigung

für

SS-Obergruppenführer und General der Waffen-SS **E i c k e, Theodor,**
SS-Nr. 2 921, Partei-Mitgl.Nr. 114 901,
geboren am 17.10.1892 zu Hampont /Elsass-Lothringen.

-.-.-.-.-.-

Eintritt in die SS - 29.7.1930 (von 1927 - 1930 in der SA)
bis 9.3.1934 ununterbrochen aktiven Dienst in der Allgemeinen-SS (26.6.33. K.L.-Dachau).

9.3.1934 - Kommandant des Konzentrationslagers Dachau ernannt,

4.7.1934 - Inspekteur der Konzentrationslager und Führer der SS-Wachverbände(SS-Totenkopfverbände - SS-T.V.)

14.11.1939 - Kommandeur der SS-Totenkopfdivision
Dienststellung und Rangabzeichen eines Generalleutnants.

-.-.-.-.-.-

Beförderungen:

| | | |
|---|---|---|
| SS-Untersturmführer | - | 27.11.1930. |
| SS-Standartenführer | - | 15.10.1931. |
| SS-Oberführer | - | 21.10.1932. |
| SS-Brigadeführer | - | 30. 1.1934. |
| SS-Gruppenführer | - | 11. 7.1934. |
| Generalleutnant der Waffen-SS | - | 14.11.1939. |
| SS-Obergruppenführer und General der Waffen-SS | - | 20. 4.1942. |

-.-.-.-.-.-

Auszeichnungen:

1914/18 - E.K. II, Braunschw.Kr.V.Kr. II, Frontkämpferkreuz,

1939/43 - Spange zum E.K.II, E.K. I, Ritterkreuz des Eisernen Kreuzes, Eichenlaub zum Ritterkreuz des E.K.

-.-.-.-.-.-

Dienstzeit Heer und Polizei:

Alten Armee von 1909 - 1919.
1919 - Mitte 1920 - Polizeiverwaltung in Ilmenau
Juli 1920 - Polizeischule Cottbus
1921 - Offizieranwärter bei der Schutzpolizei in Weimar,
Bis zur Entlassung Februar 1922 wegen nat.soz. Einstellung
Kriminalbeamter in Soran und Polizeihilfsbeamter in Ludwigshafen.

-.-.-.-.-.-

Am 26.2.1943 in Russland gefallen.

SS-Personalhauptamt

SS-Obersturmbannführer.

C/0285

# 3

## Das System des Terrors

Den Juni 1934 verbringt Eicke als Inspekteur der Konzentrationslager im KZ Lichtenburg. Am 1. Juli ermordet er in München mit Michael Lippert, dem Führer der Dachauer KZ-Wachtruppe, den SA-Chef Ernst Röhm. Im selben Monat kehrt Eicke auf die Lichtenburg zurück, löst anschließend das KZ Oranienburg auf und reorganisiert das KZ Esterwegen im Emsland. Als letztes Lager unterstellt er sich im Spätsommer 1934 das KZ Sachsenburg. In allen Lagern werden nur noch SS-Wachmannschaften eingesetzt; überall wird die in Dachau entwickelte Lagerordnung mit ihren drakonischen Strafen eingeführt. Der Terror gegenüber den Häftlingen wird systematisiert. Diese Lagerordnung wird im Sommer 1934 in der Lichtenburg, in Esterwegen (Dokument 3.2) und in Sachsenburg eingeführt. Sie entspricht fast wörtlich der Dachauer Lagerordnung vom 31. Oktober 1933. Die Häftlinge werden in der Lagerordnung mit schweren Strafen bedroht. Dazu gehören nicht nur Arresthaft, Prügelstrafen, Pfahlbinden und Nahrungsentzug, sondern auch die Erhängung „kraft revolutionären Rechts" und die Erschießung als „Meuterer". Die SS-Männer sind damit Herren über Leben und Tod der Häftlinge. Mit wenigen Abweichungen wird die Lagerordnung später in allen Konzentrationslagern eingeführt.

Nach der Einführung der Lagerordnung in den Konzentrationslagern erschießen die Wachposten und die SS-Führer der Lagerkommandantur immer häufiger Häftlinge bei angeblichen „Fluchtversuchen". Da dies zur Kritik aus dem Justizapparat führt, bemüht sich die Inspektion der Konzentrationslager auf Weisung Himmlers um besonders sorgfältige Vertuschung dieser Morde. Als sich die NS-Diktatur gefestigt hat, sinkt 1934/35 die Zahl der KZ-Häftlinge. Im Juni 1935 sind nur noch 322 Gefangene in Esterwegen, 706 in der Lichtenburg, 678 in Sachsenburg, rund 1800 in Dachau und 49 Frauen in Moringen inhaftiert.

Seit 1933 werden die Häftlinge in den Konzentrationslagern zur Zwangsarbeit eingesetzt. Im Vordergrund stehen dabei Arbeiten zum Auf- und Ausbau der Konzentrationslager, aber auch Straßen- und Wegebauarbeiten. In den einzelnen Konzentrationslagern entstehen Werkstätten, in denen Häftlinge für die SS arbeiten müssen. Gefangene werden unter strenger Bewachung auch zu Arbeiten außerhalb des Lagers eingesetzt.

Im Juli 1935 erneuert Himmler seine Weisung vom Dezember 1934, daß allein die Inspektion für alle Angelegenheiten der Konzentrationslager – mit Ausnahme der Einweisung der Häftlinge – zuständig sei (Dokument 3.1). Die Inspektion ist eine kleine Dienststelle, die zuerst aus einer „Zentralabteilung" und einer Verwaltungsabteilung besteht. Erst im April 1936 kommt eine „Sanitätsabteilung" hinzu, aus der sich später die Abteilung „Der Leitende Arzt KL" entwickelt. Der Zentralabteilung, die zum 1. April 1936 die Bezeichnung „Politische Abteilung" erhält, gehören neben Theodor Eicke 1935 als Adjutant Eickes SS-Untersturmführer Hans Weibrecht und SS-Scharführer Ferdinand Zachmann an. Die Verwaltungsabteilung leitet Amtsrat Ernst Piefke. Im Frühjahr 1935 kommen noch SS-Obersturmbannführer Günther Tamaschke, der später die Leitung der „Politischen Abteilung" übernimmt, und weitere vier SS-Unterführer hinzu. Im Juni 1935 sind in der Inspektion insgesamt zwei SS-Führer, sechs SS-Unterführer und fünf Polizeibeamte tätig.

**Dokument 3.1**
**Erlaß Himmlers über die Inspektion der Konzentrationslager vom 8. Juli 1935**

Preussische Geheime Staatspolizei
- Der stellv. Chef und Inspekteur -
- B.Nr. 468/35 I.K.L. -

Berlin, den 8.Juli 1935

35

92

Ich habe mehrfach die Wahrnehmung gemacht, dass sowohl schriftliche wie mündliche und namentlich fernmündliche Anfragen in Angelegenheiten der Konzentrationslager, besonders etatsrechtlicher und organisatorischer Art, nicht von der gemäss meiner Verfügung vom 1o.Dezember 1934 eigens hierfür eingerichteten "Inspektion der Konzentrationslager", sondern von anderen Dienststellen des Hauses bearbeitet bezw. beantwortet worden sind. Ich weise wiederholt darauf hin, dass sämtliche Angelegenheiten der Konzentrationslager - mit Ausnahme der Führung der Etatsverhandlungen (Aufstellung des Etats und der Kassenanschläge) - von der selbständig geleiteten Dienststelle I.K.L. bearbeitet werden; es sind daher künftig alle diesbezgl. Anfragen mündlicher wie schriftlicher Art an die Inspektion der Konzentrationslager weiterzuleiten bezw. die anfragenden Stellen dorthin zu verweisen.

gez: H.Himmler.

Geheime Staatspolizeiamt

An

sämtliche Dienststellen

im H a u s e .

Beglaubigt:

[illegible]

Pol.-Insp.

II 1 C   z.   Bln., d. 16.7.35

1) Kenntnis
2) z. d. A. H. K. Bolle

[illegible]

Kenntnis genommen
1) [illegible] 16/7
2) Schulz 16/7.
3) [illegible] 16/7
4) [illegible]

Dok 55

80

Abschrift.

Konzentrationslager Esterwegen
Kommandantur.

1.8.1934.

## Disziplinar- u. Strafordnung für das Gefangenenlager.

### Einleitung.

Jm Rahmen der bestehenden Lagervorschriften werden zur Aufrechterhaltung der Zucht und Ordnung für den Bereich des Konzentrationslagers Esterwegen nachstehende Strafbestimmungen erlassen.

Diesen Bestimmungen unterliegen alle Gefangenen des K.L.E. vom Zeitpunkt der Einlieferung ab bis zur Stunde der Entlassung.

Die vollziehende Strafgewalt liegt in den Händen des Lagerkommandanten, welcher für die Durchführung der erlassenen Lagervorschriften dem Jnspekteur der Konzentrationslager persönlich verantwortlich ist. Letzterer untersteht dem politischen Polizeikommandeur und trifft seine Anordnungen in dessen Auftrag.

Toleranz bedeutet Schwäche. Aus dieser Erkenntnis heraus wird dort rücksichtslos zugegriffen werden, wo es im Jnteresse des Vaterlandes notwendig erscheint. Der anständige, verhetzte Volksgenosse wird mit diesen Strafbestimmungen nicht in Berührung kommen. Den politisierenden Hetzern und intellektuellen Wühlern – gleich welcher Richtung – aber sei gesagt, hütet euch, daß man euch nicht erwischt, man wird euch sonst nach den Hälsen greifen und nach eurem eignen Rezept zum Schweigen bringen.

### § 1.

Mit 3 Tagen strengem Arrest wird bestraft:

1.) wer nach dem Weckruf nicht sofort die Schlafstätte verlässt, oder das Bett oder die Stube nicht in Ordnung bringt,

2.) wer beim Essenfassen ohne Erlaubnis seines Kompanieführers nachfasst, oder sich von einem Koch 2 Portionen geben lässt,

1581

3.)

- 6 -

§ 9.

Mit 21 Tagen s t r e n g e m A r r e s t wird bestraft:

wer staatseigene Gegenstände, gleich welcher Art, vom vorgeschriebenen Ort nach einem anderen verschleppt, vorsätzlich beschädigt, zerstört, verschleudert, umarbeitet, oder zu einem anderen als vorgeschriebenen Zweck verwendet; abgesehen von der Strafe haftet nach Umständen der Einzelne oder die gesamte Gefangenen-Kompanie für den entstandenen Schaden.

§ 10.

Mit 42 Tagen s t r e n g e m A r r e s t oder dauernder Verwahrung in Einzelhaft wird bestraft:

1.) wer Geldbeträge im Lager ansammelt, verbotene Bestrebungen in- oder außerhalb des Lagers finanziert, oder Mitgefangene durch Geld gefügig macht oder zum Schweigen verpflichtet,

2.) wer Geldbeträge, die aus verbotenen Sammlungen der roten Hilfe stammen, sich schicken läßt oder an Mitgefangene verteilt,

3.) wer einem Geistlichen Mitteilungen macht, welche außerhalb des Rahmens der Seelsorge liegen, Briefe oder Mitteilungen zur Weitergabe zusteckt, den Geistlichen zu verbotenen Zwecken zu gewinnen sucht,

4.) die Symbole des nationalsozialistischen Staates oder die Träger derselben verächtlich macht, beschimpft oder auf andere Weise mißachtet,

5.) wer andere Gefangene dazu verleitet, in einen Hungerstreik einzutreten.

§ 11.

Wer im Lager, an der Arbeitsstelle, in den Unterkünften, in Küchen und Werkstätten, Aborten und Ruheplätzen zum Zwecke der

A u f w i e g e l u n g

politisiert,

1586

Dokument 3.2
Disziplinar- und Strafordnung für das Gefangenenlager KZ Esterwegen, 1. August 1934

politisiert, aufreizende Reden hält, sich mit anderen zu diesem Zwecke zusammenfindet, Cliquen bildet, oder umhertreibt, wahre oder unwahre Nachrichten zum Zwecke der gegnerischen Greuelpropaganda über das Konzentrationslager oder dessen Einrichtungen sammelt, empfängt, vergräbt, weitererzählt, an fremde Besucher oder an andere weitergibt, mittels Kassiber oder auf andere Weise aus dem Lager hinausschmuggelt, Entlassenen oder Überstellten schriftlich oder mündlich mitgibt, mittels Steine usw. über die Lagermauer wirft oder Geheimschriften anfertigt, ferner wer zum Zwecke der Aufwiegelung auf Barackendächer steigt, durch Lichtsignale oder auf andere Weise Zeichen gibt, oder nach außen Verbindung sucht, oder wer andere zur Flucht oder einem Verbrechen verleitet, hierzu Ratschläge erteilt, oder durch andere Mittel unterstützt

wird kraft revolutionären Rechts

als Aufwiegler erhängt!

§ 12.

Wer einen Posten oder SS-Mann tätlich angreift, den Gehorsam oder an der Arbeitsstelle die Arbeit verweigert, andere zum Zwecke der Meuterei zu den gleichen Taten auffordert oder verleitet, als Meuterer eine Marschkolonne oder eine Arbeitsstätte verläßt, andere dazu auffordert, während des Marsches oder der Arbeit johlt, schreit, hetzt oder Ansprachen hält, wird als

Meuterer auf der Stelle erschossen

oder nachträglich gehängt.

§ 13.

Wer vorsätzlich im Lager, in den Unterkünften, Werkstätten, Arbeitsstätten, in Küchen, Magazinen usw. einen Brand, eine Explosion, einen Wasser- oder sonstigen Sachschaden herbeiführt, ferner

wer am Drahthindernis, an einer Starkstromleitung, in einer Schaltstation, an Fernsprech- oder Wasserleitungen, an der Lagermauer, oder sonstigen Sicherungseinrichtungen

1587

an

an Heizungs- und Kesselanlagen, an Mschinen oder Kraftfahrzeugen Handlungen vornimmt, die dem gegebenen Auftrag nicht entsprechen, wird wegen Sabotage

m i t d e m T o d e b e s t r a f t .

Geschah die Handlung aus Fahrlässigkeit, dann wird der Schuldige in Einzelhaft verwahrt. Jn Zweifelsfällen wird jedoch S a b o t a g e angenommen.

§ 14.

Wer einem SS-Mann oder Posten Geschenke anbietet, ihn mit Geschenken, Geld oder anderen Mitteln zu gewinnen sucht, Handlungen zum Zweck der Zersetzung der SS-Truppe vornimmt, in Gegenwart eines Postens oder SS-Mannes politische Gespräche anknüpft, den Marxismus bezw. eine andere Novemberpartei oder deren Führer verherrlicht, abfällige Bemerkungen über die SS, SA, den nationalsozialistischen Staat, seinen Führer und seine Einrichtungen macht, oder sich sonst widerspenstig zeigt,

ferner

wer im Lager verbotene Gegenstände zum Zwecke des Kassiberschmuggels oder zu Angriffszwecken herstellt oder an andere weitergibt, wird wegen Gemeingefährlichkeit

d a u e r n d i n E i n z e l h a f t

verwahrt. Eine Entlassung für solche Personen kommt auf absehbare Zeit nicht in Frage.

§ 15.

Wer sich wiederholt vor der Arbeit drückt, trotz vorhergehender Verwarnung den Appell zur Arbeitseinteilung oder den Zählappellen fern bleibt, sich dauernd ohne Grund zum Arzt oder Zahnarzt meldet, körperliche Leiden oder Gebrechen vorschützt, nicht ausrückt, dauernd faul und träge sich benimmt, Ordnung und Disziplin außer Acht läßt, wegen seiner Kleidung wiederholt beanstandet wurde, anstößige Briefe schreibt, Mitgefangene bestiehlt, schlägt, wegen ihrer Gesinnung schikaniert, verspottet oder lächerlich macht,

wird

1588

# 4

## Hitlers Entscheidungen 1935

Die politische Verfolgung in Deutschland übernimmt zunehmend die Justiz. Obwohl die Konzentrationslager zur weiteren Sicherung der Diktatur nicht mehr notwendig sind, werden sie nicht aufgelöst, sondern weiter ausgebaut. Hitler trifft selbst die wesentlichen Entscheidungen:

– Am 20. Februar 1935 legt er fest, daß die Häftlingszahl nicht verringert werden soll.

– Am 20. Juni 1935 bestimmt er, daß das Reich die Kosten für die KZ-Bewachung übernimmt, und billigt bald darauf eine Denkschrift Eickes über den Ausbau der Konzentrationslager. Die SS-Wachverbände sollen zudem als innenpolitische Sondertruppen zur Verfügung stehen. Insgesamt sollen die Konzentrationslager in Preußen von 1683 SS-Männern und Führern bewacht und organisiert werden. Nicht nur in der Lichtenburg und in Esterwegen, sondern auch im KZ Columbia-Haus in Berlin-Tempelhof sind Gefangene inhaftiert. Die Wachmannschaften für das KZ Columbia-Haus sind im Oranienburger Schloß untergebracht und versehen ihren Dienst im wöchentlichen Wechsel.

– Am 18. Oktober 1935 sichert Hitler Himmler die Führung der gesamten deutschen Polizei zu. Himmler notiert: „Über die Frage der Führerschulen, inneren Unruhen und der Verfügungstruppe und über die Frage der asozialen Elemente und ihre Sicherstellung in besonderen Erziehungslagern sowie über das schärfste Vorgehen gegen die Kommunisten wurde lange gesprochen. Die Führerschulen wurden vom Führer grundsätzlich genehmigt und sollen im Rahmen der Gesamtzusammenfassung der Gesamtpolizei unter den Reichsführer SS, entweder als Staatssekretär im Innenministerium oder unmittelbar unter den Führer gestellt werden."

Himmler erhält so für das von ihm vertretene rassistisch motivierte Konzept der inneren Sicherung des nationalsozialistischen Staates wieder einmal die Unterstützung Hitlers.

– Am 1. November 1935 verliert die Justiz ihre letzten Befugnisse in den Lagern. Im Oktober 1935 hatte sich Reichsjustizminister Franz Gürtner bei Himmler über die große Zahl von Morden bei angeblichen „Fluchtversuchen" aus den Konzentrationslagern beschwert. Himmler legt dieses Schreiben Hitler vor, der ihn unterstützt. Das Leben von Gefangenen, die er für „Staatsfeinde" hält, bedeutet für Hitler nichts. Morde an Häftlingen werden von ihm gebilligt (Dokument 4.4); Rechtsanwälte für Gefangene lehnt Hitler strikt ab (Dokument 4.3).

**Bild 4.1**
**Schema der „Inspektion der Konzentrationslager und SS-Wachverbände" vom November 1935**

**Auf dieser Zeichnung sind nicht nur die fünf Konzentrationslager, sondern auch die neuen Namen der Wachtruppen nach ihrer regionalen Zuordnung erkennbar. In der Mitte der Zeichnung sind der Eingangsstempel des SS-Hauptamtes sowie die Paraphen „W" (Curt Wittje, Chef des SS-Hauptamtes) und „Sch" (Walter Schmitt, Chef der SS-Personalkanzlei) zu sehen. Das Schema trägt die Unterschrift von Günther Tamaschke, damals „Stabsführer beim Inspekteur der Konzentrationslager" und engster Mitarbeiter Eickes. Tamaschke ist zwischen Dezember 1937 und Ende 1938 Direktor des Frauenkonzentrationslagers Lichtenburg.**

Bild 4.2
**Ein angeblich „auf der Flucht" erschossener Häftling im Konzentrationslager Dachau**

**Der Pfeil am oberen Bildrand markiert die Position des Schützen. Die SS fertigt diese Fotos, um gegenüber der Justiz die Morde an den Häftlingen zu tarnen.**

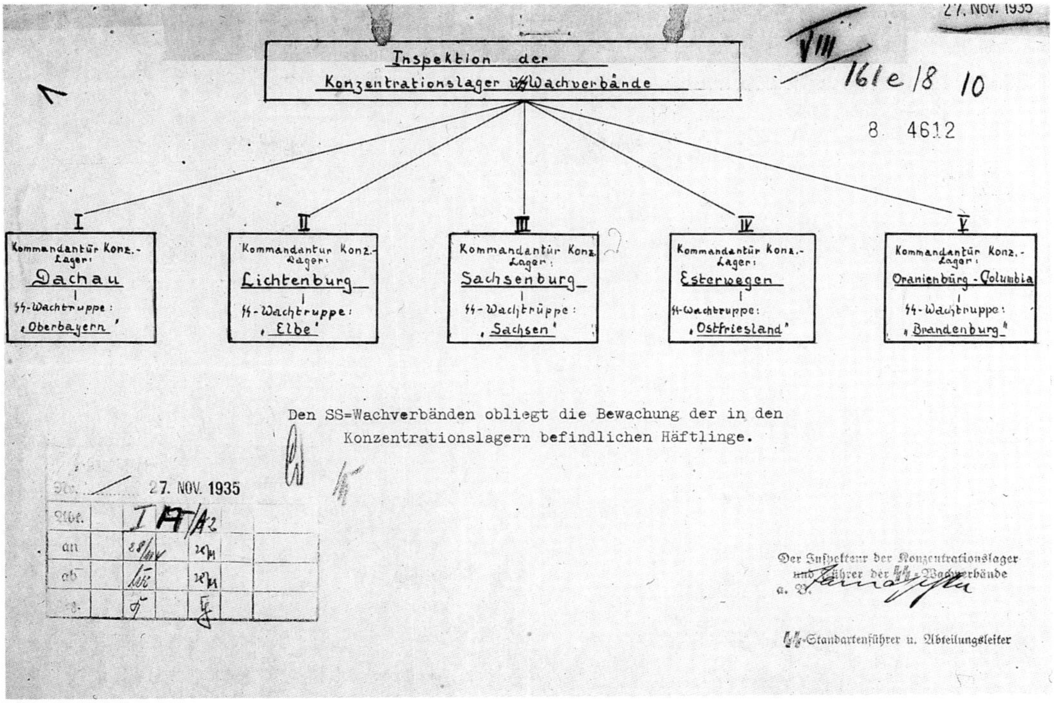

27. NOV. 1935

VIII 161e/18 10

8 4612

Inspektion der
Konzentrationslager u. SS-Wachverbände

| I | II | III | IV | V |
|---|---|---|---|---|
| Kommandantur Konz.-Lager: Dachau – SS-Wachtruppe: „Oberbayern" | Kommandantur Konz.-Lager: Lichtenburg – SS-Wachtruppe: „Elbe" | Kommandantur Konz.-Lager: Sachsenburg – SS-Wachtruppe: „Sachsen" | Kommandantur Konz.-Lager: Esterwegen – SS-Wachtruppe: „Ostfriesland" | Kommandantur Konz.-Lager: Oranienburg - Columbia – SS-Wachtruppe: „Brandenburg" |

Den SS=Wachverbänden obliegt die Bewachung der in den Konzentrationslagern befindlichen Häftlinge.

Nr. 27. NOV. 1935

| | | | | |
|---|---|---|---|---|
| Abt. | I A/A2 | | | |
| an | 28/11 | 28/11 | | |
| ab | | 28/11 | | |

Der Inspekteur der Konzentrationslager
und Führer der SS-Wachverbände
i. A.

SS-Standartenführer u. Abteilungsleiter

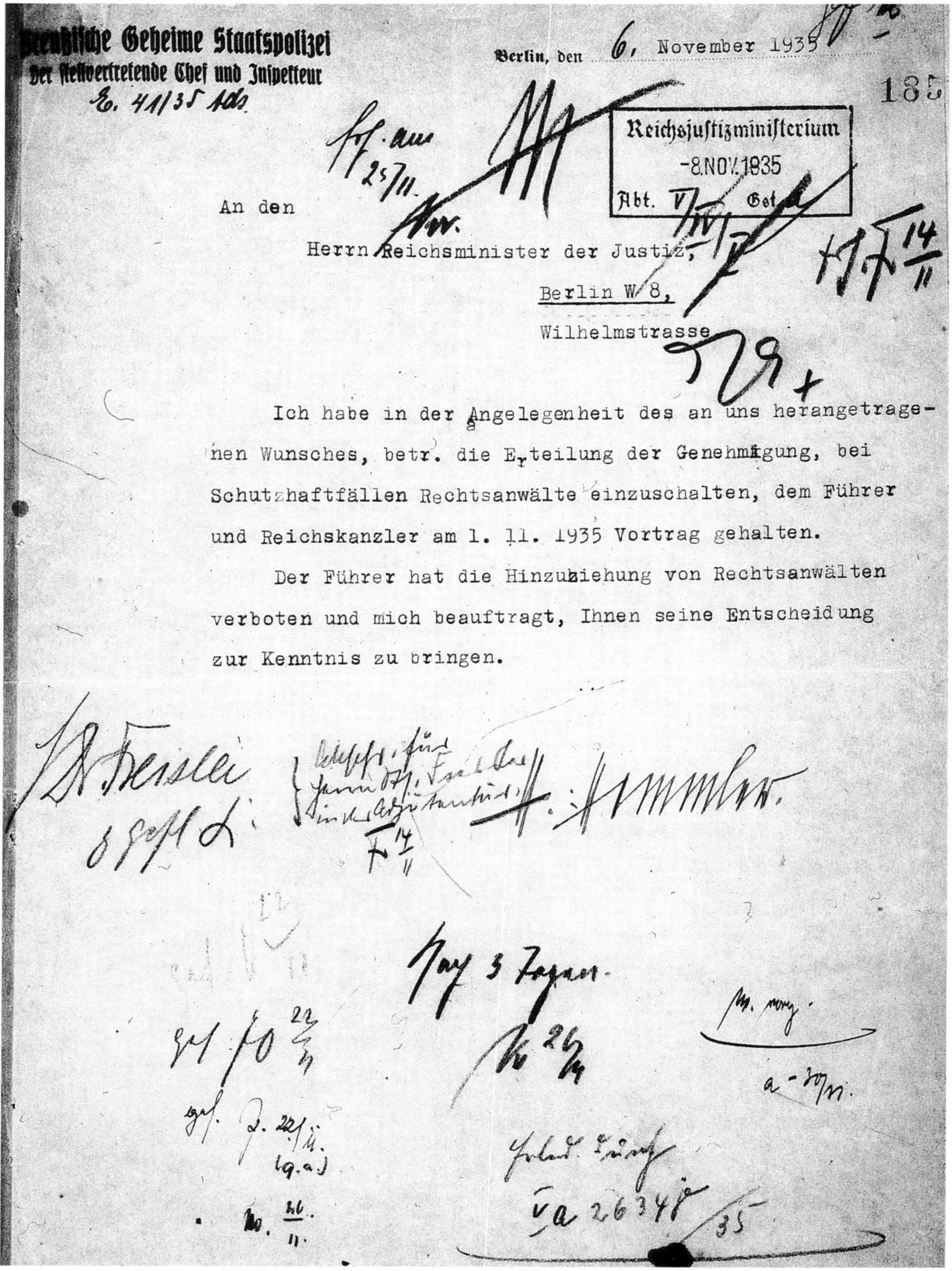

Preußische Geheime Staatspolizei
Der stellvertretende Chef und Inspekteur

Berlin, den 6. November 1935

Reichsjustizministerium
-8.NOV.1935
Abt. V

An den

Herrn Reichsminister der Justiz,

Berlin W 8,

Wilhelmstrasse

Ich habe in der Angelegenheit des an uns herangetragenen Wunsches, betr. die Erteilung der Genehmigung, bei Schutzhaftfällen Rechtsanwälte einzuschalten, dem Führer und Reichskanzler am 1. 11. 1935 Vortrag gehalten.

Der Führer hat die Hinzuziehung von Rechtsanwälten verboten und mich beauftragt, Ihnen seine Entscheidung zur Kenntnis zu bringen.

H. Himmler

Dokument 4.3
Schreiben Himmlers an Reichsjustizminister
Franz Gürtner vom 6. November 1935

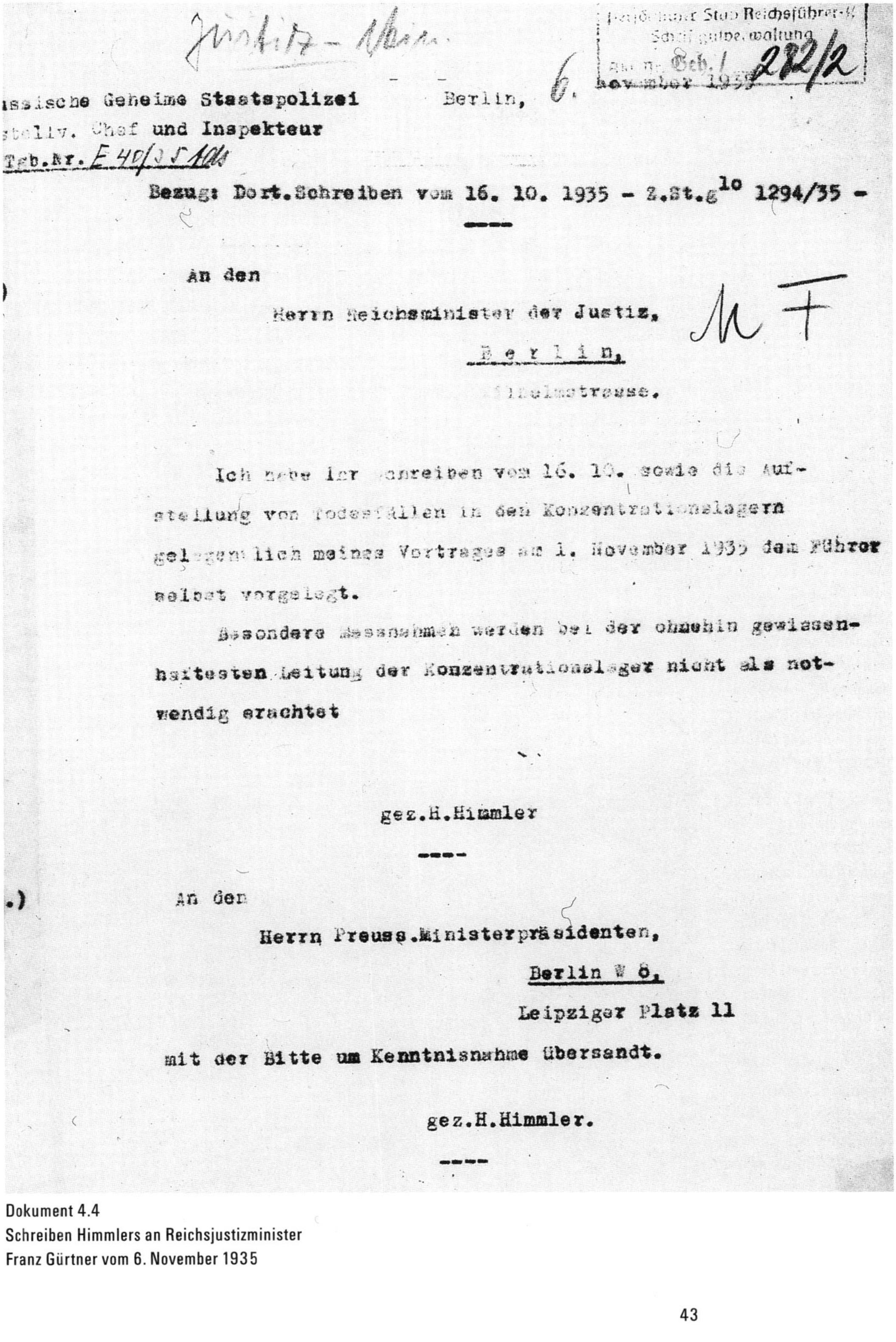

Justiz – Min.

Persönlicher Stab Reichsführer-SS
Schriftgutverwaltung
Akt. Nr. Geh. / 282/2

...ssische Geheime Staatspolizei      Berlin, 6. November 1935
...stellv. Chef und Inspekteur
Tgb.Nr. E 40/35 Nh

Bezug: Dort. Schreiben vom 16. 10. 1935 – Z.St.g[10] 1294/35 –

----

An den

Herrn Reichsminister der Justiz,

Berlin,

Wilhelmstrasse.

M F

Ich habe Ihr Schreiben vom 16. 10. sowie die Aufstellung von Todesfällen in den Konzentrationslagern gelegentlich meines Vortrages am 1. November 1935 dem Führer selbst vorgelegt.

Besondere Massnahmen werden bei der ohnehin gewissenhaftesten Leitung der Konzentrationslager nicht als notwendig erachtet

gez. H. Himmler

----

...) An den

Herrn Preuss. Ministerpräsidenten,

Berlin W 8,

Leipziger Platz 11

mit der Bitte um Kenntnisnahme übersandt.

gez. H. Himmler.

----

Dokument 4.4
Schreiben Himmlers an Reichsjustizminister
Franz Gürtner vom 6. November 1935

# 5

## Neue Lager 1935–1937

Nach der grundsätzlichen Entscheidung über den Ausbau der KZ plant Eicke im Rahmen der nationalsozialistischen Kriegsvorbereitungen mehrere neue und erheblich größere Lager. Ein Lagerbau bei Hamburg scheitert; der Ausbau von Esterwegen wird durch die Verlegung des Lagers in das neue KZ Sachsenhausen 1936 in anderer Form realisiert (Dokument 5.2). Das KZ Buchenwald wird 1937 als Ersatz für die Lichtenburg und das KZ Sachsenburg errichtet. Diese Lager sind auf die geplanten Massenverhaftungen bei Kriegsbeginn vorbereitet.

Im November 1936 gibt es bereits 4 761 Häftlinge. Nicht nur die Zahl der politischen und jüdischen Gefangenen wächst; schon 1935 gibt es auf der Lichtenburg 325 homosexuelle Häftlinge. Seit 1936 sind vermehrt Sinti und Roma unter den Häftlingen. Zunehmend werden sogenannte „Asoziale" und „Berufsverbrecher" wegen kleinster Vergehen oder Vorstrafen in die Lager eingewiesen.

Im Mai 1937 fällt die Entscheidung, bei Weimar ein Konzentrationslager für 8 000 Häftlinge und Kasernen für 13 000 Mann Bewachungspersonal zu errichten. Hier sollen Gefangene aus dem Nordwesten Deutschlands, aus Sachsen, Thüringen, Hessen und Nordbayern inhaftiert werden. Im Juli 1937 müssen Häftlinge aus dem Konzentrationslager Lichtenburg mit dem Aufbau des Lagers beginnen. Da der „Ettersberg mit dem Leben des Dichters Goethe in Zusammenhang steht", lehnt die NS-Kulturgemeinde Weimar diese Bezeichnung für das KZ ab, das kurz darauf von Heinrich Himmler als „KZ Buchenwald" bezeichnet wird.

Bild 5.1

**Turm „H" des KZ Sachsenhausen mit dem elektrisch geladenen Zaun, Warnschildern und Blumenbeeten. Propagandaaufnahme der SS aus dem Statistischen Jahrbuch der SS für 1937**

**Die SS ist nach außen bemüht, die „ordentlichen Verhältnisse" in den Konzentrationslagern zu demonstrieren. Dazu sollen auch derartige Fotos dienen. Die Wirklichkeit sieht anders aus. Ab August 1936 beginnen Häftlinge aus dem KZ Esterwegen mit primitivsten Mitteln und unter miserablen Lebensbedingungen mit den ersten Bauarbeiten in Sachsenhausen. Die Baracken in einfachster Bauweise liefert die Berliner Holzbaufirma Kämper und Seeberg.**

Preußische Geheime Staatspolizei
Der stellvertretende Chef und Inspekteur

B.-Nr. F/SS-TV F/64

Bitte in der Antwort vorstehendes Geschäftszeichen und Datum anzugeben.

Berlin SW 11, den 18. Juni 1936
Prinz-Albrecht-Straße 8
Fernsprecher: A 2 Flora 0040

F. A. Sachsenhausen
eing. 19.6.36
Nr. 1221

Dora II
6223
6123

48

D2 61 23

GEHEIM !

Betreff : Freigabe von fiskalischem Forstgelände für den Zweck der Errichtung eines staatlichen Konzentrationslagers.

An das
Preußische Forstamt
Sachsenhausen
b. Oranienburg

1. Das in der Strassengabel Sachsenhausen - Lehnitzschleuse - Oranienburg gelegene, auf beiliegender Übersichtskarte rot bezeichnete fiskalische Forstgelände, bitte ich der Preußischen Geheimen Staatspolizei zur Verfügung zu stellen. Auf diesem Gelände soll sofort ein staatliches Konzentrationslager errichtet werden, welches zum 1. Oktober 1936 fertiggestellt sein muss. Einen Bebauungsplan füge ich zu treuen Händen bei. Als Baufläche wird ein gleichseitiges Dreieck von je 1 km Seitenlänge für ausreichend erachtet. Die Spitze des Dreiecks geht in Richtung Bahnhof Sachsenhausen. An den Strassen- und an der Ortsseite gegen Sandhausen soll ein Schutzstreifen von ca 80 - 100 m bestehen bleiben.

2. Ich bitte den Antrag zu beschleunigen, da mir für den Gesamtaufbau des Lagers nur 3 Monate zur Verfügung stehen. Der Regierung in Potsdam -Politische Abteilung Abtg.der Forsten- habe ich meine Absicht bereits mündlich unterbreitet und Unterstützung gefunden.

3. Begründung :

a) Das staatliche Konzentrationslager Esterwegen b.Papenburg muß am 1.Oktober 1936 aufgelöst und dem Reichsarbeitsführer, Staatssekretär Hierl, gegen Erstattung der anfallenden Kosten für den Neubau des Konzentrationslagers Sachsenhausen, übergeben werden.

b) Die Insassen des Konzentrationslagers Esterwegen und 1 SS-Totenkopfsturm als Wachtruppe werden zum 1.Okt.1936 in das neue K.L. Sachsenhausen übergeführt.

./.

c) Das Konzentrationslager "Columbia", Berlin wird am 1.Oktober 1936 gleichfalls aufgelöst; die Baulichkeiten gehen zu diesem Zeitpunkt an das Reichsluftfahrtministerium über. Die Insassen des K.L.Columbia werden zum genannten Zeitpunkt ebenfalls im neuen K.L.Sachsenhausen untergebracht.

d) Die Militärbehörde ist mit dem Ersuchen an mich herangetreten, im A=Falle einige Hundert staatsgefährliche Elemente in einem Konzentrationslager in der Nähe Berlins unterzubringen. Ich habe hierfür das neue Konzentrationslager Sachsenhausen vorgesehen.

4. Nachdem ich in vorstehenden Ausführungen die zwingende Notwendigkeit und Dringlichkeit zur Errichtung eines Konzentrationslagers in der Nähe von Berlin dargetan habe, bitte ich nunmehr, unter Überreichung einer Lageplanskizze und mit Bezug auf die gestrige mündliche Besprechung und Besichtigung an Ort und Stelle, über die zuständige Regierung in Potsdam (z.Hd.des Herrn Forstmeister Lubisch) beim Reichsforstamt die Genehmigung zur Abtretung und Überschreibung der in der Anlage rot angezeichneten Waldflächen an den Preußischen Staat (Preußische Geheime Staatspolizei) zum Zwecke der Errichtung des Lagers nunmehr baldgefl. zu veranlassen, damit mit der Inangriffnahme der Barackenerrichtung umgehend begonnen werden kann, da laut Vereinbarung mit dem Reichsarbeitsdienst das K.L.Esterwegen bis zum 1.Okt.d.Jhs. geräumt und das neue Lager bei Sachsenhausen für die Unterbringung der Schutzhäftlinge bis zu diesem Zeitpunkt fertig sein muß.

Abschrift des vorstehenden Schreibens habe ich dem zuständigen Landrat des Kreises Niederbarnim, der an der Angelegenheit hauptsächlich vom baupolizeilichen Standpunkt aus interessiert ist, heute mit der Bitte zugehen lassen, auch seinerseits den Antrag zu prüfen und, sofern von ihm Bedenken nicht zu erheben sind, der Politischen Abteilung der Regierung in Potsdam zur Genehmigung vorzulegen.

Eine etwa erforderliche Stellungnahme der Abteilung "Landesplanung" bei der Regierung in Potsdam bitte ich gef. einzuholen. Ob die abzutretende Waldfläche, deren Baumbestand die örtlich zuständige Forstbehörde selbst als nicht besonders wertvoll bezeichnet hat, unter die Bestimmung betr. "Baumschutz" fällt, entzieht sich meiner Kenntnis.

./.

Blatt 3-

50

Erforderlichenfalls bitte ich die Beschränkung aufzuheben.

Gelegentlich der mündlichen Vorerörterung ist in die Wagschale geworfen worden, ob im vorliegenden Falle die abzutretenden Waldflächen nur gegen Entgelt abzugeben und daher von der Preußischen Geheimen Staatspolizei zu bezahlen wären.
Ich darf hierbei darauf hinweisen, dass die Ausgaben für die Preußische Forstverwaltung in der gleichen Weise aus der Preußischen Staatskasse bestritten werden, wie alle Einnahmen und Ausgaben für die Preußische Geheime Staatspolizei ebenfalls im Preußischen Staatshaushalt (Kap.92 von der Verwaltung des Innern) ausgeworfen sind.
Ausserdem würde dies dem bisher beobachteten Grundsatz "Vermeidung von Zahlungen von einer Staatskasse in die andere" widersprechen.

Die Errichtung und Unterhaltung von Konzentrationslagern ist eine polizeiliche Angelegenheit und nach wie vor, als solche, Angelegenheit der Länder; im vorliegenden Falle also Aufgabe des Landes Preußen. Unter diesen Umständen bitte ich von einer Bezahlung des Wertes der abzutretenden Waldfläche abzusehen und, wie auch in früheren Fällen geschehen, diese mir zu dem angegebenen Zwecke unentgeldlich zu überlassen.

Für größtmögliche Beschleunigung wäre ich dankbar.

I. A.

Eicke

Dokument 5.2
Schreiben Eickes an das Forstamt Sachsenhausen vom 18. Juni 1936

Im Sommer 1936 ist die Hauptaufgabe der Inspektion der Bau des KZ Sachsenhausen bei Berlin. Die Errichtung neuer Konzentrationslager ab 1936 muß als Teil der nationalsozialistischen Kriegsvorbereitungen gesehen werden. Hinter dem von Eicke angesprochenen „A-Fall" verbirgt sich nichts anderes als ein geplanter militärischer Angriff Deutschlands auf einen seiner Nachbarstaaten. Für diesen Fall werden von der Gestapo seit 1936 Massenverhaftungen geplant, für die die Inspektion der Konzentrationslager die organisatorischen Vorbereitungen zu treffen hat.

# 6

## Die SS-Totenkopfverbände

Seit 1936 werden die KZ-Wacheinheiten als SS-Totenkopfverbände bezeichnet. Ende 1938 gibt es die vier Totenkopfstandarten Oberbayern (Dachau), Brandenburg (Sachsenhausen), Thüringen (Buchenwald) und Ostmark (Mauthausen) mit insgesamt 9 000 Mann, die zugleich eine innenpolitische Sondertruppe bilden. Im selben Jahr nehmen sie an der Besetzung des Sudetenlandes teil. 1939 läßt Eicke für kurze Zeit das KZ Dachau räumen und faßt die Standarten dort zur berüchtigten SS-Totenkopfdivision zusammen, die er von November 1939 bis zu seinem Tod im Februar 1943 führt. Bereits während des Krieges gegen Frankreich ist die SS-Totenkopfdivision an Kriegsverbrechen beteiligt. Am 27. Mai 1940 ermorden Soldaten der SS-Totenkopfdivision bei Le Paradis unter dem Befehl des SS-Obersturmführers Fritz Knöchlein ungefähr einhundert britische Soldaten, die sich bereits ergeben hatten. Die Gefangenen werden nach ihrer Durchsuchung an eine Scheunenwand gestellt und mit schweren Maschinengewehren niedergeschossen. Knöchlein wird 1948 wegen dieses Verbrechens von einem britischen Militärgericht zum Tode verurteilt und hingerichtet. Nach den Kämpfen in Belgien und Frankreich wird die SS-Totenkopfdivsion ab 1941 vor allem in der Sowjetunion eingesetzt.

Seit Herbst 1939 übernehmen den KZ-Wachdienst vor allem ältere und kriegsuntaugliche Angehörige der Allgemeinen SS im Rahmen der sogenannten „Polizeiverstärkung". Diese Wachformationen werden als Totenkopfsturmbanne mit dem jeweiligen Lagernamen bezeichnet.

Bild 6.1
Die SS-Totenkopfverbände paradieren auf dem NSDAP-Reichsparteitag im September 1936 an Adolf Hitler vorbei. Rechts neben Hitler stehen Heinrich Himmler und Hermann Göring. Propagandaaufnahme aus dem Statistischen Jahrbuch der SS 1937

Dokument 6.2
Am 16. April 1936 erhalten die SS-Wachverbände die Bezeichnung „SS-Totenkopfverbände". Seit April 1938 werden sie als SS-Totenkopfstandarten bezeichnet.

VIII 164 6 01 8c

12

Der Chef des SS-Hauptamtes
ZK Tgb Nr. 691/36

Berlin, den 16.4.1936

Betr.: SS-Totenkopfverbände.

8015560

V e r t e i l e r I.

Auf Befehl des Reichsführers-SS tragen mit Wirkung vom 29. März 1936 die bisherigen SS-Wachverbände die neue Dienstbezeichnung

"SS-Totenkopfverbände".

Der bisherige Inspekteur der SS-Wachverbände führt die Dienstbezeichnung

"Der Führer der SS-Totenkopfverbände".

Die lfd. Nr. 15 der Stärkenachweisung ist dementsprechend abzuändern. Die SS-Totenkopfverbände gliedern sich in SS-Totenkopf-Sturmbanne und SS-Totenkopf-Hundertschaften.

Die bisher häufig angewandte Dienstbezeichnung

"Inspekteur der Konzentrationslager"

ist im SS-Dienstverkehr nicht anzuwenden.

F. d. R.
Moerke [signature]
SS-Standartenführer und
Chef der SS-Zentralkanzlei

Der Chef des SS-Hauptamtes
gez. Heißmeyer
SS-Gruppenführer.

# 7

## Der Umzug nach Oranienburg

1935 wird im Oranienburger Schloß der SS-Wachverband „Brandenburg" aufgestellt. Häftlinge aus dem Lager Esterwegen müssen 1936 in Oranienburg das KZ Sachsenhausen errichten. Neben dem Lager entsteht ein immer größer werdender Kasernenkomplex für die KZ-Wachverbände. Oranienburg soll das Zentrum der SS in der Nähe Berlins werden. Viele Wohnhäuser für SS-Führer werden jetzt in der Nähe des KZ Sachsenhausen gebaut. Die Inspektion der Konzentrationslager und die Führung der SS-Totenkopfverbände ziehen im August 1938 in das große Stabsgebäude südlich des KZ Sachsenhausen, das wegen seiner charakteristischen dreiflügeligen Form „T-Gebäude" genannt wird (Bild vor Seite ). Zuerst wurde der nördliche Flügel errichtet, an den 1938 der vordere Teil von Häftlingen aus dem KZ Sachsenhausen angebaut wurde. Arbeitszimmer Theodor Eickes wurde der repräsentative Raum über dem Foyer. Heute sind nur Reste der einstigen Nutzung erkennbar: Am Portal finden sich die Wappen der 1938 vorhandenen SS-Totenkopfverbände; in den Geländern sind Reste von SS-Runen und Hakenkreuzen erkennbar.

Am südöstlichen Rand des Kasernengeländes läßt sich Theodor Eicke eine luxuriöse Dienstvilla mit über 300 $m^2$ Wohnfläche errichten. Während das Reichsfinanzministerium es intern ablehnt, die Villa als „Dienstwohnung" anzuerkennen, wird diese Vorentscheidung im Sommer 1939 „mit Rücksicht auf die besonderen Verhältnisse" plötzlich widerrufen. Dieses Verhalten des Finanzministeriums gegenüber Forderungen der SS ist kein Einzelfall. Die SS schafft Fakten, und die Finanzverwaltung akzeptiert diese trotz grundsätzlicher Bedenken anschließend.

Bild 7.1
Heinrich Himmler und Theodor Eicke, 1941/42

Dokument 7.2
Mitteilung über die Verlegung der Inspektion nach Oranienburg vom 28. Juli 1938

A b s c h r i f t !

Der Führer der SS-Totenkopfverbände
und Konzentrationslager

Berlin, den 28. Juli 38

<u>Betreff:</u> Verlegung der Dienststelle nach Oranienburg

An die Führer der 1., 2., 3., u.4.SS-T.-Standarten,
Kommandanten der K.L.Bu., Da. Flo., Sa. u.Dir.F/KL.Li.
San-Abteilung SS-TV.

Die Dienststelle des Stabes wird am Dienstag, den 2.August 1938 nach O r a n i e n b u r g verlegt.
<u>Postanschrift:</u> Oranienburg bei Berlin, ohne Strassenbezeichnung
<u>Fernsprechanschlüsse:</u> Oranienburg 3171 und 3172.
Die Standarten und Kommandanturen werden gebeten in der Zeit vom 1. bis 4.8.38 sich in der Postübermittlung eine gewisse Beschränkung aufzuerlegen und nur dringende Vorlagen zu machen.

DerSStabsführer der SS-TV/KL.
gez. G l ü c k s
-SS-Oberführer

F.d.R.d.A.

SS-Rottf.

35 22.7.39

**Der Reichsführer-SS**
**und Chef der deutschen Polizei**

Der Chef des Hauptamtes
Haushalt und Bauten

Amt I - V4/51/20b - Nr.1304

Berlin SW 50, den Mai 1939
Geisbergstr. 21
Fernruf: 24 00 12

Betreff: Wohnung des SS-Gruppenführers E i c k e .
Bezug : ohne.
Anlagen: 3 Grundrisspläne.

F. 7270 - 207
– 3 Anl –

Eing. 12 MAI 39 Vm.
Reichsfinanzmin.

An den
Herrn Reichsminister der Finanzen

B e r l i n W 8

Wilhelmplatz 1/2.

Der Führer der SS-Totenkopfstandarten und Konzentrationslager, SS-Gruppenführer E i c k e muss im dienstlichen Interesse in der Nähe der Dienststelle wohnen, da dessen Anwesenheit an der Dienststelle auch ausserhalb des Dienstes dringend erforderlich ist.

Ich habe daher im Zuge der Erbauung einer Wohnungssiedlung in Oranienburg auch ein Wohngebäude für SS-Gruppenführer Eicke errichten lassen x), das voraussichtlich bis 1.6.1939 bezugsfertig wird.

Die Grösse dieses Hauses ist aus beiliegenden Plänen ersichtlich.

Auf Grund der Dienststellung des SS-Gruppenführers Eicke und in Anbetracht des dringenden Bedürfnisses, in der Nähe der Dienststelle zu wohnen, wird gebeten, diese Wohnung als "Dienstwohnung mit Empfangsräumen" zu erklären.

x) aus Haushaltsmitteln der SS-TV/KL 1938 (Baumittel Kap. 21 Titel 5)
Bausumme konnte nicht angegeben werden, da noch nicht abgerechnet. Mietwert nicht errechnet.
Fr.

SS-Gruppenführer

Dokument 7.3
Schriftwechsel zwischen der SS und dem Reichsfinanzministerium über die Dienstvilla von Theodor Eicke

Zu A 4900 - 20951 IV

3

**Liste**

der zu den Gliederungen der NSDAP gehörenden Formationen, die ganz aus Reichsmitteln unterhalten werden.
(Die Beschäftigung bei ihnen gilt daher als Reichsdienst im Sinne des § 127 DBG. und der entsprechenden sonstigen Ruhensvorschriften).

----------

1) Die SS - Verfügungstruppe:
   a) Führungsstab und Sanitätsabteilung in Berlin
   b) Leibstandarte SS Adolf Hitler in Berlin-Lichterfelde
   c) SS - Standarte Deutschland (4 Sturmbanne) in München und Ellwangen
   d) SS - Standarte Germania in Hamburg-Veddel, Arolsen und Radolfszell
   e) SS - Standarte Der Führer in Wien, Graz und Klagenfurt
   f) SS - Sturmbann N in Nürnberg
   g) SS - Nachrichten-Sturmbann in Unna (Westf.)
   h) SS - Pionier-Sturmbann in Leisnig (Sachsen)
2) Die SS - Führerschulen in Braunschweig und Tölz
3) Die SS - Totenkopfverbände:
   a) Stab des Führers der SS-Totenkopfverbände und Konzentrationslager in Oranienburg bei Berlin
   b) 1. SS-Totenkopfstandarte "Oberbayern" in Dachau
   c) 2. SS-Totenkopfstandarte "Brandenburg" in Sachsenhausen bei Berlin
   d) 3. SS-Totenkopfstandarte "Thüringen" in Buchenwald bei Weimar
   e) 4. SS-Totenkopfstandarte "Ostmark" in Linz.
4) a) Die Kommandanturen der Konzentrationslager in Dachau, Buchenwald, Sachsenhausen, Flössenbürg (bayer.Ostmark) und Mauthausen (Österreich)
   b) Die Lagerdirektion des Frauen-Konzentrationslagers in Lichtenburg
5) Die Motor-Sportschulen des NSKK.

------------

Dokument 7.4
Seit Ende 1938 gilt sowohl der Dienst bei der SS-Verfügungstruppe, bei den SS-Totenkopfverbänden und bei den Kommandanturen der Konzentrationslager als „Reichsdienst".

8

## Neue Lager 1938–1939

1938 und 1939 werden das Lager Dachau ausgebaut sowie die Konzentrationslager Flossenbürg (Bild 8.1), Mauthausen und Ravensbrück neu errichtet. Mehrfach beruft sich Eicke bei seinen Verhandlungen mit anderen Stellen auf den „Auftrag des Führers" oder sogar auf dessen Befehl, daß „Arbeitsscheue in neu errichteten Konzentrationslagern untergebracht werden" (Dokument 8.3). Die Standorte werden nicht mehr wie 1936/37 unter strategischen Aspekten ausgesucht, sondern nach den wirtschaftlichen Interessen der SS. Sie will die Zwangsarbeit der Häftlinge in SS-eigenen Unternehmen, vor allem in Werkstätten, Steinbrüchen und Ziegeleien noch stärker als bisher ausbeuten. Die Häftlinge des 1938 erbauten KZ Flossenbürg arbeiten vor allem in den SS-eigenen Steinbrüchen in der Nähe des Lagers, seit 1943 vermehrt für die Flugzeugfirma Messerschmitt. Von den mehr als 100 000 Häftlingen des KZ Flossenbürg wurden mehr als 30 000 ermordet oder sind an den Folgen der unmenschlichen Lebensverhältnisse im Hauptlager und den über 100 Nebenlagern gestorben.

Im November 1938 sind noch vor den Novemberpogromen mehr als 24 000 Menschen inhaftiert, durch die Verschleppungen nach den Pogromen sind es mehr als 60 000. Damit sind auch die neuen Lager in Buchenwald und Sachsenhausen überfüllt.

Nach Entlassungen und einer „Amnestie" zu Hitlers 50. Geburtstag gibt es kurz vor dem deutschen Überfall auf Polen im September 1939 noch etwa 21 300 Häftlinge in den Konzentrationslagern.

In der Nähe von Fürstenberg an der Havel entsteht mit Ravensbrück im Frühjahr 1939 ein neues und größeres Konzentrationslager für Frauen (Bild 8.2). Im Mai 1939 werden dort die ersten 867 Frauen inhaftiert. Bereits in der Zeit davor hat der amtierende Lagerdirektor SS-Hauptsturmführer Max Koegel genaue Vorstellungen, welche Gebäude er in Ravensbrück benötigt (Dokument 8.4). Eicke zeichnet das Schreiben ab und gibt es an den Verwaltungschef der SS, Oswald Pohl, weiter. Dieser ordnet die Errichtung des Zellenbaus in Ravensbrück an. Koegel bleibt bis September 1942 zuerst Lagerdirektor, später Kommandant von Ravensbrück. Nach einer kurzen Zeit in Lublin-Maidanek ist er von Januar 1943 bis Kriegsende Kommandant des KZ Flossenbürg. Koegel begeht im Juni 1946 Selbstmord in amerikanischer Haft.

Bild 8.1
Erstes Flaggenhissen der SS im KZ Flossenbürg im Mai 1938

Bild 8.2
Frauen aus dem KZ Ravensbrück bei der Zwangsarbeit

Der Führer der SS-Totenkopfverbände
und Konzentrationslager
F / Az. 14 / 10.8.1938 Ha.

Oranienburg bei
Berlin, den 10. August 1938

Betr.: Wasserleitung des K.L. Floßenbürg
Bez.: Ohne
Anl.: 2

156

11. AUG. 1938

An

Reichsführer-SS - Vierjahresplan
z.Hd. SS-Oberführer Greifelt,

B e r l i n W 9 .

Potsdamerstr. 33 I

Durchschlag an: SS-Gruppenführer Pohl, München 33
Kommandantur K.L. Floßenbürg

Jn letzter Zeit werden immer wieder Versuche unternommen, die Arbeiten in den Konzentrationslagern als nicht vordringlich hinzustellen. Man setzt sich bürokratisch über alle Bedenken hinweg und vergißt, daß eine Konzentrierung von 25.000 Häftlingen in den Lagern nicht nur eine ständige Gefahr, sondern Sorgen am laufenden Band verursachen.

Der Führer befiehlt, daß Arbeitsscheue in neu errichteten Konzentrationslagern untergebracht werden und untergeordnete Stellen im Reich verweigern lebensnotwendige Bedürfnisse, die für die Errichtung solcher Lager nun einmal unentbehrlich sind. So werden hier wieder lumpige 40 to Eisenrohre abgelehnt und damit ein Lager und eine Gemei[nde] einfach vom Wasser abgeschnitten. Jn Berlin dagegen liegt das Eisen tonnenweise auf dem Haufen und ist dem Verderben ausgesetzt. Jch bin überzeugt, daß die dortige Dienststelle bisher alles getan hat, um die vorliegenden Nöte zu beheben. Jch bitte aber, den beteiligten Stellen eindeutig klar zu machen, daß es sich bei unseren Anforderungen um Reichsinteressen handelt, die bürokratisch nicht abgetan werden können. Jch muß die 40 to Eisenrohre für Floßenbürg ohne Zeitverlust haben, anderenfalls wäre ich gezwungen dem Reichsführer-SS zu melden, daß ich den Auftrag des Führers nicht durchzuführen in der Lage bin.

Der Führer der SS-Totenkopfverbände
und Konzentrationslager

Zum Akt!

SS - Gruppenführer

Dokument 8.3
Schreiben Eickes über die Wasserleitung für das KZ Flossenbürg vom 10. August 1938

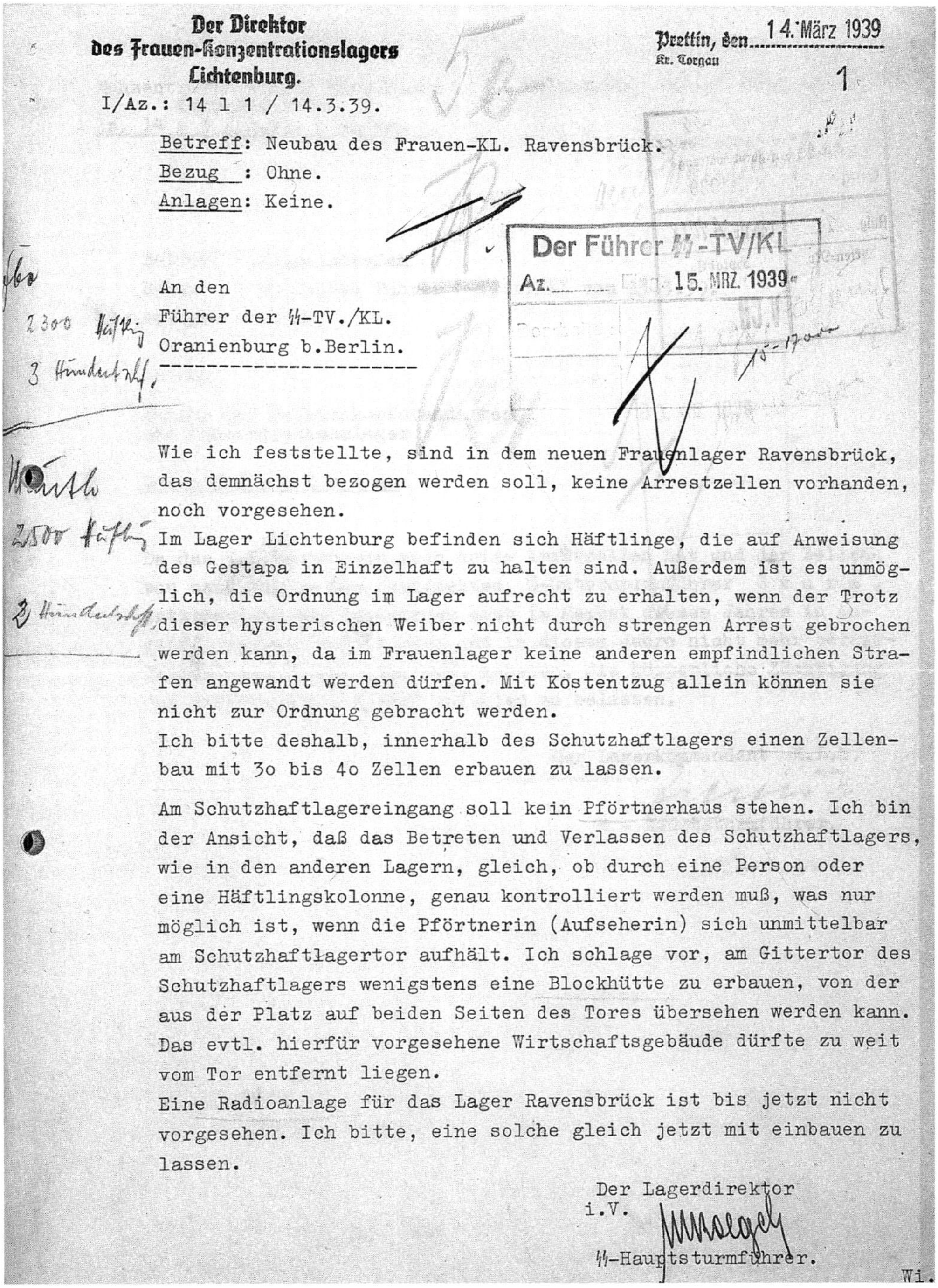

**Der Direktor**
**des Frauen-Konzentrationslagers**
**Lichtenburg.**

I/Az.: 14 1 1 / 14.3.39.

Prettin, den 14. März 1939
Kr. Torgau

1

Betreff: Neubau des Frauen-KL. Ravensbrück.
Bezug : Ohne.
Anlagen: Keine.

Der Führer ꞩꞩ-TV/KL
Az. ... 15. MRZ. 1939

An den
Führer der ꞩꞩ-TV./KL.
Oranienburg b.Berlin.

2300 Häftling
3 Hundertschaft.

Wie ich feststellte, sind in dem neuen Frauenlager Ravensbrück, das demnächst bezogen werden soll, keine Arrestzellen vorhanden, noch vorgesehen.

Im Lager Lichtenburg befinden sich Häftlinge, die auf Anweisung des Gestapa in Einzelhaft zu halten sind. Außerdem ist es unmöglich, die Ordnung im Lager aufrecht zu erhalten, wenn der Trotz dieser hysterischen Weiber nicht durch strengen Arrest gebrochen werden kann, da im Frauenlager keine anderen empfindlichen Strafen angewandt werden dürfen. Mit Kostentzug allein können sie nicht zur Ordnung gebracht werden.

Ich bitte deshalb, innerhalb des Schutzhaftlagers einen Zellenbau mit 3o bis 4o Zellen erbauen zu lassen.

Am Schutzhaftlagereingang soll kein Pförtnerhaus stehen. Ich bin der Ansicht, daß das Betreten und Verlassen des Schutzhaftlagers, wie in den anderen Lagern, gleich, ob durch eine Person oder eine Häftlingskolonne, genau kontrolliert werden muß, was nur möglich ist, wenn die Pförtnerin (Aufseherin) sich unmittelbar am Schutzhaftlagertor aufhält. Ich schlage vor, am Gittertor des Schutzhaftlagers wenigstens eine Blockhütte zu erbauen, von der aus der Platz auf beiden Seiten des Tores übersehen werden kann. Das evtl. hierfür vorgesehene Wirtschaftsgebäude dürfte zu weit vom Tor entfernt liegen.

Eine Radioanlage für das Lager Ravensbrück ist bis jetzt nicht vorgesehen. Ich bitte, eine solche gleich jetzt mit einbauen zu lassen.

Der Lagerdirektor
i.V.
Koegel
ꞩꞩ-Hauptsturmführer.

Wi.

Dokument 8.4
Schreiben des Lichtenburger Lagerdirektors Max Koegel an die Inspektion der Konzentrationslager vom 14. März 1939

9

# Die Täter: Zur Biographie von Richard Glücks

Bild 9.1
Richard Glücks als SS-Gruppenführer und Inspekteur der Konzentrationslager

Dokument 9.2
Lebenslauf von 1941

Eickes Nachfolger als Inspekteur der Konzentrationslager wird im November 1939 dessen Stabsführer Richard Glücks, geboren am 22. April 1889 in Odenkirchen/Mönchengladbach. Glücks absolviert nach einer abgebrochenen Gymnasialausbildung eine kaufmännische Lehre und seinen Wehrdienst. Als Frontkämpfer im Ersten Weltkrieg nimmt er u. a. an den Kämpfen von Verdun und an der Somme teil, wird zum Oberleutnant befördert und zuletzt als Beobachtungsoffizier und Batterieführer eingesetzt. 1919 und 1920 ist er beim Freikorps Lichtschlag Führer eines Motorbatteriezuges. Anschließend offen, später getarnt von der Reichswehr zu Grenzschutzaufgaben, danach bei der Organisation von Kleinkaliberlehrgängen eingesetzt, wird er Ende 1931 arbeitslos. 1930 tritt Richard Glücks der NSDAP, 1932 der SS bei, wo er rasch Karriere macht. In einem undatierten Lebenslauf schreibt Glücks: „Nach kurzer Zugehörigkeit wurde ich Adjutant des Sturmbanns I/25, dessen Führer durch seine berufliche Tätigkeit viel vom Standort abwesend war. Ich wurde dann als Personalreferent zum Stabe des SS-Oberabschnitt West nach Düsseldorf versetzt und Ende Juli 1933 zum Stabsführer dieses Oberabschnitts ernannt. In dieser Stellung war ich bis zum 20. 7. 1935 tätig, seit welcher Zeit ich mit der Führung der 77. SS-Standarte beauftragt bin." Erst nachdem er eine hauptamtliche Stellung in der SS einnimmt, heiratet er eine elf Jahre jüngere Frau.

Am 17. März 1936 versetzt das SS-Hauptamt Richard Glücks zum 1. April 1936 als „Stabsführer des Inspekteurs der Wachverbände" zur Inspektion der Konzentrationslager. Eicke ist mit seinem neuen Mitarbeiter sehr zufrieden: „Glücks ist ein Stabsführer, wie er sein soll. In allen Lagen ist er mir eine wertvolle Stütze, auf die ich mich verlassen kann. Der Stab der SS TV. und KL., wo Truppenführung, Häftlingsangelegenheiten, Bauangelegenheiten in einer Hand liegen und jeder Tag neue Schwierigkeiten bringt, kann nur von einem hervorragenden Stabsführer geleitet werden. Als solcher hat sich Glücks in jeder Weise bewährt. Die Beförderung zum SS-Oberführer hat sich Glücks verdient; seine Leistungen sind unantastbar."

Richard Glücks setzt konsequent die Forderungen Himmlers an die Konzentrationslager durch. Die Lebensbedingungen der Häftlinge sind ihm dabei gleichgültig. Sorgfältig achtet er darauf, daß ihm keine anderen Institutionen Machtbefugnisse in seinem Bereich beschneiden. In den Jahren ab 1939 ist Glücks führend an den NS-Massenverbrechen in den Konzentrationslagern beteiligt. Privat interessiert sich der kinderlos verheiratete Glücks vor allem für Fußball. In seiner Stellung als Chef der Inspektion der Konzentrationslager und SS-Gruppenführer erreicht er, daß eine Reihe bekannter Fußballspieler zur Inspektion versetzt werden. Die „SS-Sportgemeinschaft Oranienburg" wird mit dieser Unterstützung zu einer erfolgreichen Fußballmannschaft. Nach 1945 nutzt eine Reihe von ehemaligen SS-Männern dies als Entlastungsgrund für ihre Tätigkeit in der Inspektion.

Im April 1945 flieht Glücks mit einem großen Teil seiner Mitarbeiter in den Raum Flensburg. Hier erhält er falsche Militärpapiere auf den Namen „Sonnemann". Am 30. April 1945 wird er wegen eines Herzleidens in das Marinelazarett Flensburg-Mürwik eingeliefert. Nach der militärischen Kapitulation des NS-Regimes begeht er am 10. Mai 1945 Selbstmord mit einer Zyankalikapsel.

ϟϟ-Oberführer G l ü c k s , Richard

geb. zu Odenkirchen/M.-Gladbach
am 22.4.1889 Alter: 52 Jhr.
Große Figur 179 cm groß

| | | |
|---|---|---|
| Parteiverhältnis | : | |
| Eingetreten am | : | 1.3.1930 |
| Mitgl.Nummer | : | 214 855 |
| Eintritt i.d. ϟϟ | : | 16.11.1932 |
| ϟϟ-Nummer: | | 58 706 |

1907 : Abgang vom städtischen Gymnasium in Düsseldorf, Lehre in der elterlichen Firma "Hanseatische Feuer-Versicherungs-Gesellschaft.

1909 - 1910 : Einjährig Freiwilliger Feld-Artl.Regt. Nr. 43 Wesel.

1910 : Beschäftigung in der Filiale der Gesellschaft in Leipzig und Besuch der dortigen Handels-Hochschule.

1913 : Aufenthalt in England.

1914 : Reise nach Südamerika; vom Kriegsausbruch in Buenos Aires überrascht, kehrte er als Matrose mit Schweizer Papieren auf einem Norwegischen Schiff im Januar 1915 nach Deutschland zurück.

1915 : Sofortiger Eintritt beim Heer, Teilnahme an den Kämpfen an der Aisne und Verdun sowie Sommeschlacht und späterhin Galizien. Verwendung als Beobachtungsoffizier und Batterie-Führer.

1919 : Angehöriger des Westf. Freikorps Lichtschlag, Führer eines Motorbatteriezuges.

März 1920 : Zur Heeresfriedenskommission kommandiert und Verbindungsoffizier zur interalliierten Kommission zur Kontrolle der militärischen Stärken. Bis zum Jahre 1924 gehörte er der Friedenskommission bis zur Auflösung als Verbindungsoffizier an.

ab 1925 : Grenzschutzbearbeitung im Stab der 6. Preußischen Division. Später Aufstellung des Kleinkaliber-Schießsports. Ende 1931 wegen Geldverknappung abgebaut.

1932 : ϟϟ-Sturmbannadjutant in Essen.

1933 : Angehöriger des Stabes ϟϟ-Gruppe West und mit der Führung der Geschäfte des Stabsführers beauftragt.

- 2 -

1934 : ᛋᛋ-Obersturmbannführer

1935 : Beauftragt mit der Führung der 77. ᛋᛋ-Standarte.

März
1936 : Stabsführer des Inspekteurs der Wachverbände.

13.9.
1936 : ᛋᛋ-Standartenführer.

12.9.
1937 : ᛋᛋ-Oberführer.

15.11.
1939 : Inspekteur der Konzentrationslager.

Teilnahme am Weltkrieg - E.K. I und II, Ehrenkreuz für Frontkämpfer.

Verheiratet.

Hi.

5

Kurze Begründung und Stellungnahme der Zwischenvorgesetzten

SS-Gruppenführer Glücks ist seit 2 Jahren Amtsgruppenchef D im SS-Wirtschafts-Verwaltungshauptamt. Als solcher obliegt ihm die verantwortliche Führung aller Angelegenheiten, welche mit dem KL- Wesen in Verbindung stehen.
Er hat nicht nur die militärische Führung der 40000 Männer zu überwachen, welche in den Bewachungseinheiten zusammengeschlossen sind, sondern er ist auch verantwortlich für militärische Ordnung und SS-mässige Führung von z.Zt. 15 Konzentrationslagern und 500 Aussenlagern mit einer Gesamthäftlingszahl von rund 750 000 Köpfen. In dieser Stellung, die SS- Gruppenführer Glücks schon vor seiner Einsetzung als Amtsgruppenchef D als Inspekteur der Konzentrationslager ausgeübt hat, hat er sich bedeutende Verdienste um die Kriegsrüstung erworben durch den laufenden Einsatz der Häftlinge in die Rüstungsindustrie.

Wenn sich hier in den ganzen Kriegsjahren keinerlei Schwierigkeiten ergeben haben und die Kriegsindustrie in kürzester Zeit mit den angeforderten Arbeitskräften versorgt werden konnte, dann ist das das Verdienst des SS- Gruppenführers Glücks. Er hat durch diese Leistung einen wesentlichen Beitrag zur Kriegsrüstung und damit zur Kriegsführung geleistet.
Die Höhe dieses Beitrages berechtigt eine Auszeichnung durch die Verleihung des Deutschen Kreuzes in Silber.

Vom Führer am 25.1.45 verliehen!
Burgdorf
Gen. d. Inf. + Chef H PA.
25.1.45

Dokument 9.3
Vorschlag für die Verleihung des Deutschen Kreuzes in Silber vom 13. Januar 1945

Noch im Januar 1945 erhält Richard Glücks einen der höchsten Orden des NS-Regimes, das Deutsche Kreuz in Silber.

# 10

## Neue Lager 1939/40

Durch die Massenverhaftungen in Deutschland sind im November 1939 bereits über 30 000 Gefangene in den KZ inhaftiert. Eine Vielzahl von Häftlingen aus allen deutsch besetzten Ländern kommt in der Folgezeit hinzu. Die Lebensbedingungen verschlechtern sich ständig; die Konzentrationslager werden zu Stätten von Massenexekutionen und Gewaltverbrechen.

Im Herbst 1939 errichten lokale SS- und Polizei-Dienststellen eigenmächtig mehrere Gefangenenlager. Heinrich Himmler bekräftigt im Januar 1940, daß alle Gefangenenlager der Inspektion der Konzentrationslager unterstehen, und ordnet eine Überprüfung ihrer Standorte an (Dokument 10.2).

Glücks besichtigt diese und schlägt die Umwandlung der Lager in Auschwitz und Stutthof (Bild 10.1) in Konzentrationslager vor.

Im Juni 1940 wird zudem das Außenlager Neuengamme bei Hamburg, das dem KZ Sachsenhausen untersteht, ein selbständiges Konzentrationslager.

Auschwitz wird in den Jahren nach 1940 zur größten Mordstätte im Verantwortungsbereich der Inspektion der Konzentrationslager. Von den über 400 000 registrierten Häftlingen überleben nur 65 000; insgesamt werden in Auschwitz über eine Million Menschen ermordet.

Bild 10.1
**Häftlinge im KZ Stutthof**

**In das KZ Stutthof werden über 115 000 Häftlinge eingeliefert; etwa 65 000 von ihnen werden ermordet oder kommen ums Leben.**

Dokument 10.2
**Am 15. Januar 1940 befiehlt Himmler Glücks die Prüfung von neuen KZ-Standorten.**

II c/1

Der Reichsführer-SS                                        Berlin, den 15. Jan.1940

672/40
Tgb.Nr. ~~zu 660/39~~ g.Rs.
RF/Pt.
Bezug: Dort.v.6.1.39.

SS-Obergruppenführer H e i ß m e y e r

B e r l i n .

1.) Alle Gefangenenlager, die bestehen, und alle, die in Zukunft noch errichtet werden, sind jeweils dem Inspekteur der Konzentrationslager zu unterstellen.

2.) Der Inspekteur der Konzentrationslager hat zu prüfen, ob die Errichtung eines neuen Gefangenenlagers notwendig ist, oder ob die Überführung der Gefangenen in die bestehenden Lager zweckmäßig ist. Zurzeit ist meines Erachtens die Überführung in die bestehenden Lager am besten, da dort noch genügend Platz vorhanden ist.

Der Reichsführer-SS:

H

RS. Die drei Gefangenenlager sind dem Inspekteur der KL sofort zu unterstellen.

11

# Die Inspektion der Konzentrationslager 1939/40

In den Jahren ab 1939 verschlechtern sich die Lebensbedingungen der Häftlinge immer mehr. Sie hungern und leben unter miserablen Bedingungen. Allein im KZ Buchenwald sterben im Winter 1939/40 von 13 000 Gefangenen mehr als 2 000. Immer mehr Häftlinge werden von der SS in den Arbeitskommandos ermordet.

Im Sommer 1940 gehören elf SS-Führer und etwa 40 SS-Männer zur Inspektion der Konzentrationslager. Sie gliedert sich jetzt in eine Zentralabteilung (Politische Hauptabteilung), Personal-, Verwaltungs- und Sanitätsabteilung. Ihre Hauptaufgabe ist die Sicherung der Lager und die Tarnung der Verhältnisse in ihnen. Seit 1939 werden Häftlinge systematisch in den KZ exekutiert oder auf andere Weise ermordet. Die Inspektion der Konzentrationslager ist immer koordinierend oder überwachend beteiligt. Über jeden Mord in den Lagern wird sie sofort informiert.

Ende 1939 übernehmen den KZ-Wachdienst in den SS-Totenkopfsturmbannen, die jetzt die Bezeichnung der einzelnen Lager erhalten, vor allem ältere und kriegsuntaugliche Angehörige der Allgemeinen SS im Rahmen der sogenannten „Polizeiverstärkung". Später werden auch viele Volksdeutsche und Angehörige des NS-Reichskriegerbundes (Kyffhäuserbund) zur KZ-Bewachung eingesetzt. Diese Bewacher sind am Anfang zum Teil nicht so hart gegenüber den Häftlingen wie die SS-Totenkopfangehörigen aus der Zeit Eickes. Glücks betont daher, daß die Häftlinge als „Verbrecher und Staatsfeinde ... aus dem Volkskörper ausgeschieden und eingesperrt" werden müssen (Dokument 11.2).

**Bild 11.1**
**Zynisch heißt es an einer Barackenwand in einem Konzentrationslager: „Es gibt einen Weg zur Freiheit – Seine Meilensteine heissen: Gehorsam, Fleiss, Ehrlichkeit, Ordnung, Sauberkeit, Nüchternheit, Wahrhaftigkeit, Opfersinn und Liebe zum Vaterland". Tatsächlich werden die Häftlinge im KZ Auschwitz mit den Worten begrüßt: „Ihr seid im deutschen Konzentrationslager. Der Eingang erfolgte durch das Haupttor, auf dem sich die Aufschrift ‚Arbeit macht frei' befindet. Hier gibt es nur einen Ausgang: durch den Schornstein des Krematoriums."**

**Dokument 11.2**
**Grundsatzbefehl über das Verhalten gegenüber den Häftlingen vom 22. Januar 1940**

DER REICHSFÜHRER SS

Der Generalinspekteur
der verstärkten SS-Totenkopfstandarten

Oranienburg, 22. Januar 1940

116

IIa Az.: St.Kdt.

Betrifft: Unterrichtung aller SS-Männer über Verhaltungsmassnahmen gegenüber Häftlingen.
Bezug : Ohne.
Anlagen : - 1 -

An alle Totenkopfstandarten,
Abteilungen und E-Einheiten.

1./ Alle Häftlinge, die in den Konzentrationslagern untergebracht sind, sind Staatsfeinde schlimmster Art.

2./ In letzter Zeit ist es zu wiederholten Malen vorgekommen, dass SS-Angehörige sich von den Gefangenen durch Bettenbau, Stiefelputzen und andere Handreichungen bedienen lassen.
Die Verbrecher wurden dann von den SS-Angehörigen durch Zuwendungen von Brot u. a. m. noch belohnt.

3./ Verbrecher und Staatsfeinde sind aus dem Volkskörper ausgeschieden und eingesperrt. Die Bewachung dieser Verbrecher liegt in den Händen des Inspekteurs der K. L.

4./ Es wird hiemit befohlen:
a.) Alle Einheiten in den Totenkopfstandarten, Abteilungen und E-Formationen sind über das Verhalten gegenüber Häftlingen eingehend zu unterrichten.
Der Unterricht ist alle 2 Wochen zu wiederholen.
b.) Neu eintreffende Mannschaften sind über das Verhalten gegenüber den Gefangenen in den 1. Unterrichtsstunden zu unterweisen.

5./ Verboten wird:
a.) Dass sich SS-Angehörige in irgend einer Form von den Verbrechern bedienen lassen.
b.) Gefangene ohne Erlaubnis der aufsichtsführenden SS-Männer zu Arbeiten heranzuziehen.
c.) Den Häftlingen in irgend einer Form Zuwendungen zu machen.

6./ Werden Häftlinge zu Arbeitsleistungen für die T. V. abgestellt, so müssen dieselben, wenn kein Posten der K. L. unmittelbar zur Verfügung steht, durch SS-Männer der T-Einheiten bewacht werden. Nach Beendigung der Arbeit ist der Gefangene wieder an den Posten der K. L. abzuliefern.

7./ Gegen alle Angehörige der SS, die sich Gefühlsduseleien zu schulden kommen lassen und die Staatsfeinde und Verbrecher nicht als das ansehen, was sie sind, wird rücksichtslos vorgegangen werden.

Der Inspekteur der K. L.

gez. Glücks

SS-Oberführer

Der Generalinspekteur
der verstärkten SS-Totenkopfstandarten

gez. Taubert

SS-Gruppenführer.

F.d.R.d.A.
Der Stabskommandant:

[signature]

SS-Sturmbannführer

Abschrift!

Der Reichsführer - ϟϟ
Der Inspekteur der Konz.-Lager
- Az.: 14 c 11 / 7.40 /L / ot.-

Oranienburg, den 3.Juli 1940

Betreff : Entlassung von Schutzhäftlingen, die noch ärztlicher Behandlung bedürfen.
Bezug : Umstehende Abschrift.
Anlagen : - / -

Abteilung III
Eingang: 20. JULI 1941
Tgb. Nr.: ..............................

An die

Lagerkommandanten der
Konzentrationslager Da., Sa., Bu., Mau., Flo., Neu., Au.,
Direktor des F.K.L.Ravensbrück.

Umstehende Abschrift wird nochmals zur Kenntnis gebracht.
Die Bestimmung der Entlassungsfähigkeit eines Häftlings aus dem Konz.-Lager muß selbstverständlich so sein, daß er nach seiner Entlassung nicht mehr Gegenstand zu Erörterungen in der Öffentlichkeit wird.
Wie hier bekannt geworden ist, sind aus einem Konz.-Lager mehrere Häftlinge entlassen worden, die bereits auf dem Umsteigebahnhof wegen großer Körperschwäche der öffentlichen Fürsorge übergeben und daraufhin längere Zeit in Krankenhausbehandlung genommen werden mußten.
Die Durchführung solcher Entlassungen schaden dem Ansehen der Konzentrationslager und sind in Zukunft durch die Lagerkommandanten zu unterbinden.

Gez.: Glücks
ϟϟ- Oberführer.

F. d. R. d. A.:

ϟϟ-Oberscharführer
u. Stabscharführer.

Dokument 11.3
Runderlaß über die Entlassung von Häftlingen vom 3. Juli 1940

Die Lebensbedingungen der Häftlinge sind derart schlecht, daß viele nach ihrer Entlassung bei der Heimreise zusammenbrechen. Die Inspektion verbessert nicht etwa die Ernährung, sondern verbietet grundsätzlich die Entlassung zu schwacher Häftlinge.

Abschrift.

Der Reichsführer-SS
Inspekteur der Konz.-Lager-
Pol./Az.: 14 a 12 /L/ U.-

Betreff: Einstufung der Konzentrationslager.
Bezug : Chef der Sich.-Pol. und des SD vom 28.8.40
IV C 2 Allg.Nr. 542/40 g.
Anlagen: 1

19.9.42.

An die
Lagerkommandanten der Konz.-Lager

Der RFSSuChdDtPol. hat die Einstufung der Konzentrationslager wie folgt befohlen:
" Einstufung der Konzentrationslager in verschiedene Stufen und damit gleichzeitig Einweisungslager."

1. Stufe : Für alle wenig belasteten und unbedingt besserungsfähigen Schutzhäftlinge, außerdem für Sonderfälle und Einzelhaft die Konzentrationslager
Dachau, Sachsenhausen.

1 a " : Für alle alten und bedingt arbeitsfähigen Schutzhäftlinge, die noch im Heilkräutergarten beschäftigt werden können, das Lager
Dachau.

2. " : Für schwer belastete, jedoch noch erziehungs- und besserungsfähige Schutzhäftlinge die Lager
Buchenwald, Auschwitz, Natzweiler.
Floßenbürg, Stutthof,
Neuengamme, Lublin,

3. " : Für schwerbelastete, insbesondere auch gleichzeitig kriminell vorbestrafte, ausgesprochen asoziale und daher kaum noch erziehbare Schutzhäftlinge das Lager
Mauthausen.-Gusen, Groß-Rosen.

Ausgenommen von der unter 1a aufgeführten Stufe sind die alten und arbeitsunfähigen Häftlinge, bei denen eine Krankenbehandlung erforderlich ist und die deshalb in der hierfür vorgesehenen Abteilung des betreffenden K.L. bleiben.
Über die Einstufung des K.L.Auschwitz wird noch entschieden.
Eine Umgruppierung nach der neuen Stufeneinteilung von Lager zu Lager erfolgt wegen der Maßnahme für die Durchführung des Häftlingseinsatzes zur Zeit nicht.
Auf die beigefügte Abschrift wird hingewiesen.

i.V.
gez. Liebehenschel

F.d.R.d.A.

SS-Hauptscharführer.

Dokument 11.4
Im August 1940 teilt Himmler die Konzentrationslager in verschiedene Kategorien ein. Dabei werden den Steinbruchlagern von Mauthausen-Gusen und Groß-Rosen (seit 1. Mai 1941 eigenständiges KZ) die schlechtesten Kategorien zugewiesen. Häftlinge, die in diese Lager kommen, haben nur geringe Überlebenschancen. Von den mehr als 125 000 Gefangenen des KZ Groß-Rosen und seiner Nebenlager werden über 40 000 ermordet.

12

## Die Täter: Zur Biographie von Arthur Liebehenschel

**Bild 12.1**
**Arthur Liebehenschel**

**Dokument 12.2**
**Personalverfügung**
**vom 8. August 1934**

Arthur Liebehenschel wird am 25. November 1901 in Posen geboren. 1919 verpflichtet er sich für zwölf Jahre Dienst in der Reichswehr und besucht die Heeresfachschule für Verwaltung. Er verläßt die Reichswehr 1931 als Oberfeldwebel und tritt 1932 in NSDAP und SS ein. 1934 wird Liebehenschel Adjutant im Berliner KZ Columbia-Haus, als der Führer der 27. SS-Standarte, Walter Gerlach, dort Kommandant wird (Dokument 12.2).

Im KZ Columbia-Haus am Berliner Flughafen Tempelhof sind zwischen 1933 und 1936 über 8 000 Menschen inhaftiert. Die Zahl der hier Ermordeten ist unbekannt.

Walter Gerlach ist seit August 1934 Lagerkommandant und geht im August 1934 als Kommandant in das KZ Sachsenburg. 1935/36 ist er Adjutant in Dachau, nach 1939 beim „Reichskommissar für die Festigung deutschen Volkstums". Nach 1945 wird gegen Gerlach, der erst 1964 stirbt, von der deutschen Justiz niemals ein Verfahren eingeleitet.

Liebehenschel, 1936 Adjutant im KZ Lichtenburg, kommt im Juli 1937 zur Inspektion der Konzentrationslager und leitet dort bis Mai 1940 die Politische Abteilung. Im Anschluß daran ist er Stabsführer der Inspektion.

Arthur Liebehenschel ist der wichtigste Mitarbeiter von Richard Glücks und an allen Verbrechen der Inspektion der Konzentrationslager beteiligt.

Im Januar 1941 will Glücks drei enge Mitarbeiter bevorzugt befördern lassen. Dazu gehören neben Liebehenschel der Kommandant des KZ Auschwitz Rudolf Höß und der Arbeitseinsatzführer des KZ Neuengamme (Dokument 12.3). Am 15. März 1942 wird Liebehenschel zum Chef des Amtes D I (Zentralamt) im SS-WVHA und Stellvertreter von Glücks ernannt und am 10. November 1943 wegen eines Verhältnisses mit der Sekretärin von Glücks als Kommandant in das KZ Auschwitz I versetzt.

Für die Häftlinge in manchen Auschwitzer Arbeitskommandos verbessert Liebehenschel einige Lebensbedingungen, auch wenn er alle Mordaktionen weiterführen läßt. Zur Durchführung des Massenmordes an den ungarischen Juden wird im Frühsommer 1944 Rudolf Höß noch einmal nach Auschwitz kommandiert. Zwischen Mai und September 1944 ist Liebehenschel Kommandant des KZ Lublin-Maidanek und wird auf eigenen Wunsch zur Waffen-SS nach Italien versetzt. Rudolf Höß schreibt 1947 über Liebehenschel: „Unter Eicke hatte Liebehenschel nun die ganze Entwicklung der KL erlebt, allerdings vom Schreibtisch aus ... Später unter Glücks wurde Liebehenschel auch selbständiger und bearbeitete von sich aus den größten Teil des Schriftverkehrs, auch der Befehle und Verfügungen an die Lagerkommandanten, wenn auch mit der Unterschrift Glücks."

Abschrift!

Der Reichsführer SS
Pl Tgb.Nr.3081

München, den 8. August 1934

An den

SS-Oberabschnitt O s t

1. Der SS-Sturmbannführer G e r l a c h wird unter Enthebung von seiner Dienststellung als Führer des 27. SS-Standarte zum Kommandeur des Columbia-Hauses, Berlin, m.W.v.1.8.34 ernannt.

2. Der SS-Obersturmführer Liebehenschel wird unter Enthebung von seiner Dienststellung als Adjutant der 27. SS-Standarte zum Adjutanten des Kommandeurs des Columbia-Hauses, Berlin, m.W.v. 4. 8. 34 ernannt.

Die Dienstaufwandsentschädigung, die Liebehenschel in Höhe von 250 RM bisher von der 27. SS-Standarte erhielt, werden durch RFSS Abt. IV, übernommen, bis eine Klärung über die Etalisierung der Besatung des Columbia-Hauses erfolgt.

Der Chef des SS-Amtes

gez. W i t t j e

---

Berlin, den 21. August 1934

U

An
SS-Abschnitt XII

zur Kenntnisnahme.

Der Stabsführer des SS-Oberabschnittes Ost
gez. Taubert
SS-Standartenführer.

A b s c h r i f t !

D e r   R e i c h s f ü h r e r - SS                Oranienburg, den 14.1.1941
Der Inspekteur der Konzentrationslager
IIa/Az.: 16 d/1.41/Insp./H.-

Betreff: Beförderungseinreichungen zum 30.1.1941

Bezug: Mündliche Rücksprache auf Ihrer Dienststelle.

An
SS-Obersturmbannführer Wander,
SS-Personalhauptamt

B e r l i n  SW 11
Prinz Albrecht Str.9

Lieber SS-Kamerad Wander!

Unter Bezugnahme auf unsere mündliche Rücks bei meinem letzten Besuch im Personalhauptam möchte ich Ihnen nochmals schriftlich sagen, welche Beförderungen zum 30.Januar 1941 mir besonders am Herzen liegen.

1. Ich habe den SS-Sturmbannführer Liebehenschel, der mein Stabsführer und mein Vertreter ist, zum SS-Obersturmbannführer eingereicht. In dem früheren Stab SS-TV/KL bearbeitete er die Konzentrationslager-Angelegenheiten. Er ist mir heute durch seine grossen Sachkenntnisse auf diesem Gebiet eine wertvolle Stütze. Die Lagerkommandanten in meinen Lagern haben meist höhere Dienstgrade, sodass es für mich wichtig ist, einen Vertreter mit einem höheren Dienstgrad zu haben. Liebehenschel ist Sturmbannführer seit Sept. 1937 und steht im 4o.Lebensjahr.

2. SS-Hauptsturmführer H ö ß wurde von mir zum SS-Sturmbannführer eingereicht. Höß ist Lagerkommandant des Großlagers Auschwitz, in dem in der Hauptsache Landwirtschaft betrieben wird und für das sich der Reichsführer-SS sehr interessiert. Der Reichsführer-SS ist mit der Beförderung des Höß zum SS-Sturmbannführer einverstanden.

3. Ich wäre schliesslich dankbar, wenn die Beförderung des SS-Obersturmführers S ö l d n e r zum SS-Hauptsturmführer durchgehen würde. Söldner ist über 4o Jahre alt, ist schon seit längerer Zeit Obersturmführer und leistet im Häftlingseinsatz im K.L.Neuengamme

**Dokument 12.3**
**Schreiben von Glücks an das SS-Personalhauptamt vom 14. Januar 1941**

wirklich Gutes.

Vielleicht berücksichtigen Sie diese Mitteilungen bei Ihrer Vorlage beim Chef des ϟϟ-Personalhauptamtes.

Heil Hitler!

gez. Ihr
Unterschrift

F.d.R.d.A.

ϟϟ-Obersturmführer

13

## Der Massenmord an den sowjetischen Kriegsgefangenen

Nach dem deutschen Überfall auf die Sowjetunion geraten im Sommer 1941 mehrere hunderttausend sowjetische Soldaten in deutsche Kriegsgefangenschaft. Die Inspektion organisiert die Ermordung sowjetischer Kriegsgefangener, die von der Gestapo als angebliche „Politkommissare" in den Kriegsgefangenenlagern des Reichsgebietes ausgewählt werden.
Im August 1941 erörtern in Sachsenhausen Glücks und andere Führer der Inspektion und des KZ, aber auch der wegen eines Genesungsurlaubs in Oranienburg weilende Theodor Eicke, die Pläne für eine Genickschußanlage.
In den Monaten darauf folgt in Sachsenhausen und in den anderen Konzentrationslagern die Erschießung mehrerer zehntausend sowjetischer Kriegsgefangener. Nach der Grundsatzentscheidung vom August 1941 werden nicht nur im KZ Sachsenhausen, sondern auch in Buchenwald, Mauthausen und Auschwitz Genickschußanlagen errichtet. In Flossenbürg werden die Häftlinge im Krematorium, in Groß-Rosen im Freien erschossen. Auch in den Krankenrevieren und den Kriegsgefangenenarbeitslagern erfolgt die Ermordung sowjetischer Gefangener durch Injektionen. Die Information der Inspektion der Konzentrationslager und des Reichssicherheitshauptamts in Berlin über die Exekutionen geschieht per Fernschreiben oder brieflich (Dokumente 13.3 und 13.4). Gleichzeitig plant die SS in Lublin-Maidanek und Auschwitz-Birkenau Kriegsgefangenenlager für je 100 000 Häftlinge.
Seit September 1941 werden sowjetische Kriegsgefangene im KZ Auschwitz und in anderen Lagern auch durch Zyklon B ermordet. Am 3. September 1941 kommt es in Auschwitz im Kellergeschoß von Block 11 zur ersten Massenvergasung von rund 600 sowjetischen Kriegsgefangenen und 250 polnischen Häftlingen durch das Gas Zyklon B, das in der Folgezeit zum wichtigsten Mordinstrument in Auschwitz und Auschwitz-Birkenau wird. Viele tausend sowjetische Kriegsgefangene verhungern im Winter 1941/42 in abgetrennten Bereichen der Konzentrationslager, die die Bezeichnung „Kriegsgefangenenarbeitslager" erhalten.
Auf Vorschlag von Richard Glücks ist Himmler im November 1941 damit einverstanden, daß der Mord an sowjetischen Kriegsgefangenen aufgeschoben werden kann, so lange diese noch in einem Steinbruchlager arbeiten können. Anstelle der raschen Exekution soll der langsame Tod im Steinbruch treten (Dokument 13.5).

**Bild 13.1**
**Sowjetische Kriegsgefangene bei der Befreiung im KZ Sachsenhausen**

**Dokument 13.2**
**Fernschreiben der Inspektion an die Lagerkommandanten der Konzentrationslager über die Aufnahme von sowjetischen Kriegsgefangenen vom 15. September 1941**

Name des Bea.:
int. Anruf:

# Konzentrationslager Floßenbürg

## Fs. Dienst

| Aufgenommen | Raum für Eingangsstempel | Befördert |
|---|---|---|
| Tag Monat Jahr Zeit | Auszug des Fs.Nr. 2147 v. 15.9.41 von Insp.d.K.L.an Lagerkommandanten K.L. Flossenbürg | Tag Monat Jahr Zeit |
| von durch | | an durch |
| | | Verzögerungsvermerk |
| Fs. Nr. | Funkspruch — Fernschreiben Ia/No.- | |

Bauleitung der Waffen-SS u. Polizei Flossenbürg b. Weiden/Opf.
Eingang: 13. NOV. 1941
Tgb.-Nr.:

Dr.Dr. Oranienburg Nr. 2147 /15.9.41 18.oo Wat.

An den
Lagerkommandanten des K.L. F l o s s e n b ü r g
-.-.-.-.-.-.-.-.-.-.-.-.-.-.-.-.-.-.-.-.-.-.-.-.-

Punkt 2) Bis zum 17.9.1941 16.oo Uhr ist mit Fs. herzumelden, wieviel Baracken einfachster Art in unmittelbarer Nähe des Lagers zur Aufnahme weiterer Kriegsgefangener aufgestellt werden können.
Umzäunung dieser Baracken mit einfachem Drahthindernis.
Unterbringung in primitivster Form.
Nähere Anweisungen ergehen später.

Der Insp.d.K.L. i.V.
gez. L i e b e h e n s c h e l
SS-Oberstubaf.

Vom Lagerkommandanten des K.L.Flossenbürg wurden 5000, die untergebracht werden können, gemeldet.

F.d.Richtigkeit des Auszugs:
SS-Untersturmführer und Adju.

Heftrand

Konzentrationslager Gross-Rosen
Kommandantur
Gr.Ro/Az.:KL.14f 1/10.41/Su/Wa.
Geh.Tgb.Nr. 104/41

Gross-Rosen, den 4. Oktober 1941.

**Geheim**

Betrifft: Exekutionen von russischen Kriegsgefangenen.
Bezug : Mündliche Rücksprache mit SS-Brigadeführer Müller, Gestapo Berlin.
Anlagen : - 2 -

An den
Reichsführer-SS
Inspekteur der Konzentrationslager
O r a n i e n b u r g.

Die Kommandantur des K.L. Gross-Rosen überreicht in der Anlage eine Liste in doppelter Ausfertigung von denjenigen russischen Kriegsgefangenen, welche am 3. Oktober 1941 in der Zeit von 17,00 bis 18,00 Uhr exekutiert und im Anschluß eingeäschert wurden.
SS-Brigadeführer Müller wurde von hieraus gesondert verständigt.

Der Lagerkommandant des Konz.Lagers
Gross-Rosen

SS-Obersturmbannführer.

Dokument 13.3
Schreiben des KZ Groß-Rosen an die Inspektion der Konzentrationslager vom 4. Oktober 1941

10

14

# Liste

über die am 3.10.1941 im hiesigen Lager exekutierten und eingeäscherten russischen Kriegsgefangenen.

| Lfd.Nr. | Stalag-Nr. | Vor und | Zuname | Geb.Datum. |
|---|---|---|---|---|
| 1 | 8505 | Saepan | Jluschetschkin | 29.11.1906 |
| 2 | 21836 | Michael | Danielewski | 23.10.1903 |
| 3 | 19669 | Alexander | Nowikow | 31.10.1918 |
| 4 | 18854 | Pawel | Poltoratzki | 2.1.1912 |
| 5 | 18887 | Waseili | Peresunke | 13.3.1922 |
| 6 | 19675 | Tacarel | Hamiacjew | 1912 |
| 7 | 13027 | Iwan | Uzotow | 14.10.1911 |
| 8 | 11533 | Alexander | Katowitsch | 2.1.1910 |
| 9 | 9595 | Michael | Kolesnikow | 29.12.1920 |
| 10 | 1688 | Maxim | Denszenko | 9.[illegible].1907 |
| 11 | 23819 | Piotr | Onisenko | 1.7.1905 |
| 12 | 16347 | Josef | Schefzenko | 3.[illegible].1910 |
| 13 | 22048 | Fedor | Kruppa | 1909 |
| 14 | 11549 | Anton | Midelski | 1911 |
| 15 | 22102 | Parfiri | Jakuscholo[illegible] | 9.2.1913 |
| 16 | 22543 | Leonit | Dimitroff | 16.2.1916 |
| 17 | 25845 | Alexander | Leonow | 2[illegible].12.1921 |
| 18 | 28499 | Sergo | [illegible]losow | 27.6.1922 |
| 19 | 30250 | Alexander | Besanow | 18.9.1914 |
| 20 | 30303 | Piotr | Kar[illegible]anow | 1.1.1909 |

Gross-Rosen, den 4. Oktober 1941.

Der Lagerarzt des K.L.Gross-Rosen

SS-Untersturmführer.

Der Lagerkommandant des K.L.Groß-Rosen

SS-Obersturmbannführer.



Dokument 13.4
Liste ermordeter sowjetischer Kriegsgefangener
vom 3. Oktober 1941

45

Der Reichsführer - ᛋᛋ

Der Inspekteur der Konzentrationslager Oranienburg, den 15. Nov. 41.

Pol./Az.: 14 f 14 /L/ Ot

Geheim Tgb.-Nr. / 41

Betreff: Exekution von russischen Kriegsgefangenen.

Bezug: ohne

Anlagen: keine

**Geheim**

An die

Lagerkommandanten der Konzentrationslager

Da., Sah., Bu., Mau., Flo., Neu., Au., Gr.-Ro..

Abdr. an: Lagerärzte, Schutzhaftlagerführer (E), Verwaltungen.

Der Reichsführer - ᛋᛋ und Chef der Deutschen Polizei hat sich grundsätzlich damit einverstanden erklärt, daß von den in die Konzentrationslager zur Exekution überstellten russischen Kriegsgefangenen ( insbesondere Kommissare ), die auf Grund ihrer körperlichen Beschaffenheit zur Arbeit in einem Steinbruch eingesetzt werden können, die Exekution aufgeschoben wird. Zu dieser Maßnahme muß vorher das Einverständnis des Chefs der Sicherheitspolizei und des SD eingeholt werden.

Hierzu wird befohlen:

Beim Eintreffen von Exekutionstransporten in die Lager sind die körperlich kräftigen Russen, die sich für eine Arbeit in einem Steinbruch eignen, [illegible] den Schutzhaftlagerführer (E) und dem Lagerarzt [illegible] zu suchen. Eine namentliche Liste der herausge[illegible] Russen ist in Doppel ausgefertigt hier vorzulegen.

Dokument 13.5
Runderlaß über die Exekution von sowjetischen Kriegsgefangenen vom 15. November 1941

46

- 2 -

Auf dieser Liste muß der Lagerarzt vermerken, daß gegen den Arbeitseinsatz der Betreffenden ärztlicherseits keine Bedenken bestehen.

Nach Einverständniserklärung des Chefs der Sicherheitspolizei und des SD wird die Überstellung der betreffenden Russen in ein Steinbruchlager von hier befohlen.

Glücks

SS - Brigadeführer und
Generalmajor der Waffen - SS

310

## Die Mordaktion „14 f 13"

Seit Herbst 1939 werden unter der Tarnbezeichnung „T 4" (für den Sitz der Organisation in der Berliner Tiergartenstraße 4) psychisch Kranke überall in Deutschland ermordet. Dies wird auch mit dem Begriff der „Euthanasie" (Sterbehilfe) verschleiert.

Im April 1941 wird die Aktion auf die Konzentrationslager ausgeweitet. Im KZ Sachsenhausen findet die erste Selektion kranker Häftlinge statt. Bei der Inspektion der Konzentrationslager wird zur Tarnung dieser Verbrechen die unauffällige Bezeichung „14 f 13" aus dem SS-Einheitsaktenplan benutzt.

In drei Phasen werden mindestens 15 000, vermutlich aber 20 000 Häftlinge in den Konzentrationslagern ausgewählt und 1941 und 1942 zumeist in den Tötungsanstalten Bernburg, Sonnenstein und Hartheim durch Kohlenmonoxid vergast. Nach dem offiziellen Ende der Aktion werden schwache oder kranke Häftlinge in den Lagern durch Injektionen ermordet.

In der ersten Phase im Frühjahr und Sommer 1941 werden mindestens 400 Häftlinge aus Sachsenhausen, mindestens 450 Häftlinge aus Buchenwald und wenigstens 575 Häftlinge aus Auschwitz in Sonnenstein vergast. Mehr als 1000 Häftlinge aus dem KZ Mauthausen werden in Hartheim ermordet. In einer zweiten Phase zwischen September und November 1941 werden mindestens 3 000 Dachauer und mehrere tausend Mauthausener und Gusener Häftlinge in Hartheim vergast, zusätzlich selektiert die „Ärztekommission" auch in Flossenbürg, Neuengamme und Ravensbrück. Die Gesamtzahl der selektierten Häftlinge liegt zwischen 11 000 und 15 000.

Bild 14.1
Außenansicht der Tötungsanstalt Bernburg, nach 1945

Dokument 14.2
Ankündigung der „Ärzte-Kommission" vom 10. Dezember 1941

**In der dritten Phase ab Dezember 1941 selektiert vor allem der Direktor der Landesheilanstalt Eichberg (Hessen), Dr. Friedrich Mennecke. Dabei sollen die Häftlinge bereits von der Lagerleitung vorselektiert werden. Der Arzt hat lediglich „die Verhaftungsgründe (oft sehr umfangreich) aus der Akte zu entnehmen und auf die Bögen zu übertragen".**

C

151 PS Tgb.-Nr. 163/41. 3

Der Reichsführer SS
Der Inspekteur der Konzentrations-
Lager
Pol./Az.: 14 f 13 /Ot./S. -
Geheim Tgb.-Nr. 269/41.

Oranienburg, den 10. Dezember 1941

Konzentrationslager Groß-Rosen
Kommandantur
Eingang: 12 DEZ. 1941
Tgb. Nr.

| I | II | III | IV | V | VI | ϟϟ |
|---|---|---|---|---|---|---|
| ✓ | | | | | | |

Betreff: Ärzte-Kommission.
Bezug: Hiesig Schreiben vom 12.11.41, 14 f 13/Ot./S.
Anlagen: - 1 -

**Geheime Reichssache!**
. Ausfertigung.

An die
Lagerkommandanten der
Konzentrationslager
Dachau, Sachsenhausen, Buchenwald, Mauthausen, Auschwitz,
Floßenbürg, Groß-Rosen, Neuengamme, Niederhagen.

Wie den Lagerkommandanten der Konzentrationslager Dachau, Sachsenhausen, Buchenwald, Mauthausen und Auschwitz mit dem Bezugsschreiben mitgeteilt wurde, wird in der nächsten Zeit die Ärzte-Kommission die vorgenannten Konzentrationslager zur Ausmusterung von Häftlingen aufsuchen.

Für die Konzentrationslager Floßenbürg, Groß-Rosen, Neuengamme und Niederhagen ist die 1. Januarhälfte 1942 für diese Überprüfung vorgesehen.

Da die zur Verfügung stehenden Ärzte sehr stark in Anspruch genommen sind, müssen die Überprüfungsarbeiten in den Konzentrationslagern, soweit es irgend geht, abgekürzt werden.

In der Anlage wird Muster eines Meldebogens als Vorlage zur Vorarbeit übersandt. Diese Formblätter sind im Abzugsverfahren herzustellen und auszufüllen. Auf diesem Muster ist die Beantwortung einzelner Fragen vorgenommen, dieselben sind außerdem rot unterstrichen, nur diese Fragen brauchen beantwortet werden. Bezüglich einzelner Fragen werden noch folgende Erläuterungen gegeben:
Die Frage "Körperl. unheilb. Leiden" ist nach Möglichkeit nicht nur mit Ja oder Nein, sondern mit kurzer Angabe der Diagnose zu beantworten.

-2-

1151-PS 4

- 2 -

Ausserdem ist auch die Frage der Kriegsbeschädigung festzustellen, weil diese eine wesentliche Erleichterung bei der Überprüfungsarbeit der Ärztekommission gewährleistet. Wenn der Raum bei den Fragen "Delikt" und "Frühere Straftaten" nicht ausreicht, ist die Beantwortung auf der Rückseite des Meldebogens vorzunehmen, wie es auf dem Muster vermerkt ist. Einzelne Vorstrafen sind nicht aufzuzählen, es ist nur über die hauptsächlichsten Vorstrafen kurz zu berichten, die einzelnen Delikte sind nur kurz aufzuführen. Welche Häftlinge für die Vorführung in Frage kommen, ist aus den im Fragbogen gestellten Fragen ersichtlich.

Sämtliche vorhandene Akten und Krankenblätter sind der Kommission auf Verlangen zur Einsichtnahme zur Verfügung zu stellen.

Die Adjudanten der Konzentrationslager Floßenbürg, Groß-Rosen und Neuengamme werden zwecks mündlicher Anweisung in dieser Angelegenheit zur gegebenen Zeit nach hier befohlen werden.

Nach Abschluss der Untersuchungen ist dem Inspekteur der Konzentrationslager Bericht zu erstatten, dabei ist die Zahl der der Sonderbehandlung "14 f 13" zugeführten Häftlinge zu melden. Der genaue Zeitpunkt des Eintreffens der Ärzte-Kommission wird rechtzeitig bekanntgegeben.

I.V.

SS - Obersturmbannführer.

198

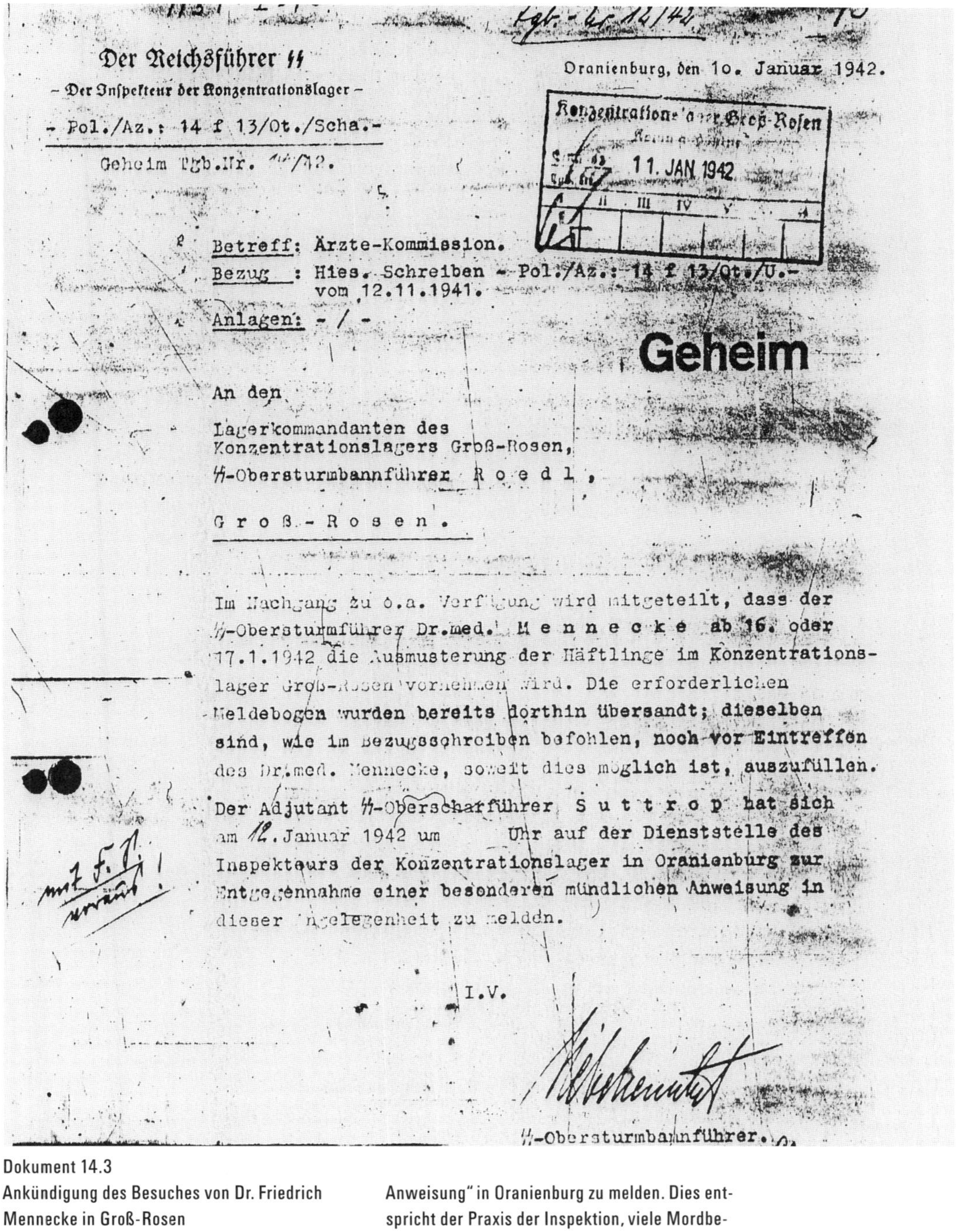

Tgb.-Nr. 12/42

Der Reichsführer SS
– Der Inspekteur der Konzentrationslager –
– Pol./Az.: 14 f 13/Ot./Scha.-
Geheim Tgb.Nr. 12/42.

Oranienburg, den 10. Januar 1942.

Konzentrationslager Groß-Rosen
11. JAN 1942

Betreff: Ärzte-Kommission.
Bezug : Hies. Schreiben – Pol./Az.: 14 f 13/Ot./U.- vom 12.11.1941.
Anlagen: - / -

Geheim

An den
Lagerkommandanten des
Konzentrationslagers Groß-Rosen,
SS-Obersturmbannführer R o e d l ,
G r o ß - R o s e n .

Im Nachgang zu o.a. Verfügung wird mitgeteilt, dass der SS-Obersturmführer Dr.med. M e n n e c k e ab 16. oder 17.1.1942 die Ausmusterung der Häftlinge im Konzentrationslager Groß-Rosen vornehmen wird. Die erforderlichen Meldebogen wurden bereits dorthin übersandt; dieselben sind, wie im Bezugsschreiben befohlen, noch vor Eintreffen des Dr.med. Mennecke, soweit dies möglich ist, auszufüllen.

Der Adjutant SS-Oberscharführer S u t t r o p hat sich am 12. Januar 1942 um Uhr auf der Dienststelle des Inspekteurs der Konzentrationslager in Oranienburg zur Entgegennahme einer besonderen mündlichen Anweisung in dieser Angelegenheit zu melden.

mit F.T. erwähnt!

I.V.

Liebehenschel

SS-Obersturmbannführer.

Dokument 14.3
Ankündigung des Besuches von Dr. Friedrich Mennecke in Groß-Rosen

Zugleich mit der Ankündigung des Besuches von Mennecke in Groß-Rosen wird SS-Oberscharführer Suttrop befohlen, sich am 12. Januar „zur Entgegennahme einer besonderen mündlichen Anweisung" in Oranienburg zu melden. Dies entspricht der Praxis der Inspektion, viele Mordbefehle nur mündlich weiterzugeben. Wenige Tage später kommt Dr. Mennecke nach Groß-Rosen und selektiert in weniger als zwei Tagen mindestens 214 Häftlinge, die im März 1942 nach Bernburg gebracht und dort ermordet werden.

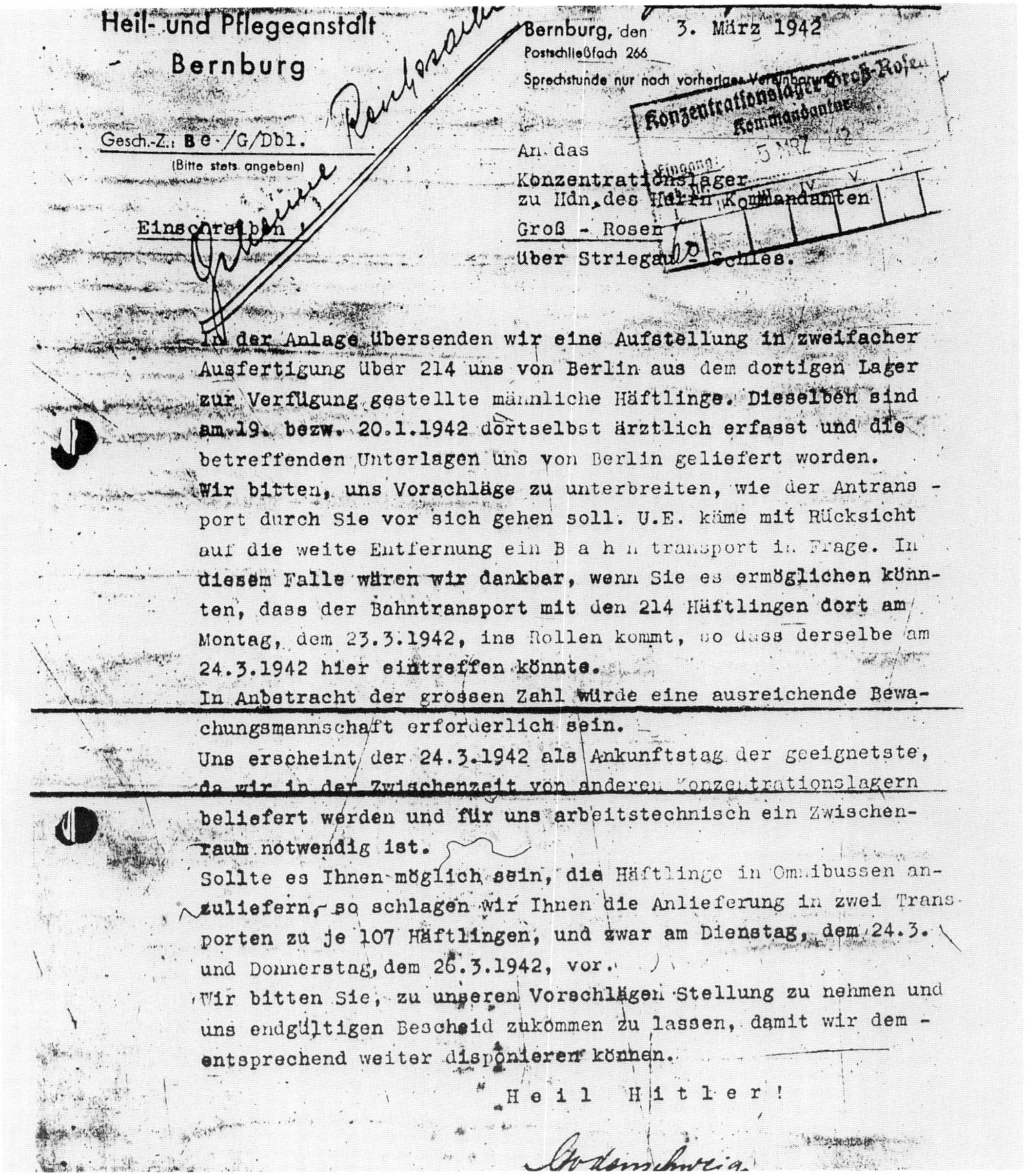

Heil- und Pflegeanstalt
Bernburg

Gesch.-Z.: Be./G/Dbl.
(Bitte stets angeben)

Einschreiben!

Bernburg, den 3. März 1942
Postschließfach 266
Sprechstunde nur nach vorheriger Vereinbarung

Konzentrationslager Groß-Rosen
Kommandantur
Eingang: 5 MRZ 1942

An das
Konzentrationslager
zu Hdn. des Herrn Kommandanten
Groß - Rosen
über Striegau - Schles.

Geheime Reichssache

In der Anlage übersenden wir eine Aufstellung in zweifacher Ausfertigung über 214 uns von Berlin aus dem dortigen Lager zur Verfügung gestellte männliche Häftlinge. Dieselben sind am 19. bezw. 20.1.1942 dortselbst ärztlich erfasst und die betreffenden Unterlagen uns von Berlin geliefert worden.
Wir bitten, uns Vorschläge zu unterbreiten, wie der Antrans - port durch Sie vor sich gehen soll. U.E. käme mit Rücksicht auf die weite Entfernung ein B a h n transport in Frage. In diesem Falle wären wir dankbar, wenn Sie es ermöglichen könnten, dass der Bahntransport mit den 214 Häftlingen dort am Montag, dem 23.3.1942, ins Rollen kommt, so dass derselbe am 24.3.1942 hier eintreffen könnte.
In Anbetracht der grossen Zahl würde eine ausreichende Bewachungsmannschaft erforderlich sein.
Uns erscheint der 24.3.1942 als Ankunftstag der geeignetste, da wir in der Zwischenzeit von anderen Konzentrationslagern beliefert werden und für uns arbeitstechnisch ein Zwischenraum notwendig ist.
Sollte es Ihnen möglich sein, die Häftlinge in Omnibussen anzuliefern, so schlagen wir Ihnen die Anlieferung in zwei Transporten zu je 107 Häftlingen, und zwar am Dienstag, dem 24.3. und Donnerstag, dem 26.3.1942, vor.
Wir bitten Sie, zu unseren Vorschlägen Stellung zu nehmen und uns endgültigen Bescheid zukommen zu lassen, damit wir dementsprechend weiter disponieren können.

H e i l H i t l e r !

Godenschweig

Dokument 14.4
Schreiben der Heil- und Pflegeanstalt Bernburg an den Kommandanten des KZ Groß-Rosen vom 3. März 1942

In der dritten Phase wählt Mennecke in Buchenwald mehr als 1000, in Ravensbrück mehr als 850 und in Groß-Rosen 214 Häftlinge zur Ermordung in Sonnenstein und Bernburg aus. Die KZ und die Tötungsanstalten regeln die Transporte als „Geheime Reichssache" in eigener Regie. Gerhard Godenschweig, der den Tötungstransport organisiert, wird nach 1945 nicht zur Verantwortung gezogen, sondern arbeitet wieder für die Berliner Justizverwaltung. Ein Ermittlungsverfahren wird 1953 eingestellt; wenig später wird Godenschweig zum Regierungsobersekretär ernannt. 1963 werden die Ermittlungen für kurze Zeit erneut aufgenommen. Zu einem Prozeß kommt es nicht.

Geh.Tgb.-Nr. 53 1942

SS-Wirtschafts-Verwaltungshauptamt
Amtsgruppe D
-Konzentrationslager-
D I/1/Az.: 14 f 13/Ot./U.-
Geheim Tgb.-Nr. 177/42.

Konzentrationslager Gross-Rosen
Kommandantur
Eingang: 28. MRZ. 1942

Betreff: Sonderbehandlung 14 f 13.

Bezug: ohne

Anlagen: keine

Geheime Reichssache
8.Ausfertigung
16. " "

An die
Lagerkommandanten der
Konzentrationslager

Da., Sah., Bu., Mau., Flo., Neu., Au., Gr.-Ro., Nie., Rav..

Durch die Meldung eines Lagerkommandanten wurde bekannt, dass von 51 fuer die Sonderbehandlung 14 f 13 ausgemusterten Haeftlingen 42 dieser Haeftlinge nach einiger Zeit "wieder arbeitsfaehig" wurden und somit der Sonderbehandlung nicht zugefuehrt werden brauchten. Hieraus ist ersichtlich, dass bei der Auswahl dieser Haeftlinge nicht nach den gegebenen Bestimmungen verfahren wird. Es duerfen der Untersuchungskommission nur solche Haeftlinge zugefuehrt werden, die den gegebenen Bestimmungen entsprechen und vor allen Dingen nicht mehr arbeitsfaehig sind.

Um die den Konzentrationslagern gestellten Arbeitsaufgaben durchfuehren zu koennen, muss jede Haeftlingsarbeitskraft dem Lager erhalten werden. Die Lagerkommandanten der Konzentrationslager werden geboten hierauf ihr besonderes Augenmerk zu richten.

Der Chef des Zentralamtes

gez. Niebehenschel

Certified true copy.

SS-Obersturmbannfuehrer

Dokument 14.5
Runderlaß über die Sonderbehandlung 14 f 13 vom 26. März 1942

Im März 1942 verändern sich nach der Eingliederung der Inspektion in das SS-Wirtschafts-Verwaltungshauptamt die Prioritäten. Wichtigstes Kriterium ist die Arbeitsfähigkeit. Mit diesem Schreiben wird die Aktion 14 f 13 faktisch gestoppt; weitere Selektionen nehmen die Lagerärzte dann selbständig vor. Die Häftlinge werden anschließend sofort in den Krankenrevieren der KZ ermordet.

# 15

## Oswald Pohl und das SS-Wirtschafts-Verwaltungshauptamt

Bild 15.1
Oswald Pohl

Dokument 15.2
Aus einem Aktenvermerk für den Reichsschatzmeister der NSDAP vom 15./17. Juni 1938

Oswald Pohl, 1892 in Duisburg geboren, wird 1912 Berufssoldat in der Reichsmarine und bringt es dort bis zum Oberzahlmeister. Er tritt zuerst 1922, dann erneut 1926 der NSDAP bei, 1929 auch der SS. 1933 lernt er Himmler kennen und wird 1934 Verwaltungschef der SS (Bild 15.1). Seit 1936 verfolgt Pohl das Ziel, die Häftlingszwangsarbeit für SS-Unternehmen auszunutzen. Zu diesem Zweck bemüht er sich um große Kredite für die SS.
Als die Reichsleitung der NSDAP Hinweise auf die SS-Unternehmen erhält, erläutert Pohl im Juni 1938 sein Gesamtkonzept (Dokument 15.2). Er beruft sich auf einen Befehl Hitlers nach einer Besprechung mit Himmler und Speer zur Errichtung von Tarnunternehmen der SS. Die Häftlinge sollen Ziegel für die großen Bauvorhaben Hitlers in Berlin, Hamburg, München und Linz herstellen und in den Steinbrüchen bei den KZ Flossenbürg und Mauthausen arbeiten. Speer stellt dazu über seine Position als Generalbauinspektor für Berlin einen Kredit von 9,5 Millionen Reichsmark zur Verfügung, da die SS nicht über eigene Mittel verfügt. Diese Summe ist aber noch nicht ausreichend. Pohl benötigt weitere Kredite.
1939 wird Pohl Chef des Hauptamtes Verwaltung und Wirtschaft der SS und in Personalunion als Ministerialdirektor zugleich Chef des Hauptamtes Haushalt und Bauten im Reichsinnenministerium, zuständig für alle Angelegenheiten der Waffen-SS. Diese Kompetenzen werden 1942 im SS-Wirtschafts-Verwaltungshauptamt zusammengefaßt, das zuerst aus vier Amtsgruppen (A – Truppenverwaltung, B – Truppenwirtschaft, C – Bauwesen, W – Wirtschaftliche Unternehmungen) besteht.

Besuchs-Vermerk
Akten-Vermerk vom

Betreff:

Blatt: -3-

Gruppenführer Pohl erklärte, dass er bei allen Verhandlungen nachdrücklichst darauf hingewiesen habe, dass es sich hier nicht um eine Angelegenheit der SS, noch der Partei oder des Staates handle, dass aber die Werke geschaffen werden müssen um die Bauvorhaben des Führers durchführen zu können und hierzu gleichzeitig die Arbeitskräfte der Häftlinge der Konzentrationslager auszunützen. ( Das zweite Ziegelwerk soll in Sachsenhausen errichtet werden).

Der Unterfertigte hat Gruppenführer Pohl über die Rechtslage dieses Kreditantrages bei der Bank der Deutschen Arbeit aufgeklärt und dieses gleichzeitig mit einer Information über die personellen Änderungen in der Finanzverwaltung der Deutschen Arbeitsfront verbunden.

Gruppenführer Pohl war über diese , durch das Eingreifen des Reichsschatzmeisters bei der DAF.entstandenen Lage nicht informiert und äusserte seinen Dank über die ihm zuteil gewordene Aufklärung. Er wird sich in künftigen Angelegenheiten nunmehr jeweils mit Stabsleiter Saupert und Stabsleiter Simon in Verbindung setzen. Gruppenführer Pohl sieht ohne weiteres ein, dass der bisherige Verhandlungspartner in dieser Angelegenheit, Direktor Rosenhauer, nicht das Verständnis für die politischen Notwendigkeiten aufbringt.

München, den 17.Juni 1938

gez. Saupert
.........................
Stabsleiter.

Gesehen:

Nationalsoz. Deutsche Arbeiterpartei Reichsleitung

.....................
Reichsschatzmeister.

Sa/Sch/C

16

## Die Eingliederung der Inspektion als Amtsgruppe D in das SS-Wirtschafts-Verwaltungshauptamt

Im Winter 1941/42 erkennt die deutsche Führung, daß die „Blitzkriegsstrategie" beim deutschen Überfall auf die Sowjetunion gescheitert ist und ein längerer Krieg bevorsteht. Um die Rüstungsproduktion zu sichern, soll auch die Zwangsarbeit der Häftlinge in den Konzentrationslagern noch stärker ausgebeutet werden.

Zur selben Zeit wird das neben der Landeroberung im Osten zweite Hauptziel des nationalsozialistischen Rassen- und Weltanschauungskrieges, der Völkermord an den Juden Europas, durch die Einsatzgruppen der Sicherheitspolizei, aber auch in den Vernichtungs- und Konzentrationslagern in die Tat umgesetzt. Zwangsarbeit und Völkermord widersprechen einander nicht; sie ergänzen sich im Himmlerschen Konzept der „Vernichtung durch Arbeit".

Vor diesem Hintergrund wird die Inspektion der Konzentrationslager zum 16. März 1942 in das SS-Wirtschafts-Verwaltungshauptamt eingegliedert (Dokument 16.3).

Für notwendige Änderungen gibt Pohl eine Übergangsfrist von sechs Wochen und kündigt zugleich eine Konferenz mit allen Lagerkommandanten an (Dokument 16.4).

Am 24. und 25. April 1942 kommt es zu der von Pohl angekündigten Besprechung mit der Amtsgruppe D, allen Lagerkommandanten und den Werksdirektoren der SS-Firmen in den Konzentrationslagern. Pohl versucht, den „Häftlingseinsatz" zu zentralisieren; zugleich werden die Lebensbedingungen für die Häftlinge weiter verschlechtert (Dokument 16.6).

Richard Glücks teilt im März 1942 die neue Amtsgruppe D in vier Ämter ein (Dokument 16.5).

Die neuen Prioritäten werden auch personell deutlich. Zu seinen drei alten Mitarbeitern Liebehenschel, Lolling und Kaindl kommt SS-Sturmbannführer Maurer zur Amtsgruppe D und übernimmt das Amt D II „Arbeitseinsatz der Häftlinge". Maurer ist zu dieser Zeit ein enger Mitarbeiter Pohls.

Bild 16.1
Reichsinnenminister Wilhelm Frick (in heller Uniform) und Heinrich Himmler bei einer Besichtigung des Konzentrationslagers Sachsenhausen

Dieses Bild wurde als „Erinnerungsfoto" bei der Verhaftung des Sachsenhausener Lagerarztes Heinz Baumkötter gefunden. Baumkötter wird wegen der Beteiligung an Morden in Sachsenhausen 1961 zu acht Jahren Zuchthaus verurteilt.

Dokument 16.2
Fernschreiben Himmlers an Glücks
vom 26. Januar 1942

t durch F.S.
nat Uhrzeit
1. 12021
pp. durch
Wo

1032

VIII/11 ... 1942 ... 26 JAN

7/9

F e r n s c h r e i b e n

SS-Brigadeführer G l ü c k s
O r a n i e n b u r g

Nachdem russische Kriegsgefangene in der nächsten Zeit nicht zu erwarten sind, werde ich von den Juden und Jüdinnen, die aus Deutschland ausgewandert werden, eine große Anzahl in die Lager schicken. Richten Sie sich darauf ein, in den nächsten 4 Wochen 100 000 männliche Juden und bis zu 50 000 Jüdinnen in die KL. aufzunehmen. Große wirtschaftliche Aufgaben und Aufträge werden in den nächsten Wochen an die Konzentrationslager herantreten. SS-Gruppenführer Pohl wird Sie im einzelnen unterrichten.

25.1.1942

gez. H. H i m m l e r

118

Der Chef des SS-Wirtschafts-
Verwaltungshauptamtes

Berlin, den 13.März 1942.

Truppenwirtschaftslager
der Waffen-SS
Gotha
Eingang am: 17. März 1942

B e f e h l Nr. 1o.

Der Reichsführer-SS hat unter dem 3.März 1942 folgendes angeordnet :

" Die grösste Bedeutung hat neben der Wehrkraft heute die Arbeitskraft. Wenn wir uns mit voller Verantwortung bewusst sind, was es bedeutet, dass Deutschland diesen Krieg führt, dann haben wir konsequent jede Möglichkeit zu ergreifen, um auch die letzte Arbeitsstunde irgendeines Menschen für den Sieg nutzbar zu machen.-------------
Ich ordne daher an, dass SS-Brigadeführer G l ü c k s mit seinem ganzen Stab aus dem SS-Führungshauptamt ausscheidet und dem SS-Wirtschafts-Verwaltungshauptamt unterstellt wird. "

Die Anordnung wird mit dem 16.März 1942 wirksam.

Gez. P o h l

SS-Gruppenführer
und Generalleutnant der Waffen-SS

F.d.R.

SS-Hauptsturmführer.

Dokument 16.3
Befehl über die Eingliederung der Inspektion
in das SS-Wirtschafts-Verwaltungshauptamt
vom 3. März 1942

A b s c h r i f t .

Der Chef
des SS-Wirtschafts-Verwaltungshauptamtes
Ch.Po/Ha.

Berlin, den 11.März 1942

1.) An den
Inspekteur der KL.,
SS-Brigadeführer G l ü c k s ,
Oranienburg.

2.) An sämtliche Lagerkommandanten.

Der Reichsführer-SS hat mit Erlaß vom 3.März 1942 angeordnet, daß SS-Brigadeführer G l ü c k s mit seinem ganzen Stab aus dem SS-Führungshauptamt ausscheidet und dem SS-Wirtschafts-Verwaltungshauptamt unterstellt wird. Dieser Erlaß erstreckt sich selbstverständlich auch auf alle dem Inspekteur der Konzentrationslager unterstellten Einrichtungen, es werden also alle Konzentrationslager davon betroffen.

Ich habe mit SS-Gruppenführer Jüttner als dem Chef des Stabes im SS-Führungshauptamt vereinbart, daß dieser Reichsführer-Erlaß mit dem 16.März 1942 in Kraft tritt.

Die gesamte Organisation des Inspekteurs der Konzentrationslager wird daher mit dem 16.März 1942 als Amtsgruppe D in das SS-Wirtschafts-Verwaltungshauptamt eingebaut.

Die sich aus dieser Neuregelung ergebenden notwendigen Änderungen befinden sich in Bearbeitung. Sie sollen spätestens mit 1.Mai 1942 in Kraft gesetzt werden. Sofern vor diesem Zeitpunkt Maßnahmen durchzuführen sind, welche sich aus einem weiteren Erlaß des Reichsführers-SS vom gleichen Tage ergeben, werden diese durch den Inspekteur der Konzentrationslager unmittelbar erfolgen.

Im übrigen werde ich vor dem 1.Mai 1942 sämtliche Lagerkommandanten zu einer Besprechung nach Berlin zusammenrufen. Wahrscheinlich wird im Zusammenhang damit auch eine Besprechung beim Reichsführer-SS selbst erfolgen.

gez: P o h l
SS-Gruppenführer und
Generalleutnant der Waffen-SS

Dokument 16.4
Schreiben Pohls an Glücks und
alle Lagerkommandanten
vom 11. März 1942

A b s c h r i f t .

14-3

ϟϟ-Wirtschafts-Verwaltungshauptamt                Oranienburg, den 16.März 1942
Amtsgruppenchef D
- Konzentrationslager -

S t a b s b e f e h l  Nr. 1

Auf Befehl des Reichsführers-ϟϟ und Chefs der Deutschen Polizei ist mit Wirkung vom 16. März 1942 die Dienststelle des Inspekteurs der Konzentrationslager mit den unterstellten Konzentrationslagern als Amtsgruppe D dem ϟϟ-Wirtschafts-Verwaltungshauptamt unterstellt worden.

Chef der Amtsgruppe D ist ϟϟ-Brigadeführer und Generalmajor der Waffen-ϟϟ G l ü c k s , Vertreter ϟϟ-Obersturmbannführer L i e b e h e n s c h e l .

Die Aufteilung der Amtsgruppe D ist folgende:

Amtsgruppe D
- Konzentrationslager -

Chef: ϟϟ-Brigadeführer, Generalmajor der Waffen-ϟϟ G l ü c k s
Vertreter: ϟϟ-Obersturmbannführer L i e b e h e n s c h e l
Adjutant: ϟϟ-Hauptsturmführer Harbaum

---

| | | |
|---|---|---|
| Amt D I: | Zentralamt | ϟϟ-Obersturmbannführer L i e b e h e n s c h e l |
| | D I/1 | Häftlingsangelegenheiten |
| | D I/2 | Nachrichtenwesen Lagerschutz- und Wachhunde |
| | D I/3 | Kraftfahrwesen |
| | D I/4 | Waffen und Geräte |
| | D I/5 | Schulung der Truppe |
| Amt D II: | Arbeitseinsatz der Häftlinge | ϟϟ-Sturmbannführer M a u r e r |
| | D II/1 | Häftlingseinsatz |
| | D II/2 | Häftlingsausbildung |
| | D II/3 | Statistik und Verrechnung |

209

Dokument 16.5
Stabsbefehl Nr. 1 vom 16. März 1942

- 2. -

144

| | | |
|---|---|---|
| Amt D III: | Sanitätswesen und Lagerhygiene | |
| | | SS-Obersturmbannführer Dr. L o l l i n g |
| | D III/1 | Ärztliche und zahnärztliche Versorgung der SS |
| | D III/2 | Ärztliche und zahnärztliche Versorgung der Häftlinge |
| | D III/3 | Hygienische und sanitäre Maßnahmen in den K.L. |
| Amt D IV: | KL - Verwaltung | |
| | | SS-Obersturmbannführer K a i n d l |
| | D IV/1 | Haushalt, Kassen- und Besoldungswesen |
| | D IV/2 | Verpflegung |
| | D IV/3 | Bekleidung |
| | D IV/4 | Unterkunft |
| | D IV/5 | Rechts-, Steuer- und Vertragsangelegenheiten |

Als Hauptabteilung im Personalamt des SS-Wirtschafts- Verwaltungshauptamt -Amt A V- wird die bisherige Personalabteilung des Inspekteurs der Konzentrationslager als Hauptabteilung A V/4 in das AMT A V eingereiht.
Leiter der Hauptabteilung A V/4 ist SS-Hauptsturmführer Harbaum.
Die Hauptabteilung A V/4 bleibt der Amtsgruppe D zugeteilt.

In allen nicht grundsätzlichen Angelegenheiten sind die Amtschefs und der Hauptabteilungsleiter A V/4 unterschriftsberechtigt; sämtlicher grundsätzliche Schriftwechsel ist nach wie vor mir bezw. meinem Vertreter zur Unterschrift vorzulegen.

Mit sofortiger Wirkung ist im Schriftverkehr die neue Amtsbezeichnung zu führen. Alte Formulare sind abzuändern.

gez: G l ü c k s
SS-Brigadeführer und
Generalmajor der Waffen-SS

f.d.R.d.Abschrift

SS-Oberscharführer.

21

Der Chef
des ϟϟ-Wirtschafts-Verwaltungs-
hauptamtes.
Ch.Po/Ha.

Berlin, den 30.April 1942.

Posteingang: 4. MAI 1942

Verteiler: an Chef Amtsgruppe D,
an alle Lagerkommandanten
an alle Werkleiter
an alle W-Ämter.

**Befehl.**

Die Anweisungen und Belehrungen, welche den Lagerkommandanten und Werkleitern in den Besprechungen am 24. und 25.4.1942 erteilt worden sind, werden hiermit als Befehl verkündet, der mit 1.Mai 1942 in Kraft tritt.

1.) Die Führung eines Konzentrationslagers und aller in seinem Organisationsbereich liegenden wirtschaftlichen Betriebe der Schutzstaffel liegt bei dem Lagerkommandanten. Er allein ist daher auch verantwortlich für die größte Ergiebigkeit der wirtschaftlichen Betriebe.

2.) Der Lagerkommandant bedient sich bei der Führung der wirtschaftlichen Betriebe des Werkleiters. Der Werkleiter muß dem Lagerkommandanten melden, ob er bei der Durchführung einer Anordnung des Lagerkommandanten Gefahren oder Nachteile betrieblicher oder wirtschaftlicher Art befürchtet.

3.) Diese Dienstpflicht macht den Werkleiter mitverantwortlich für betriebliche und wirtschaftliche Schäden und Mißerfolge.

4.) Der Lagerkommandant allein ist verantwortlich für den Einsatz der Arbeitskräfte. Dieser Einsatz muß im wahren Sinn

./.

**Dokument 16.6**
**Befehl Pohls an Glücks und alle Lagerkommandanten vom 30. April 1942**

des Wortes erschöpfend sein, um ein Höchstmaß an Leistung zu erreichen.

Die Zuteilung von Arbeiten erfolgt nur zentral durch den Chef der Amtsgruppe D. Die Lagerkommandanten selbst dürfen eigenmächtig keine Arbeiten von dritter Seite annehmen, noch Verhandlungen hierüber führen.

5.) Die Arbeitszeit ist an keine Grenzen gebunden. Ihre Dauer hängt von der betrieblichen Struktur des Lagers und von der Art der auszuführenden Arbeiten ab und wird vom Lagerkommandanten allein festgesetzt.

6.) Alle Umstände, welche die Arbeitszeit verkürzen können (Mahlzeiten, Appelle u.a.) sind daher auf ein nicht mehr zu verdichtendes Mindestmaß zu beschränken. Zeitraubende Anmärsche und Mittagspausen nur zu Essenszwecken sind verboten.

7.) Die Bewachung ist aus der hergebrachten starren Form zu lösen und mit Rücksicht auf spätere Friedensaufgaben allmählich beweglich zu gestalten. Reitende Posten, Einsatz von Wachhunden, fahrbare Wachtürme und bewegliche Hindernisse sind zu entwickeln.

8.) Die Durchführung dieses Befehls stellt an jeden Lagerkommandanten erheblich höhere Anforderungen als bisher. Weil kaum ein Lager dem anderen gleich ist, wird von gleichmachenden Vorschriften abgesehen. Dafür wird die gesamte Initiative auf den Lagerkommandanten verlagert. Er muß klares fachliches Wissen in militärischen und wirtschaftlichen Dingen verbinden mit kluger und weiser Führung der Menschengruppen, die er zu einem hohen Leistungspotential zusammenfassen soll.

gez. P o h l
ᛋᛋ-Obergruppenführer
und General der Waffen-ᛋᛋ.

F.d.R.

[signature]

ᛋᛋ-Obersturmführer
und Adjutant.

# 17

## Amt D I – Das „Zentralamt“

Das Amt D I ist vor allem im Erdgeschoß des T-Gebäudes untergebracht. Unter seinen Chefs Arthur Liebehenschel und später Rudolf Höß ist es für die „Behandlung der Häftlinge“ in den Konzentrationslagern verantwortlich. Dazu gehören nicht nur alle Vorschriften über den Alltag und die Lebensbedingungen der Häftlinge, sondern auch die Strafverfügungen gegenüber den Gefangenen und die Vorschriften für die Wachmannschaften. Daneben koordiniert das Amt D I alle Einzel- und Massenmordaktionen in den Konzentrationslagern. Am Völkermord an den europäischen Juden ist es zusammen mit dem Amt IV des Reichssicherheitshauptamtes durch die Koordination von Transporten und die Beschaffung des Gases Zyklon B beteiligt. Am 26. März 1942 beginnt die Deportation der slowakischen Juden. Bis Ende April 1942 werden jeweils mehrere tausend Menschen nach Lublin und nach Auschwitz deportiert. Die Transportzüge werden vom Reichssicherheitshauptamt bestellt und von der Reichsbahn bereitgestellt. Liebehenschel informiert den Kommandanten von Maidanek, Karl Koch, über die ersten vier Transporte (Dokument 17.2). Die nach Auschwitz eingewiesenen Slowaken überleben meist nur kurze Zeit. Ähnlich ist es in Lublin-Maidanek. Seit 1937 werden viele Häftlinge in den Konzentrationslagern, vor allem sogenannte „Berufsverbrecher“, „Asoziale“ und viele Homosexuelle zwangssterilisiert. Dabei wird nicht einmal das von den Nationalsozialisten eingeführte „Verfahren“ vor den Erbgesundheits-Gerichten durchgeführt, sondern die Lagerärzte entscheiden nach eigenem Ermessen (Dokument 17.3).

Bild 17.1
„Falsch“ – Aus einem im KZ Auschwitz gedruckten „Bilderbuch ‚Falsch – Richtig‘ für die Posten im KL.-Dienst“

Bereits 1943 sind zur Bewachung der Konzentrationslager mehr als 15 000 SS-Männer und Angehörige des NS-Reichskriegerbundes (Kyffhäuserbundes) eingesetzt. Auch die Schulung dieser Männer – zum großen Teil „Volksdeutsche“ – gehört zu den Aufgaben des Amtes D I. Dabei verweist Glücks zynisch auf den „verantwortungsvollen und körperlich wie seelisch anstrengenden, zur Sicherung der inneren Front des Reiches sehr notwendigen Dienst“ und verlangt für die Wachmannschaften mehr Bücher, Spiele und Rundfunkgeräte (Dokument 17.5).

Dokument 17.2
Fernschreiben des Amtes D I über die Deportation von slowakischen Juden in das KZ Lublin-Maidanek vom 24. März 1942

125

**Fernspruch · Fernschreiben · Funkspruch · Blinkspruch**

Durch die Nachr.-Stelle auszufüllen!

| Nachr.-Stelle | Nr. | Befördert an | Tag | Zeit | durch | Rolle |
|---|---|---|---|---|---|---|
| | | | | | | |

Vermerke:

Angenommen oder aufgenommen

| von | Tag | Zeit | durch |
|---|---|---|---|
| | | | |

| Abgang | | Absendende Stelle |
|---|---|---|
| Tag: | An die | |
| Zeit: | Abteilungen II, III, IV | |
| Dringlichkeits-Vermerk | | Fernsprech-Anschluß: |

A b s c h r i f t

Oranienburg FS.Nr.9o3 24.3.1942 1259 -HE-
An den ᛋᛋ-Standartenführer K o c h
Kommandant des K.G.L. Lublin

Betr. Juden aus der Slowakei.
Die für das dortige Lager bestimmten lo ooo (Zehntausend) Juden aus der Slowakei werden ab 27.3.1942, wie bereits mitgeteilt, mit Sonderzügen nach dort überstellt werden. Jeder Sonderzug führt 1ooo (eintausend) Häftlinge mit. Alle Züge werden über den Grenzbahnhof Z w a r d o n (OS.) geleitet, wo sie jeweils 6.o9 Uhr früh eintreffen und während eines zweistündigen Aufenthaltes von Begleitkommandos der Schutzpolizei unter Aufsicht der Staatspolizeistelle Kattowitz an den Bestimmungsort weitergeleitet werden.

Die Führer der Begleitkommandos führen namentliche Transportlisten mit. Mit der Reichsbahn wurden zunächst für die ersten 4 Transporte folgende Fahrpläne vereinbart.
DA 67 am 27.3., DA 69 am 3o.3., DA 7o am 31.3., DA 72 am 5.4.
An diesen Tagen Ankunft in Zwardon 6.o9 Uhr, Abfahrt ab Zwardon 8.2o Uhr, Ankunft in Lublin um 6.3o Uhr des darauffolgenden Tages.
Die Fahrpläne für die weiteren 6 Transporte werden nachträglich noch mitgeteilt.
Wie bereits mit FS.Nr.886 vom 23.3.1942 befohlen, ist das Eintreffen und die Übernahme der einzelnen Transporte zahlenmässig unter Angabe der mitgebrachten Verpflegung sofort durch FS. hierher zu melden.

D.Ch.d.Zentralamtes
gez.Liebehenschel
ᛋᛋ-Obersturmbannführer

F.d.R.d.Abschrift:

ᛋᛋ-Oberscharführer

| Quittung | Nr. | Von | An | Tag | Zeit | Annehmender Offz. (Uffz.) Name | Dienstgrad |
|---|---|---|---|---|---|---|---|
| Fernspruch / Fernschreiben / Funkspruch / Blinkspruch | | | | | | | |

ᛋᛋ-Vordruckverlag W. F. Mayr, Miesbach (Bayer. Hochland) 14628

199

251

irtschafts- Verwaltungshauptamt  Oranienburg, den 14. Nov. 1942.
Amtsgruppe D
- Konzentrationslager -
I/1 / Az.: 14 h 7 /Ot./ U.-

123

Betreff: Unfruchtbarmachung von Häftlingen.
Bezug: Reichskriminalpolizeiamt Tgb.-Nr. 1158/41 - A2b5 - vom 9.11.42.
Anlagen: keine

An die
Lagerkommandanten der
Konzentrationslager
Da., Sah., Bu., Mau., Flo., Neu., Au., Gr.-Ro., Natz.,
Nie., Stu., Deb., Rav. und Kriegsgef.-Lager Lublin.

**Geheim**

Abdruck an: Chef des Amtes D III im Hause.

Wie das Reichskriminalpolizeiamt mitteilt, hat der Reichsausschuß zur wissenschaftlichen Erfassung von erb- und anlagebedingten schweren Leiden auf Grund besonderer Vollmachten des Führers das Recht, in besonderen, nicht gesetzlich geregelten Fällen die Genehmigung zur Unfruchtbarmachung zu erteilen. Eine rechtskräftige Entscheidung des Erbgesundheits-Gerichts ist in diesen Fällen nicht erforderlich.

In etwa vorkommenden Fällen ist nach der vorstehenden Anordnung zu verfahren.

Der Chef des Zentralamtes

[Unterschrift]

SS - Obersturmbannführer

Dokument 17.3
Runderlaß über die Sterilisationen in den Konzentrationslagern vom 14. November 1942

41

Abschrift.

SS-Wirtschafts-Verwaltungshauptamt
Amtsgruppe D
-Konzentrationslager -

Oranienburg, den 26,2.43.

D I/1 / Az.: 14 c 3 / Ot./ U.-

Betreff: Entlassung von Sowjetrussicshen Zivilarbeitern.
Bezug : Schreiben des RSHA - IV D 5 - 5264/43 - vom 2o.2.43.
Anlagen: keine

An die Lagerkommandanten der
Konzentrationslager

Da., Sah., Bu., Mau., Flo., Neu., Au., Gr.-Ro., Natz., Nie., Stu., Herz., Rav., und Lub.

Nachrichtlich an Amt D II,III.

Das Reichssicherheitshauptamt hat auf hiesigen Antrag angeordnet, daß sowjetrussische Zivilarbeiter ( Ostarbeiter ) - von ganz besonderen Ausnahmefällen abgesehen - aus den Konzentrationslagern nicht mehr zu entlassen sind.
Auf die bisherige Regelung, Ostarbeiter nach einer bestimmten Zeit aus den Konz.-Lagern zu entlassen und an ihre alten Arbeitsplätze zurückzubringen, die ursprünglich wegen der erzieherischen Wirkung dieser Maßnahme getroffen war, wird mit Rücksicht auf die Sicherung der in den Konzentrationslagern laufenden Rüstungsprogramme verzichtet.
Die Staatspolizei-leit-stellen sind vom Reichssicherheitshauptamt entsprechend angewiesen worden.

Der Chef des Zentralamtes
gez.: Liebehenschel
SS-Obersturmbannführer.

F.d.R.d.A.

SS-Hauptscharführer u.
Stabsscharführer.

Dokument 17.4
Runderlaß des Amtes D I über den Entlassungsstopp für sowjetische Häftlinge vom 26. Februar 1943

Amtsgruppenchef D - Konzentrationslager 29.10.1943

113/43

136

D I/5 Az. 31 l/Se/Kn.

Betrifft: Truppenbetreuung.
Bezug : Unterredung mit Herrn Leutnant Rudolph.
Anlagen : -.-

An das

Ministerium
für Volksaufklärung u.Propaganda
Referat Truppenbetreuung

Berlin W
Schlüterstr. 45.

Ich bitte um Zuwendung von Truppenbetreuungsmitteln (Büchern, Spielen, Rundfunkgeräten u.s.w.) für die mir unterstellten Wacheinheiten der Konzentrationslager.
Die Wacheinheiten der KL. betragen ca. 15 000 Mann, deren Dienst sehr anstrengend ist. Wegen des Mangels an Wachmannschaften stehen die Männer täglich ohne Ablösung bis zu 14 Stunden Posten mit 1-2 stündiger Mittagspause. Diesen verantwortungsvollen, und körperlich wie seelisch anstrengenden, zur Sicherung der inneren Front des Reiches sehr notwendigen Dienst, versehen zahlreiche Angehörige der Wacheinheiten seit Kriegsbeginn ununterbrochen.
Da die meisten Konz.-Lager besonders in den Ostgebieten von Verkehrwegen und größeren Orten weit entfernt liegen, und die Freizeit der Männer infolge der oben geschilderten Verhältnisse sehr kurz bemessen ist, sind diese allein auf die truppeneigenen Unterhaltungsmöglichkeiten angewiesen.
Ich bitte deshalb nochmals dringendst um Zuweisung dieses Truppenbetreuungsmaterials.

gez. Glücks

SS - Brigadeführer und
Generalmajor der Waffen-SS.

F.d.R.
[signature]
SS - Obersturmbannführer.

Dokument 17.5
Schreiben von Glücks an das Reichspropagandaministerium vom 29. Oktober 1943

116

## Unterricht über Aufgaben und Pflichten der Wachposten.

### I. Grundsätzliches über den Wachdienst im Konzentrationslager.

F.: Sie sind zum Wachdienst in einem Konzentrationslager einge-
zogen. Was heißt eigentlich "Konzentrationslager"?
(Konzentrieren ist Sammeln, um einen Mittelpunkt herum
zusammenhalten).
A.: Konzentrationslager bedeutet soviel wie"Sammellager".

F.: Welche Elemente werden in diesem Lager gesammelt?
A.: Verbrecher, Asoziale, sexuell Anormale, Staatsfeinde,
Faulenzer, Diebe, Sicherheitsverwahrte, politisch Unzu-
verlässige, Volksschädlinge u.a.m.

F.: Wie urteilen Sie über diese Sorte Menschen?
A.: Sie sind sehr gefährlich, schaden der Allgemeinheit, dem
Volk und dem Vaterland.

F.: Was würde geschehen, wenn alle diese Menschen sich auf
freiem Fuße befänden?
A.: Sie würden ihren verderblichen, schädigenden Einfluß unge-
hindert weiter ausüben können.

F.: Wann und unter welchen Umständen ist dies besonders gefähr-
lich?
A.: Jetzt im Kriege.

F.: Warum?
A.: Weil das die Einheit unseres Volkes zerstört, unsere Kr-
lähmt, den Sieg gefährden kann und es dadurch erneut m
werden kann, daß die Heimat der Front in den Rücken fäl .

F.: Nennen Sie ein Beispiel aus der Geschichte, wo dies ber
einmal geschen ist?
A.: Der Zusammenbruch von 1918 / 19.

F.: Damals brach eine Flut von Unglück, Verderben, Elend und
Ehrlosigkeit über das deutsche Volk herein. Das war nur das
Ergebnis des ungehinderten Wirkens dieser verbrecherischen
Elemente. Um das für ein zweites Mal zu verhüten, hat der
Staat Adolf Hitlers die Anlegung von Konzentrationslagern
angeordnet.
Was für eine Bedeutung haben also diese K.L.?
A.: Sie haben eine außerordentlich wichtige einzigartige Be-
deutung.

F.: Auf was für einen Posten stehen Sie also in einem K.L.?
A.: Wir stehen auf einem sehr wichtigen, verantwortungsvollen
Posten.

F.: Unsere Kameraden an der Front schützen die Heimat vor dem
äußeren Feind. Vor welchem Feind schützen wir das Vaterland?
A.: Vor dem inneren Feind.

- 2 -

Dokument 17.6
„Aufgaben und Pflichten der Wachposten"
vom 27. Juli 1943

18

## Häftlingsstrafen

Die Lagerordnung für Konzentrationslager sieht vor, daß die Inspektion, später das Amt D I, alle Prügelstrafen genehmigen muß. Dies geschieht jedoch längst nicht in allen Fällen. Willkürlich werden in den Lagern schärfste Strafen verhängt. Die Lagerordnung wird 1940/41 nur geringfügig gegenüber ihrem Vorbild von 1934 geändert. Sie bleibt das Instrument, das den Häftling der Willkür seiner Bewacher und der Kommandanturangehörigen ausliefert. Nicht selten sterben Häftlinge nach dem „Baumhängen"(Bild 18.1) oder der „Prügelstrafe" an den Folgen der dabei erlittenen Verletzungen. Wird ein Antrag auf Prügelstrafe nach Oranienburg weitergeleitet und dort genehmigt, erhält der Häftling oft die doppelte Strafe: bei der Antragstellung und nach der Genehmigung. Ein Beispiel aus Auschwitz macht dies deutlich (Dokument 18.3): Cala Atlas kommt am 2. Dezember 1942 aus dem Ghetto von Grodno nach Auschwitz. Von seinem Transport werden 762 Menschen in den Gaskammern ermordet und nur 238 offiziell in das KZ aufgenommen. Am 28. Januar 1944 bedroht er angeblich einen SS-Mann. Die Strafverfügung wird am 8. Februar nach Oranienburg weitergeleitet und am 16. Februar von Glücks Stellvertreter Gerhard Maurer genehmigt. Am 16. März 1944 wird die Strafe vollzogen.

Nach außen hin wird durch die Einschaltung der Inspektion ein scheinbar korrektes Verfahren durchgeführt, innerhalb der Lager jedoch regiert die Willkür.

**Bild 18.1**
**„Baumhängen"**
**im KZ Buchenwald**

**Dokument 18.2**
**Schreiben der Inspektion an die Lagerkommandanten über die neue Lagerordnung vom 22. Februar 1940**

**Dokument 18.3**
**(auf S. 102)**
**Strafformular für einen Häftling des KZ Auschwitz aus dem Frühjahr 1944**

Der Reichsführer-SS
— Der Inspekteur der Konzentrationslager —

/ Az. 14 a 1 / 2.40 / Bü.-

22. Februar 1940

Konzentrations-Lager

24. FEB. 1940 197

Betreff: Lagerordnung für die K.L.
Bezug : ohne
Anlagen: -1-

**Geheim**

An die

Lagerkommandanten K.L. Da., Sah., Bu., Mau., Flo.

Jn der Anlage wird die vorläufige Lagerordnung zum Dienstgebrauch übersandt.

Die in den Lagern befindlichen alten Lagerordnungen sind als Wertbrief hierher zurückzusenden.

Es wird darauf hingewiesen, dass die Lagerordnung stets im Panzerschrank aufzubewahren ist.

SS - Oberführer

Strafmeldung ist am 13.3.44 hier nicht eingegangen. (123)

Kommandantur
des Konzentrationslagers
Az: KL 14 e 3/Ho./Ja.

Auschwitz, den 8.Februar 1944.
Ort Datum

| Grund der Schutzhaft: | |
|---|---|
| politisch | Jude |
| politisch rückfällig | |
| Berufsverbrecher | |
| Bibelforscher | |
| Rasseschänder | |
| homosexuell | |
| Emigrant | |
| Ausweisung | |
| arbeitsscheu | |
| Fürsorge | |

(Zutreffendes bezeichnen mit +)

Personalien des Täters: 79391

(Zu- und Vorname): A t l a s , Cala

geboren am ? ? 1923 zu Ostryna

Tatbestand: (wann, wo, was, wie?)

hat am 28.1.44 , - Uhr einen Mithäftling mit einem Eisen mißhandelt und gegenüber einem SS-Angehörigen eine drohende Haltung eingenommen. A. gehört dem Arbeitskdo. "Werkhalle Union", an.

Strafverfügung!

Gemäß Strafordnung für die Konzentrationslager und Kraft der mir als Lagerkommandant übertragenen Disziplinarstrafgewalt verhänge ich nach reiflicher Prüfung über den Täter folgende Strafe:

Ordnungsstrafen:

........ Verwarnung unter Androhung einer Bestrafung.

........ Stunden Strafarbeit in der Freizeit unter Aufsicht des SS-Unterführers.

16. MRZ. 1944

Verbot, Privatbriefe zu schreiben oder zu empfangen, auf die Dauer von ........ Wochen.

Entzug der Mittagskost bei voller Beschäftigung am ........ / ........ / ........ / ........

Einweisung in die Strafkompanie ab ........ bis ........ (bis auf weiteres).

Hartes Lager nach der Tagesarbeit in einer Zelle in folgenden Nächten: ........

Arrest:

| | Stufe I mittel | Stufe II verschärft | Stufe III streng | Die Stufe III kann als Einzelstrafe oder als weitere Verschärfung der Stufe II tageweise eingeschaltet zur Anwendung kommen. |
|---|---|---|---|---|
| | bis zu 3 Tagen | bis zu 42 Tagen | bis zu 3 Tagen | |
| | Holzpritsche | | ohne Gelegenheit zum Liegen und Sitzen | |
| | helle Zelle | dunkle Zelle | | |
| | Verpflegung: Wasser und Brot; jeden 4. Tag volle Verpflegung | | | |
| Tage | | | | |

Vollzug!

Stufe I oder II
verbüßt vom ........ mit ........

Stufe III (Einzelstrafe)
verbüßt vom ........ mit ........

Stufe III (als Verschärfung von Stufe II)
angewendet am ........
am ........
am ........

SSV Strafverfügung KL.
SS-Vordruckverlag W. F. Mayr, Miesbach (Bayer. Hochland) 18798

Körperliche Züchtigung:

| Anzahl der Schläge *) | |
|---|---|
| 5 | |
| 10 | 10 |
| 15 | |
| 20 | |
| 25 | |

*) Anzahl einsetzen.

**Vorschriften:**

Zuvor Untersuchung durch den Arzt! Schläge mit einer einrutigen Lederpeitsche kurz hintereinander verabfolgen, dabei Schläge zählen; Entkleiden und Entblößung gewisser Körperteile streng untersagt. Der zu Bestrafende darf nicht angeschnallt werden, sondern hat frei auf einer Bank zu liegen.

Es darf nur auf das Gesäß und die Oberschenkel geschlagen werden.

| Der Täter ist bereits körperlich gezüchtigt worden: | |
|---|---|
| am | Schläge |
| ------ | |

**Ärztliches Gutachten:**

Der umseits bezeichnete Häftling wurde vor dem Vollzug der körperlichen Züchtigung von mir ärztlich untersucht; vom ärztlichen Standpunkt aus erhebe ich keine Bedenken gegen die Anwendung der körperlichen Züchtigung.

~~Gegen die Anwendung~~ der körperlichen Züchtigung erhebe ich als Arzt Bedenken, weil

..................................................

Der Lagerarzt: i. V.

SS-Hauptsturmführer

**Dienstaufsicht:**

Der Vollzug der körperlichen Züchtigung wird im Hinblick auf die Tat und gestützt auf das vorliegende ärztliche Gutachten genehmigt — ~~nicht genehmigt~~.

SS-Wirtschafts-Verwaltungshauptamt
Amtsgruppenchef D
Konzentrationslager

~~Der Führer der SS-TV/KL:~~

SS-Wirtschafts-Verwaltungshauptamt
Amtsgruppenchef D
16. FEB. 1944

i. V.

~~SS-Gruppenführer~~

SS-Obersturmbannführer

**Ausführende:**

Die Strafe der körperlichen Züchtigung haben folgende Häftlinge ~~xxxxxxxxx~~ am .................. Uhr vollzogen:

~~eigenhändige~~
~~Unterschrift~~

93830
289

**Zeugen und Aufsicht:**

Als verantwortliche SS-Führer und Zeugen waren bei dem Strafvollzug zugegen:

eigenhändige Unterschrift

.................. Lagerkommandant

.................. Schutzhaftlagerführer

.................. Lagerarzt



**Aktenvermerk:**

1. Originalverfügung zu den Schutzhaftakten.
2. Abschrift zum Sammelakt: Strafen.
3. Abschrift an den Führer SS-TV/KL.

Der Lagerkommandant:

SS-Obersturmbannführer

# 19

## Morde

Konzentrationslager sind nicht nur Orte der Haft und des Massenmordes. Ebenso häufig werden hier Menschen auf Anweisung des Reichssicherheitshauptamtes ohne jedes Gerichtsurteil exekutiert oder auf andere Weise ermordet.

Verstößt ein Häftling gegen die Lagerdisziplin, so kann der Kommandant über das Amt D I die Exekution dieses Häftlings beim Reichssicherheitshauptamt (RSHA) beantragen. Rudolf Höß, nach seiner Zeit in Auschwitz Chef des Amtes D I, ist für die Weitergabe dieser Anträge zuständig. Es sind keine Fälle bekannt, in denen eine derartige Exekution vom RSHA abgelehnt wurde. Im Juni 1944 kommt es zu Auseinandersetzungen zwischen sowjetischen Häftlingen und ukrainischen Wachposten des KZ Groß-Rosen. Um „den hier einsitzenden russischen Häftlingen ein abschreckendes Beispiel zu geben" und die „Dienstfreudigkeit, Moral und Disziplin der ukrainischen Wachposten" nicht zu beeinflussen, wird die Ermordung von Pjotr Ponomarenko beantragt (Dokument 19.3). Lagerkommandant Hassebroek gibt den Antrag nach Oranienburg weiter. Am 24. August 1944 teilt Glücks die „Genehmigung zur Exekution" mit (Dokument 19.4). Wenige Tage später wird Pjotr Ponomarenko ermordet. Der an diesen Exekutionen beteiligte Kommandant des KZ Groß-Rosen, Johannes Hassebroek, wird nach 1945 von einem britischen Militärgericht zum Tode verurteilt, erst zu lebenslanger Haft, dann zu einer Haftstrafe von 15 Jahren begnadigt und 1954 aus der Haft entlassen. Zwei von deutschen Gerichten angestrengte Verfahren scheitern; Johannes Hassebroek wird freigesprochen. Seit dem 11. September 1944 können die Kommandanten der Konzentrationslager auf Anweisung des Amtes D I selbst über die Ermordung von Häftlingen entscheiden. Irene Scheer flieht am 31. Oktober aus dem Außenlager Birnbäumel, wird gefaßt und am 17. November 1944 ermordet (Dokument 19.6).

**Bild 19.1**
**Hans Bonarewitz wird nach einem mißlungenen Fluchtversuch zur Exekution geführt**

**KZ Mauthausen, 30. Juli 1942**

**Dokument 19.2**
**Durchführungsbestimmungen für Exekutionen vom Januar 1943**

**Im Januar 1943 wird genau festgelegt, wie bei Morden durch das Reichssicherheitshauptamt („Sonderbehandlungsfälle") in den Konzentrationslagern vorzugehen ist.**

Der Reichsführer-SS
und
Chef der Deutschen Polizei
S IV D 2 - 45o/42 g - 81 -

Berlin SW 11, den 6. Januar 1943

**Geheim!**

Durchführungsbestimmungen für
Exekutionen.

I. Vorbehandlung.

a) Alle Sonderbehandlungsfälle sind ebenso gründlich wie beschleunigt zu bearbeiten. Der Tatbestand ist in klarer, knapper Form darzustellen. Gründe, die einer Exekution entgegenstehen, sind anzugeben.

b) Bei Fremdvölkischen sind die Sondererlasse zu beachten, nach denen zum Teil besondere Unterlagen beizufügen sind (Beurteilung über Eindeutschungsfähigkeit usw.).

c) Sonderbehandlungsvorschläge für Deutsche und Angehörige stammesgleicher Rassen müssen Angaben über die Familienverhältnisse (Zahl der Kinder), den Beruf sowie das politische und kriminelle Vorleben enthalten. Ferner sind beizufügen:
   1. ein neueres Lichtbild,
   2. eine charakterliche Beurteilung,
   3. ein auf den neuesten Stand gebrachter Strafregisterauszug.

II. Befehlsdurchgabe.

a) Die Anordnung der Exekution erfolgt mittels Schnellbriefes oder FS an die zuständige Staatspolizei-leit-stelle bezw. den Kommandeur der Sicherheitspolizei und des SD. Diese Dienststelle hat von der Anordnung zu verständigen:
   1. den Höheren SS- und Polizeiführer,
   2. den Befehlshaber bezw. den Inspekteur der Sicherheitspolizei und des SD.

   Die Anordnung wird gezeichnet vom Chef des Amtes IV des RSHA. oder von einem besonders Beauftragten.

b) Falls die Exekution im KL durchgeführt wird, setzt sich die Staatspolizei-leit-stelle unverzüglich mit dem Lagerkommandanten in Verbindung und teilt den Zeitpunkt der Überstellung des Häftlings mit. Gleichzeitig leitet sie diesem eine beglaubigte Abschrift der Exekutionsanordnung zu.

c) Bestätigte Standgerichtsurteile sind auf Antrag des Leiters der Dienststelle des Standgerichtes auch ohne Weisung des RSHA. zu vollziehen.

300

II. Durchführung der Exekutionen.

Die Exekutionen erfolgen bei deutschen Häftlingen in der Regel im KL., und zwar grundsätzlich im Lager, das dem Haftort des Delinquenten am nächsten liegt. Bei ausländischen Häftlingen werden sie aus Abschreckungsgründen auch in der Nähe des Tatortes vorgenommen.

A) Exekution im Lager.

a) Der Exekution haben beizuwohnen:
Der Lagerkommandant oder ein von ihm beauftragter SS-Führer, der Lagerarzt.

b) Die Erschiessungen erfolgen an einer besonders bestimmten Stelle des Lagers, und zwar im Abstand von etwa 2 Metern von dem Kugelfang. Der Delinquent ist zu befragen, ob er mit dem Gesicht oder dem Rücken gegen die Wand stehen will.
Die Erschiessung wird unter dem Befehl eines SS-Untersturmführers oder SS-Scharführers von mindestens 6 SS-Männern ausgeführt, die etwa 5 Schritte von dem Verurteilten entfernt aufzustellen sind.

c) Erhängungen sind durch einen Schutzhäftling durchzuführen. Sie haben so zu erfolgen, dass ein Versagen der mechanischen Einrichtungen ausgeschlossen ist. Der Schutzhäftling erhält für den Vollzug 3 Zigaretten.

d) Kurz vor der Exekution ist dem Delinquenten in Gegenwart der beteiligten SS-Männer vom Lagerkommandanten bezw. dessen beauftragten SS-Führer zu eröffnen, dass er exekutiert wird. Die Bekanntgabe hat etwa in folgender Form zu erfolgen:

> " Der Delinquent hat das und das getan und damit wegen seines Verbrechens sein Leben verwirkt. Zum Schutze von Volk und Reich ist er vom Leben zum Tode zu befördern. Das Urteil werde vollstreckt."

e) Dem Delinquenten sind vertretbare Wünsche möglichst zu erfüllen.

f) Lichtbilder oder Filme dürfen von der Durchführung der Exekution nicht aufgenommen werden. Ausnahmen bedürfen

meiner

meiner besonderen Genehmigung.

g) Nach der Exekution bestätigt der Lagerarzt schriftlich den eingetretenen Tod (mit Zeitangabe). Dem Reichssicherheitshauptamt - Amt IV - ist sofort fernschriftlich kurze Vollzugsmeldung zu erstatten. Eine Übermittlung des Exekutionsprotokolls oder der Todesbescheinigung ist in Zukunft nicht mehr erforderlich. Diese sind bei der exekutierenden Stelle aufzubewahren.

h) Nach jeder Exekution sind die daran beteiligten ᛋᛋ-Männer bezw. Beamten durch den Lagerkommandanten oder den von ihm beauftragten ᛋᛋ-Führer über die Rechtmässigkeit der Exekution aufzuklären und in ihrer inneren Haltung so zu beeinflussen, dass sie keinen Schaden nehmen. Hierbei ist die Notwendigkeit der Ausmerzung aller solcher Elemente im Interesse der Volksgemeinschaft besonders hervorzuheben.

Die Aufklärung ist intwirklich kameradschaftlicher Weise vorzunehmen. Sie kann von Zeit zu Zeit in Form eines kameradschaftlichen Beisammenseins erfolgen.

B. Exekution ausserhalb des Lagers.

a) Der Exekution haben beizuwohnen:

Der Leiter der Staatspolizei-leitstelle oder ein von ihm beauftragter ᛋᛋ-Führer seiner Dienststelle,
ein Amts- oder ᛋᛋ-Arzt.

b) Die Exekutionen sind an einem geeigneten, von aussen nicht einzusehenden Orte (Steinbruch, Waldstück usw.) vorzunehmen. Innerhalb von Dörfern, Gehöften usw. werden sie nur in besonders bestimmten Ausnahmefällen vollzogen. Bei der Auswahl des Exekutionsplatzes sind nach Möglichkeit die Anregungen des zuständigen Bürgermeisters und Ortsgruppenleiters sowie berechtigte Bedenken der Grundstückseigentümer zu berücksichtigen.

Bei

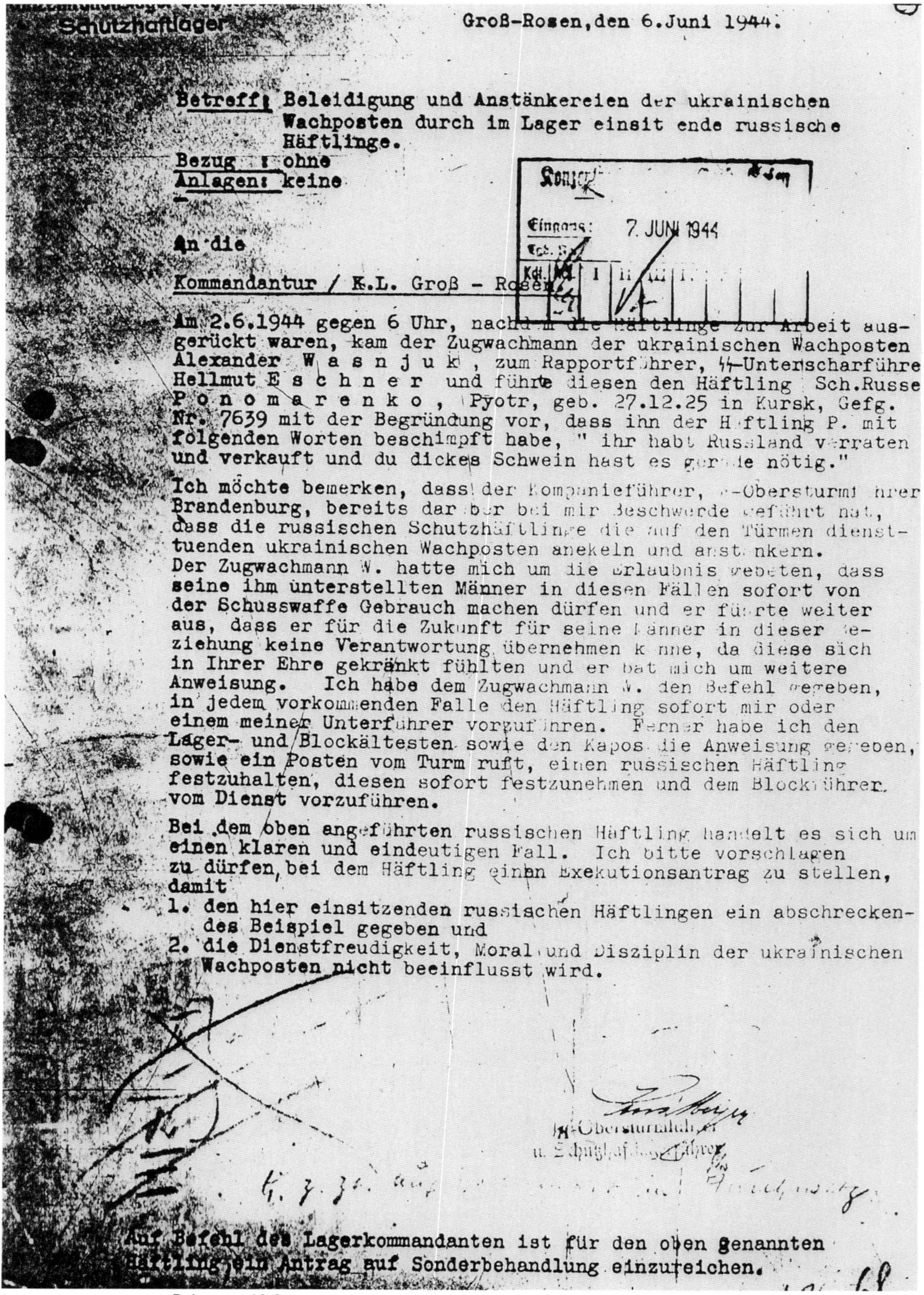

Schutzhaftlager  Groß-Rosen, den 6. Juni 1944.

Betreff: Beleidigung und Anstänkereien der ukrainischen Wachposten durch im Lager einsitzende russische Häftlinge.
Bezug : ohne
Anlagen: keine

Kommandantur K.L. Groß-Rosen
Eingang: 7. JUNI 1944

An die
Kommandantur / K.L. Groß - Rosen

Am 2.6.1944 gegen 6 Uhr, nachdem die Häftlinge zur Arbeit ausgerückt waren, kam der Zugwachmann der ukrainischen Wachposten Alexander W a s n j u k , zum Rapportführer, SS-Unterscharführe Hellmut E s c h n e r und führte diesen den Häftling Sch.Russe P o n o m a r e n k o , Pyotr, geb. 27.12.25 in Kursk, Gefg. Nr. 7639 mit der Begründung vor, dass ihn der Häftling P. mit folgenden Worten beschimpft habe, " ihr habt Russland verraten und verkauft und du dickes Schwein hast es gerade nötig."

Ich möchte bemerken, dass der Kompanieführer, SS-Obersturmführer Brandenburg, bereits darüber bei mir Beschwerde geführt hat, dass die russischen Schutzhäftlinge die auf den Türmen diensttuenden ukrainischen Wachposten anekeln und anstänkern.
Der Zugwachmann W. hatte mich um die Erlaubnis gebeten, dass seine ihm unterstellten Männer in diesen Fällen sofort von der Schusswaffe Gebrauch machen dürfen und er führte weiter aus, dass er für die Zukunft für seine Männer in dieser Beziehung keine Verantwortung übernehmen könne, da diese sich in Ihrer Ehre gekränkt fühlten und er bat mich um weitere Anweisung. Ich habe dem Zugwachmann W. den Befehl gegeben, in jedem vorkommenden Falle den Häftling sofort mir oder einem meiner Unterführer vorzuführen. Ferner habe ich den Lager- und Blockältesten sowie den Kapos die Anweisung gegeben, sowie ein Posten vom Turm ruft, einen russischen Häftling festzuhalten, diesen sofort festzunehmen und dem Blockführer vom Dienst vorzuführen.

Bei dem oben angeführten russischen Häftling handelt es sich um einen klaren und eindeutigen Fall. Ich bitte vorschlagen zu dürfen, bei dem Häftling einen Exekutionsantrag zu stellen, damit
1. den hier einsitzenden russischen Häftlingen ein abschreckendes Beispiel gegeben und
2. die Dienstfreudigkeit, Moral und Disziplin der ukrainischen Wachposten nicht beeinflusst wird.

SS-Obersturmführer
u. Schutzhaftlagerführer

Auf Befehl des Lagerkommandanten ist für den oben genannten Häftling ein Antrag auf Sonderbehandlung einzureichen.

Dokument 19.3
Antrag zur Ermordung des sowjetischen Häftlings
Pjotr Ponomarenko vom 6. Juni 1944

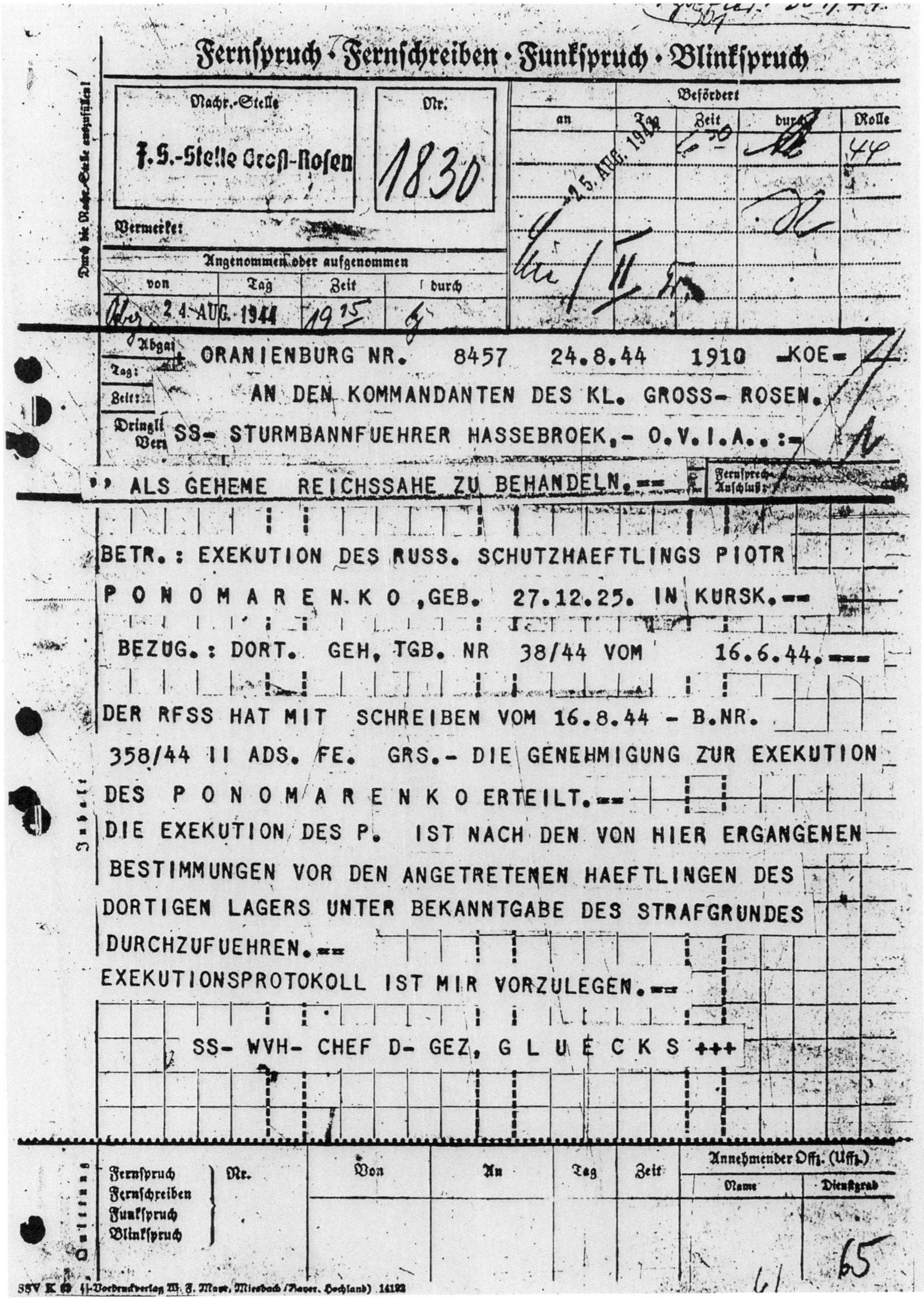

Fernspruch · Fernschreiben · Funkspruch · Blinkspruch

Nachr.-Stelle: F.S.-Stelle Groß-Rosen

Nr.: 1830

Befördert — an | Tag | Zeit | durch | Rolle

25. AUG. 1944 | 44

Vermerke:

Angenommen oder aufgenommen — von | Tag | Zeit | durch

2 4. AUG. 1944 | 19 15

Abgang Tag: Zeit: Dringlichkeitsvermerk:

ORANIENBURG NR. 8457 24.8.44 1910 -KOE-

AN DEN KOMMANDANTEN DES KL. GROSS- ROSEN.

SS- STURMBANNFUEHRER HASSEBROEK,- O.V.I.A.. :-

" ALS GEHEME REICHSSAHE ZU BEHANDELN.--

Fernsprech-Anschluß:

BETR.: EXEKUTION DES RUSS. SCHUTZHAEFTLINGS PIOTR

P O N O M A R E N K O ,GEB. 27.12.25. IN KURSK.--

BEZUG.: DORT. GEH, TGB. NR 38/44 VOM 16.6.44.--

DER RFSS HAT MIT SCHREIBEN VOM 16.8.44 - B.NR.

358/44 II ADS. FE. GRS.- DIE GENEHMIGUNG ZUR EXEKUTION

DES P O N O M A R E N K O ERTEILT.--

DIE EXEKUTION DES P. IST NACH DEN VON HIER ERGANGENEN

BESTIMMUNGEN VOR DEN ANGETRETENEN HAEFTLINGEN DES

DORTIGEN LAGERS UNTER BEKANNTGABE DES STRAFGRUNDES

DURCHZUFUEHREN.--

EXEKUTIONSPROTOKOLL IST MIR VORZULEGEN.--

SS- WVH- CHEF D- GEZ, G L U E C K S +++

Quittung: Fernspruch / Fernschreiben / Funkspruch / Blinkspruch | Nr. | Von | An | Tag | Zeit | Annehmender Offz. (Uffz.) Name / Dienstgrad

65

SSV K 10 SS-Vordruckverlag W. F. Mayr, Miesbach (Bayer. Hochland) 14193

Dokument 19.4
Genehmigung der Ermordung des sowjetischen Häftlings Pjotr Ponomarenko vom 24. August 1944

Tgb.-Nr. 374/44

**ϟϟ-Wirtschafts-Verwaltungshauptamt**
Amtsgruppenchef D
-Konzentrationslager-

Fernsprecher: Sammel-Nr. 3171

Oranienburg b. Berlin, 19.Juli 1944

Diktatzeichen:
D I/1 Az.: 14 f I/U./We.
Im Antwortschreiben unbedingt anzugeben!
Geh.Tgb.Nr. 4o5/44 g.Rs.

Kommandantur ... Groß-Rosen
22. JULI 1944
I II III IV V VI

Betrifft: Exekution von 5 Vorbeugungshäftlingen.
Bezug: RFϟϟ B.Nr. 277/44 V Ads.Fe. g.Rs. vom 12.7.44
Anlagen: - / -

2 Ausfertigungen!

Geheime Reichssache
1. Ausfertigung

An den
Kommandanten des
Konz.-Lagers Groß-Rosen
ϟϟ-Sturmbannführer Hassebroek
-o.V.i.A.-

G r o ß - R o s e n .

Der Reichsführer-ϟϟ und Chef der Deutschen Polizei hat auf hiesigen Antrag die Genehmigung zur Exekution durch den Strang der Vorbeugungshäftlinge

Eugen K a u r s c h i l l, geb. 2.11.ol in Obernkirchen, 18.10
Emil R a d t k e, geb. 8.2.13 in Berlin, 18.20
Hermann H i n z, geb. 19.5.15 in Landwarswo, 18.30
Bruno R e h s, geb. 27.1o.98 in Schöneberg und 18.40
Karl E b n e r, geb. 9.4.15 in Stauchitz, 18.50

erteilt.

Die Exekution der Vorgenannten ist nach den von hier ergangenen Bestimmungen vor den angetretenen Häftlingen des dortigen Konzentrationslagers durchzuführen.

Exekutionsprotokoll ist mir vorzulegen.

Glücks

ϟϟ-Gruppenführer und
Generalleutnant der Waffen-ϟϟ

Dokument 19.5
Schreiben von Glücks an den Kommandanten des KZ Groß-Rosen über die Exekution von fünf Vorbeugungshäftlingen vom 19. Juli 1944

K.-Lager Groß-Rosen
Der Lagerkommandant

den 13. November 1944
890/44

Betreff: Exekution der Transportjüdin S c h e e r, Irene, geb. am 3.6.1900, Gefg. Nr. 78787

Gemäß Anordnung des SS-WVHA, Amtsgr. D I vom 11.9.44, Az.: 14 f I/U.S., Geh.Tgb.Nr.513/44 geh.R., befehle ich hiermit die Exekution der o.G. durch den Strang, weil sie aus dem A.L. Birnbäumel am 31.10.44 geflohen ist.

22.10.44 Kl. Au.

Wird zur Klärung der Flucht nicht benötigt.
i. A. [illegible]

[illegible]
SS-Sturmbannführer
u. Lagerkommandant

Urschriftlich

1. dem Lagerkommandanten zurückgereicht. Die Exekution wurde am 17.11.44 15,45 Uhr von den Häftlingen

Nr.78784 T a n z e r, Hilde
Nr.78645 H i r s c h, Sidonia

durchgeführt.

2. an Adjutant

3. an Pol. Abtlg.

[illegible]
SS-Obersturmführer und
Schutzhaftlagerführer.

Dokument 19.6
Protokoll über die Ermordung von Irene Scheer am 17. November 1944

20

## Die Registratur des Todes

In der Amtsgruppe D ist der Mensch nur noch eine Nummer. Jeden Morgen gehen hier über Funk oder als Fernschreiben die „Stärkemeldungen" der Konzentrationslager ein. Die Zahl der Häftlinge wächst immer weiter. In Oranienburg werden im März 1943 154 200, im Juni 1943 199 500, am 1. August 1944 524 286 und schließlich am 15. Januar 1945 714 211 Häftlinge registriert. Viele von ihnen erleben die Befreiung im April/Mai 1945 nicht mehr.

Einmal im Monat werden die Stärkemeldungen zusammengefaßt und von Glücks als „Geheime Reichssache" Heinrich Himmler vorgelegt. Täglich verkehrt mehrmals ein Kurier zwischen dem T-Gebäude und dem Reichssicherheitshauptamt in der Prinz-Albrecht-Straße 8. Jeder Todesfall, jeder Mord in den Konzentrationslagern wird der Amtsgruppe D gemeldet und hier in einer gigantischen Registratur erfaßt. Je mehr die Todesraten wachsen, desto formloser wird die Erfassung der Todesfälle.

Bereits im Sommer 1942 werden sowjetische Häftlinge sowohl von der Geheimen Staatspolizei als auch von der Amtsgruppe D nicht mehr als Einzelfall, sondern „aus Gründen der Papierersparnis" nur noch in der Statistik erfaßt. Todesfälle von sowjetischen Zivilarbeitern müssen der Amtsgruppe D nicht mehr mitgeteilt werden; lediglich die einweisenden Polizeistellen sind über die Toten „in einfachster Form" direkt zu informieren (Dokument 20.1). Im November 1942 hebt die Inspektion alle bisherigen Bestimmungen über die Meldungen von Todesfällen auf. Todesfälle jüdischer Häftlinge sollen nur noch in einer Sammelliste erfaßt und einmal monatlich der Amtsgruppe D übersandt werden. Todesmitteilungen über andere Häftlinge – ohne die sowjetischen Kriegsgefangenen oder Zivilarbeiter – sind weiterhin dem Reichssicherheitshauptamt und der Amtsgruppe D per Schnellbrief zu melden.

**Dokument 20.1**
**Runderlaß über sowjetische Häftlinge vom 1. August 1942.**

Jedes Konzentrationslager besitzt zur Beurkundung der Todesfälle ein eigenes Standesamt. Im Sommer 1943 fällt dem Reichssicherheitshauptamt auf, daß aus der laufenden Todesurkundennummer auf die Zahl der Toten im Lager geschlossen werden kann (Dokument 20.2). Aus Tarnungsgründen soll jetzt nach jeweils 185 Todesfällen mit der Zählung neu begonnen werden. Jede dieser Urkundenserie erhält zur internen Identifikation noch eine römische Zahl.

Arthur Liebehenschel legt im Juli 1943 „aus Gründen der Papier- und Zeitersparnis" genau fest, welche Dienststelle mit welchem Formular über Todesfälle von Häftlingen zu informieren ist (Dokument 20.3). Weiterhin wird die Amtsgruppe D über jeden Todesfall – mit Ausnahme der sowjetischen Zivilarbeiter – informiert.

Todesfälle von sowjetischen und „nichteindeutschungsfähigen" polnischen Zivilarbeitern sollen ab September 1943 nur noch den einweisenden Polizeibehörden mitgeteilt werden. Auch die Amtsgruppe D soll über diese Todesfälle nur noch statistisch informiert werden. Die Amtsgruppe D erstickt durch die weiter anwachsende Häftlingszahl – so ein Angehöriger der Fernschreibstelle – „in einem riesigen Wust von Fernschreiben". Daher fallen ab Januar 1944 sowohl Todesmeldungen als auch tägliche Stärkemeldungen weg.

Ein ehemaliger SS-Unterscharführer berichtet über die von den Lagern eingegangenen Todesmeldungen im T-Gebäude: „Diese Sterbeurkunden wurden alphabetisch in einem Kellerraum, der gut eingerichtet war, aufgehoben und abgelegt. Kamen irgendwelche Anfragen über einen Verstorbenen, mußte ich dessen Sterbeurkunde herbeiziehen und [seinem Vorgesetzten] vorlegen. Diese Tätigkeiten führte ich täglich durch." Selbst bei einer vorsichtigen Schätzung sind hier mehrere hunderttausend Todesfälle erfaßt worden.

369

- Wirtschafts- Verwaltungshauptamt Oranienburg, den 1. Aug. 1942.
Amtsgruppenchef D
- Konzentrationslager -
D I / Az.: 14 c 1 /Ot./ U.-

93

**Betreff:** Überstellung von sowjetrussischen Zivilarbeitern in die Konzentrationslager.

**Bezug:** RSHA - IV C 2 - Allg.-Nr. 42 288 und hies. Verfg. D I/1 / Az.: 14 c 1 /Ot./ U.- vom 18.6.42.

**Anlagen:** keine

An die
Lagerkommandanten der
Konzentrationslager
Da., Sah., Du., Mau., Flo., Neu., Au., Gr.-Ro., Natz.,
Nie., Stu., Arb., Rav. und Kriegsgef.-Lager Lublin.

Einschreiben.

Wie das Reichssicherheitshauptamt mit dem oben angezogenen Schreiben mitteilt, werden von den Sachreferaten des RSHA die überstellten sowjetrussischen Zivilarbeiter lediglich zahlenmäßig erfaßt. Eine besondere Bearbeitung des Einzelfalles erfolgt nicht.

Aus Gründen der Papier- und Arbeitsersparnis ordne ich daher an, daß weder das Eintreffen eines derartigen Häftlings oder dessen Verlegung in ein anderes Lager im einzelnen anzuzeigen ist, noch Lagerkarteikarten für das RSHA - Dienststelle IV C 2 - anzufertigen und zu übersenden sind. Meldungen an die hiesige Dienststelle haben auch nicht zu erfolgen.

Die Todesmeldungen sind den Staatspolizei(leit)stellen in einfachster Form direkt zu übersenden; eine Benachrichtigung des Reichssicherheitshauptamtes und der hiesigen Dienststelle ist bei den sowjetrussischen Zivilarbeitern nicht erforderlich.

Da die sowjetrussischen Zivilarbeiter nur von den Staatspolizeistellen eingewiesen werden, hat der gesamte Schriftverkehr über diese Häftlinge ausschließlich mit den einweisenden Staatspolizei(leit)stellen zu erfolgen.

[signature]

ᛋᛋ - Brigadeführer und
Generalmajor der Waffen - ᛋᛋ

258

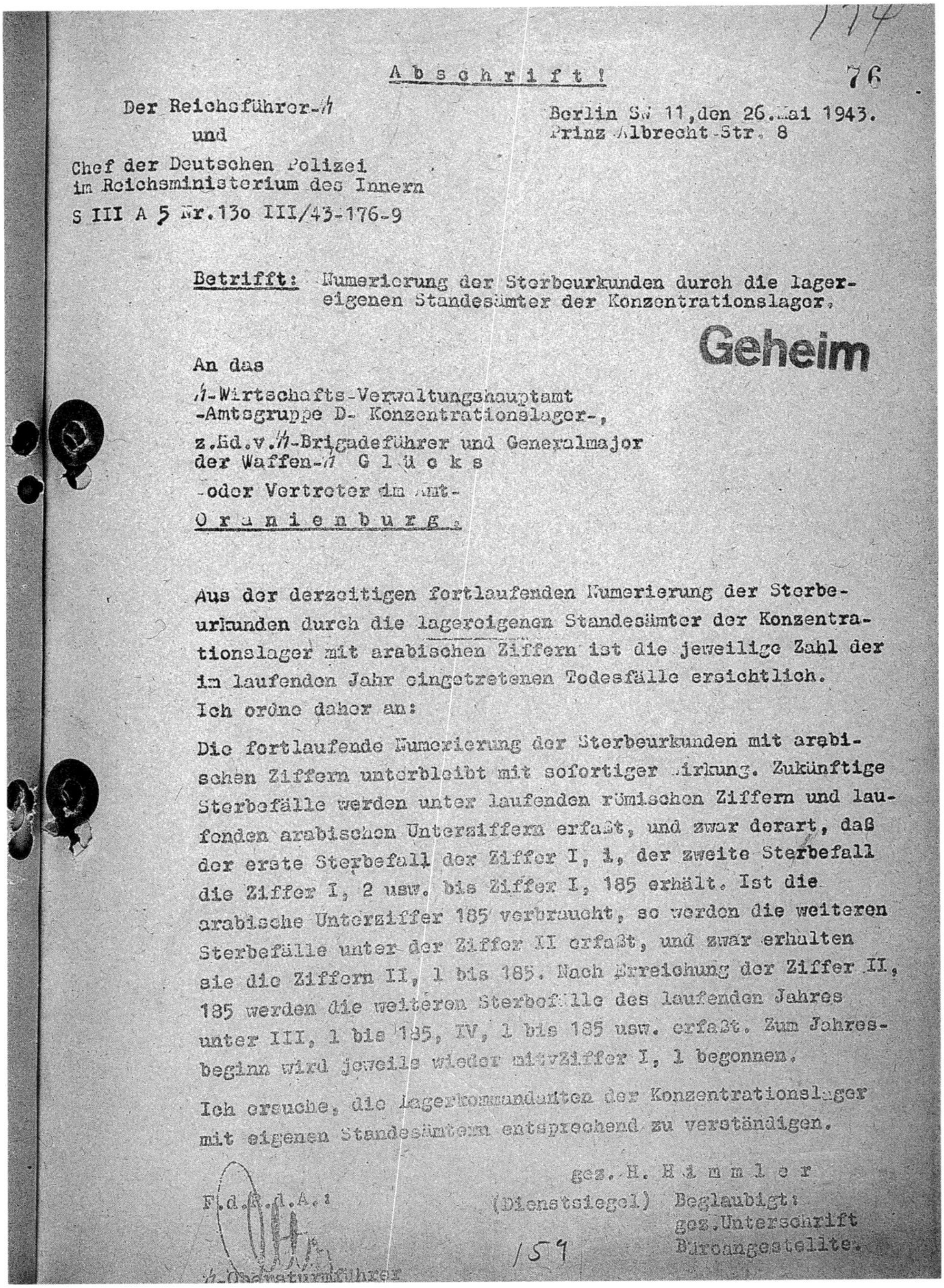

A b s c h r i f t !  76

Der Reichsführer-SS
und
Chef der Deutschen Polizei
im Reichsministerium des Innern
S III A 5 Nr. 13o III/43-176-9

Berlin SW 11, den 26. Mai 1943.
Prinz Albrecht-Str. 8

**Betrifft:** Numerierung der Sterbeurkunden durch die lagereigenen Standesämter der Konzentrationslager.

**Geheim**

An das
SS-Wirtschafts-Verwaltungshauptamt
-Amtsgruppe D- Konzentrationslager-,
z.Hd.v. SS-Brigadeführer und Generalmajor
der Waffen-SS G l ü c k s
-oder Vertreter im Amt-
O r a n i e n b u r g.

Aus der derzeitigen fortlaufenden Numerierung der Sterbeurkunden durch die lagereigenen Standesämter der Konzentrationslager mit arabischen Ziffern ist die jeweilige Zahl der im laufenden Jahr eingetretenen Todesfälle ersichtlich.
Ich ordne daher an:

Die fortlaufende Numerierung der Sterbeurkunden mit arabischen Ziffern unterbleibt mit sofortiger Wirkung. Zukünftige Sterbefälle werden unter laufenden römischen Ziffern und laufenden arabischen Unterziffern erfaßt, und zwar derart, daß der erste Sterbefall der Ziffer I, 1, der zweite Sterbefall die Ziffer I, 2 usw. bis Ziffer I, 185 erhält. Ist die arabische Unterziffer 185 verbraucht, so werden die weiteren Sterbefälle unter der Ziffer II erfaßt, und zwar erhalten sie die Ziffern II, 1 bis 185. Nach Erreichung der Ziffer II, 185 werden die weiteren Sterbefälle des laufenden Jahres unter III, 1 bis 185, IV, 1 bis 185 usw. erfaßt. Zum Jahresbeginn wird jeweils wieder mit Ziffer I, 1 begonnen.

Ich ersuche, die Lagerkommandanten der Konzentrationslager mit eigenen Standesämtern entsprechend zu verständigen.

gez. H. H i m m l e r

F.d.R.d.A.: (Dienstsiegel) Beglaubigt:
gez. Unterschrift
Büroangestellte.

SS-Obersturmführer

Dokument 20.2
Erlaß des Reichssicherheitshauptamtes über
die Numerierung der Sterbeurkunden in den
Standesämtern der Konzentrationslager
vom 26. Mai 1943

125

SS-Wirtschafts-Verwaltungshauptamt — Oranienburg, den 15. Juli 1943.

Amtsgruppe D

- Konzentrationslager -

D I/1 /Az.: 14 f Allg./Ot/S.-

Geheim Tgb.-Nr. 858/43

108

**Betreff:** Vereinheitlichung im Tof.-Meldewesen.

**Bezug:** Diess. Schrb. - D I/Az.: 14 f Allg./Ot/S.- vom 25.6.43.

**Anlagen:** -1-

Geheim

An die

Lagerkommandanten der Konzentrationslager

Da., Sah., Bu., Mau., Flo., Neu., Au., Gr.-Ro., Natz., Stu., Rav., Herz., Ri., Lub., War. und Auf.-Lager Bergen-Belsen.

mit je 1 Abdruck an die Leiter der Verwaltungen,

Abdruck an: Chef der Verwaltung im Hause.

Die Überprüfung der hier in Vorlage gebrachten Vorgänge über die Bearbeitung von Todesfällen in den Konzentrationslagern hat gezeigt, daß in einigen Lagern noch eine erhebliche Anzahl veralteter und sonstiger Vordrucke im Gebrauch ist, die zudem teilweise in 6-8 facher Ausfertigung bei den einzelnen Abteilungen abgelegt werden.

So wird z.B. sämtlichen infrage kommenden Abteilungen mit je einem gesonderten Formular das Ableben eines Häftlings mitgeteilt. In diesem Falle genügt ein Vordruck, der als Umlauf an die betreffenden Sachbearbeiter zu geben ist und nach Vermerk, daß Kartei berichtigt wurde pp., zum Personalakt des Häftlings zu nehmen ist.

Zur Vereinfachung der Bearbeitung von Todesfällen und aus Gründen der Papier- und Zeitersparnis sind ab sofort nur folgende von hier genehmigte KL-Vordrucke (s. Mustermappe) zu verwenden:

a) Bei natürlichen Todesfällen

1.) KL/61/4.43 (Meldung des 1. Lagerarztes an Pol. Abteilung, die zugl. als Umlauf zu verwenden ist),

2.) KL/[illegible] (Benachrichtigung an einweisende Dienststelle),

123

Dokument 20.3
Runderlaß über die weitere Vereinfachung bei der Meldung von Todesfällen vom 15. Juli 1943

3.) KL/[illegible]/4.43 (Sammelliste an Amtsgruppe D und Reichssicherheitshauptamt)

4.) KL/63/4.43 (Mitteilung an Standesamt) 109/36

5.) KL/60/4.43 (Sterbeschein, amtsärztliche Bescheinigung Einäscherungsanordnung),

6.) KL/57/4.43 oder KL 71/4.43 (Benachrichtigung der Angehörigen),

7.) KL/58/4.43 (Mitteilung an Wehrmeldeamt, wenn dieses von der Einweisung unterrichtet ist).

b) Bei unnatürlichen Todesfällen
ist Bearbeitung wie unter a) angegeben, vorzunehmen, hinzu kommen noch Tatbericht mit Skizze oder Lichtbild.

c) Todesfälle sowjet-russischer Zivilarbeiter
sind mit Vordruck KL/51/4.43 (FS-Meldung ist verboten) der einweisenden Dienststelle zu melden, sonst Bearbeitung wie unter a) zu 1), 4) und 5).
Zur Zeit läuft beim Reichssicherheitshauptamt Antrag auf Vereinfachung der Bearbeitung dieser Todesfälle, nach Entscheid ergeht Sonderbefehl.

d) Todesfälle sowjet-russischer Kriegsgefangener
sind - wie vorgeschrieben - nur an die Wehrmachtsauskunftstelle zu melden, hierbei ist das Formblatt KL/62/4.43 (Sterbefallanzeige), von dem Abdruck ohne Anschreiben hierher zu geben ist, zu verwenden.

Die vorstehenden Unterlagen sind in einfacher Ausfertigung bei den Personalakten der Politischen Abteilung aufzubewahren, sodaß im Bedarfsfalle jederzeit Rückgriff auf dieselbe möglich ist. Die Anfertigung weiterer Durchschläge für alle anderen Abteilungen wird hiermit verboten.

Das Ableben von Juden ist nach wie vor -wie vom Reichsführer ᛋᛋ befohlen- listenmäßig zu melden.

Die weitere Bearbeitung der Todesfälle von Häftlingen durch das Standesamt mit den hierzu vorgeschriebenen Sondervordrucken wird durch den vorstehenden Befehl nicht berührt.

Durch

124

127

110

Durch diese Regelung wird eine große Menge Papier und Arbeit erspart.

Der Chef des Zentralamtes

SS-Obersturmbannführer

125

21

## Die Täter: Zur Biographie von Gerhard Maurer

Bild 21.1
Gerhard Maurer

Dokument 21.2
Protokoll über eine Besprechung bei Heydrich „über die Lösung von Judenfragen" vom 10. Oktober 1941

Gerhard Maurer, 1907 in Halle an der Saale geboren, macht zwischen 1923 und 1926 eine kaufmännische Lehre und arbeitet als Buchhalter und Expedient. 1930 tritt er der NSDAP, 1931 der SS bei und ist seit September 1934 hauptamtlich bei der Verwaltung des SS-Oberabschnitts Mitte tätig. Nachdem er die Verwaltung des SS-Übungslagers Dachau geleitet hat, holt Pohl ihn als SS-Sturmbannführer im August 1939 in den Stab des Haushaltes Verwaltung und Wirtschaft. Dort ist er nicht nur Geschäftsführer des SS-Verlagswesens und der SS-eigenen „Deutschen Ausrüstungswerke", die in fast allen Konzentrationslagern die Zwangsarbeit der Häftlinge ausbeuten, sondern auch enger Mitarbeiter im Stabe von Pohl. In Pohls Auftrag nimmt Maurer im Oktober 1941 mit Eichmann an einer Besprechung über die „Lösung von Judenfragen" zur Koordinierung der ersten Deportationen von Juden, aber auch von Sinti und Roma teil (Dokument 21.1). In dem Protokoll heißt es weiter: „Die zu evakuierenden Zigeuner könnten nach Riga zu Stahlecker gebracht werden, dessen Lager nach dem Muster von Sachsenhausen eingerichtet ist. Da der Führer wünscht, dass noch Ende d.J. möglichst die Juden aus dem deutschen Raum herausgebracht sind, müssen die schwebenden Fragen umgehend gelöst werden." Seit März 1942 leitet Maurer das Amt D II „Arbeitseinsatz der Häftlinge". Zugleich erfolgt seine Beförderung zum SS-Obersturmbannführer. Maurer soll jetzt die gesamte Zwangsarbeit in allen Konzentrationslagern von Oranienburg aus koordinieren. Im November 1943 wird er Stellvertreter von Glücks und tritt zunehmend an dessen Stelle. Rudolf Höß schreibt in seinen – nicht immer glaubwürdigen – Krakauer Aufzeichnungen: „Nach Liebehenschels Abgang wurde Maurer der Vertreter Glücks. Damit übergab Pohl praktisch und wirklich Maurer die Inspektion. Glücks überliess auch nach und nach fast alle wichtigen Angelegenheiten Maurer. Nur nach aussen hin galt er noch als der Inspekteur. Da ab diesem Zeitpunkt der Rüstungseinsatz der Häftlinge das Wichtigste war – nach dem Willen des RFSS [Heinrich Himmler] -, so war es ganz natürlich, dass alles nur noch von diesem Gesichtspunkt aus gesehen wurde."

N o t i z e n aus der Besprechung am 10.10.41 über die Lösung von Judenfragen.

An der Besprechung nahmen teil:

SS-Obergruppenführer H e y d r i c h
SS-Gruppenführer F r a n k
SS-Obersturmbannführer B ö h m e
SS-Obersturmbannführer M a u r e r
SS-Obersturmbannführer v. G r e g o r y
SS-Sturmbannführer E i c h m a n n
SS-Hauptsturmführer G ü n t h e r
SS-Hauptsturmführer W o l f r a m.

-.-

Die Besprechung war angesetzt, um Massnahmen zu erörtern, die zunächst für Lösung der Judenfragen im Protektorat und teilweise im Altreich notwendig wurden, und um die Linie festzusetzen, die der Presse des Protektorats anzugeben ist für Publikationen in den nächsten Tagen. (Für den Presse-Empfang am 10.10. soll nicht nur das Thema der Judenfrage, sondern auch das der Widerstandsbewegungen im Protektorat zusammenfassend behandelt werden.)

Im ganzen Protektorat leben z.Zt. etwa 88.000 Juden, davon sind in Prag 48.000. Der Schwerpunkt liegt ausserdem noch in Brünn mit 10.000 und Mährisch-Ostrau mit 10.000. Die übrigen Juden verteilen sich auf die Oberlandratsbezirke.

Wegen der Evakuierung entstanden Schwierigkeiten. Es war vorgesehen, damit am 15. Oktober etwa zu beginnen, um die Transporte nach und nach bis zum 15. November abrollen zu lassen bis zur Höhe von etwa 5.000 Juden – nur aus Prag.

78

Vorläufig muss noch viel Rücksicht auf die Litzmannstädter Behörden genommen werden.
Es sollen die lästigsten Juden herausgesucht werden.
Minsk und Riga sollen 50.000 bekommen.
Im Altreich muss bei der Auswahl der Juden überprüft werden, ob nicht dieser oder jener Jude dabei ist, der von hohen Reichsstellen protegiert wird, um keinen zu grossen Anlauf von Schreiben wegen solcher Juden zu erhalten.

Es soll keine Rücksicht auf Juden mit Kriegsauszeichnungen genommen werden. Sofern ein Jude im Altreich eine Kriegsauszeichnung besitzt, treffen auf ihn die Einschränkungen zu, die mit dem OKW. derzeit vereinbart werden sollten. Diese Juden sollen auf keinen Fall etwa alle im Reich behalten werden, sondern im Gegenteil im entsprechenden Prozentsatz mit evakuiert werden.

In den nächsten Wochen sollen die 5.000 Juden aus Prag nun evakuiert werden.
SS-Brif. Nebe und Rasch könnten in die Lager für kommunistische Häftlinge im Operationsgebiet Juden mit hineinnehmen. Dies ist bereits nach Angabe von SS-Stubaf. Eichmann eingeleitet.

Über die Möglichkeit der Ghettoisierung im Protektorat.
In Frage kommt nur ein etwas abgelegener Vorort (nie ein Teil einer Innenstadt, das hat sich nicht bewährt), oder ein kleines Dorf oder eine kleinere Stadt mit möglichst geringer Industrie.
Die Zusammenziehung beginnt in den drei grossen Städten, die verstreut auf dem Lande lebenden Juden werden zwangsweise hereingezogen.
Da es zweckmässiger ist wegen der Überwachung und Belieferung mit Lebensmitteln usw., sollen nur zwei Ghettos

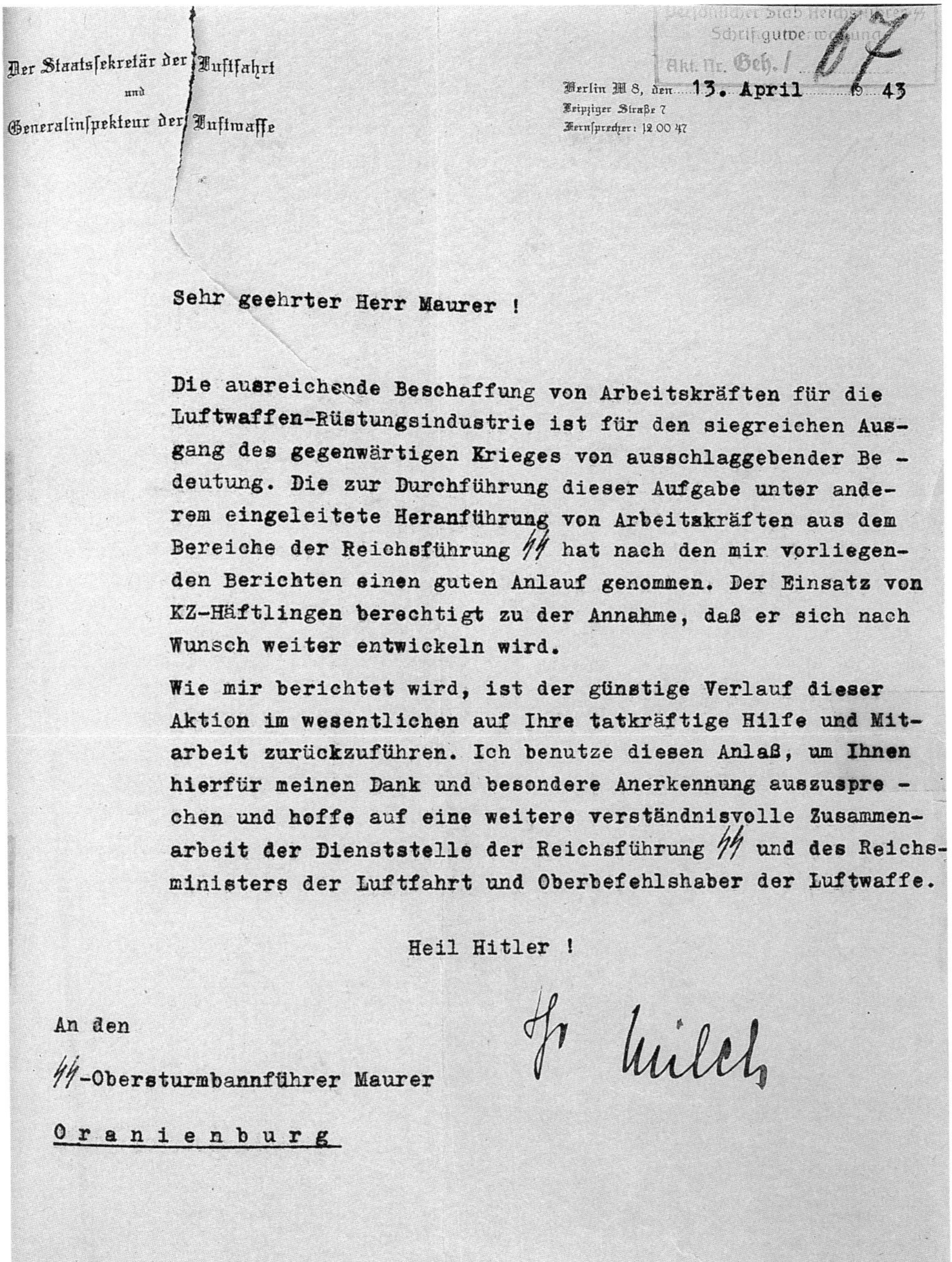

Der Staatssekretär der Luftfahrt
und
Generalinspekteur der Luftwaffe

Akt. Nr. Geh. / 67

Berlin W 8, den 13. April 1943
Leipziger Straße 7
Fernsprecher: 12 00 47

Sehr geehrter Herr Maurer !

Die ausreichende Beschaffung von Arbeitskräften für die Luftwaffen-Rüstungsindustrie ist für den siegreichen Ausgang des gegenwärtigen Krieges von ausschlaggebender Bedeutung. Die zur Durchführung dieser Aufgabe unter anderem eingeleitete Heranführung von Arbeitskräften aus dem Bereiche der Reichsführung SS hat nach den mir vorliegenden Berichten einen guten Anlauf genommen. Der Einsatz von KZ-Häftlingen berechtigt zu der Annahme, daß er sich nach Wunsch weiter entwickeln wird.

Wie mir berichtet wird, ist der günstige Verlauf dieser Aktion im wesentlichen auf Ihre tatkräftige Hilfe und Mitarbeit zurückzuführen. Ich benutze diesen Anlaß, um Ihnen hierfür meinen Dank und besondere Anerkennung auszusprechen und hoffe auf eine weitere verständnisvolle Zusammenarbeit der Dienststelle der Reichsführung SS und des Reichsministers der Luftfahrt und Oberbefehlshaber der Luftwaffe.

Heil Hitler !

Milch

An den
SS-Obersturmbannführer Maurer
O r a n i e n b u r g

Dokument 21.3
Schreiben von Erhard Milch an Gerhard Maurer vom 13. April 1943

Erhard Milch, Staatssekretär der Luftfahrt und Generalinspekteur der Luftwaffe, ist nach dem Selbstmord von Ernst Udet der Hauptverantwortliche für die deutsche Luftrüstung. Seit 1942 arbeiten KZ-Häftlinge verstärkt für die Luftwaffe, vor allem für die Firmen Junkers und Messerschmitt. Milch erhofft sich von Maurer „weitere verständnisvolle Zusammenarbeit".

Ablage

165

Der Chef
des SS-Wirtschafts-Verwaltungshauptamtes
Ch Po/Ha./Hü.

Berlin, den 18. November 1943

Posteingang: 22. NOV 1943
Verteilung:
St. W. L.
St. W.
St. W. P.
St. W. V.
St. W. P.
Ablage

Abl

An
Amtsgruppenchef A
Amtsgruppenchef B
Amtsgruppenchef C
Chef des Stabes W
Amtschef D I, D II, D III, im Hause
Chef der Verwaltung im Hause
Personalabteilung D/V4 im Hause
die Kommandanten der KL Au.I., Au.II, Au.III, Bu., Da., Flo., Gr.Ro., Herzgb., Lu., Mau., Na., Neu., Rav., Sh., Stu., War., A.L. Bergen-Belsen, Gruppenl. D beim SS-Wirtschafter des Höheren SS- und Polizeiführers Ostland, Riga.

---

Anstelle des als Kommandant nach Auschwitz versetzten SS-Obersturmbannführers L i e b e h e n s c h e l übernimmt mit sofortiger Wirkung der Chef des Amtes D II, SS-Obersturmbannführer M a u r e r, die dauernde Vertretung des Amtsgruppenchefs D.

gez. P o h l

SS-Obergruppenführer und
General der Waffen-SS

Für die Richtigkeit:

SS-Gruppenführer und
Generalleutnant der Waffen-SS

Dokument 21.4
Runderlaß Pohls über die Vertretung von Glücks
vom 18. November 1943

SS-Wirtschafts-Verwaltungshauptamt
Amtsgruppenchef D
Konzentrationslager
Dienststelle

Oranienburg, den 28.2.1944.
Ort und Datum

A. d. D. über

**an das SS-Personalhauptamt**
**Berlin-Charlottenburg**
Wilmersdorfer Straße 98/99

*Bevorzugte Beförderung*

# Personal-Antrag

**Allgemeine-SS** ~~hauptamtlich~~ – ~~nebenamtlich~~ **Waffen-SS** aktiv – ~~Reserve~~

| Name | Vorname | SS-Nr. |
|---|---|---|
| Maurer | Gerhard | 12.129 |

| Dienstgrad | Dienststellung | seit wann |
|---|---|---|
| SS-Obersturmbannführer | Amtschef D II | 16.3.1942 |

Rangdienstalter (letzte Beförderung) 16.3.1942

**Es wird Antrag gestellt auf**

**Beförderung zum** SS-Standartenführer m.W.v. 20.4.1944

**Ernennung zum** m.W.v.

**Versetzung** m.W.v.

**Enthebung** m.W.v.

**Beauftragung mit** m.W.v.

m.W.v.

**Begründung — Beurteilung**
(SS-mäßige Haltung - charakterliche Eignung - dienstliche Leistungen - besondere Eignung)

SS-Obersturmbannführer Maurer trat am 16.3.1942 als Amtschef für den Häftlingsarbeitseinsatz zu meiner Dienststelle. Seine Aufgabe, den Arbeitseinsatz bei der kriegswichtigen und siegentscheidenden Rüstungsindustrie zu lenken, hat er meisterhaft gelöst.
SS-Obersturmbannführer Maurer ist fleissig, immer interessiert, ein guter Organisator und ein unermüdlicher Arbeiter. Gewandt im Auftreten ist er ein geschickter Verhandlungspartner bei den Besprechungen mit den Betriebsführern der Rüstungsindustrie und Offizieren der Wehrmacht, bei denen er sich stets durchzusetzen weiss.
SS-Obersturmbannführer Maurer ist verheiratet, hat 3 Kinder, von denen das jüngste 3/4 Jahr alt ist.
Er ist der Beförderung zum SS-Standartenführer in jeder Beziehung würdig.

Glücks
Unterschrift

SS-Gruppenführer
und Generalleutnant der Waffen-SS

26. Mai 1944

**Bestell-Nr. W SS 4311**
Metten & Co. Berlin SW61

Dokument 21.5
Antrag auf bevorzugte Beförderung Maurers
vom 28. Februar 1944

# 22

## Amt D II – „Arbeitseinsatz der Häftlinge"

Das Amt D II koordiniert die gesamte Zwangsarbeit der KZ-Häftlinge. Oft kommen die Lagerkommandanten oder die „Einsatzführer" in Oranienburg zusammen, um hier neue Aufträge zu erhalten (Dokument 22.2). Dabei steht die rücksichtslose Ausnutzung der Häftlinge im Vordergrund.

Das Ziel des Amtes D II, möglichst viele Häftlinge in der Rüstungsindustrie einzusetzen, steht dabei im Spannungsverhältnis zu der befohlenen Ermordung möglichst vieler jüdischer Häftlinge. Ein unauflösbarer Widerspruch ist dies jedoch nicht, da auch die arbeitenden Häftlinge das KZ nicht überleben werden.

Im August 1943 will das Amt D II jüdische Häftlinge aus Westeuropa von Auschwitz in andere Konzentrationslager zu Rüstungsproduktionsstätten verlegen (Dokumente 22.3). Untersturmführer Sell berichtet, daß lediglich 3 581 Juden in Auschwitz arbeitsfähig sind und „restlos bei den Rüstungsbetrieben" arbeiten (Dokument 22.4). Am 4. September fragt Maurer nach der Diskrepanz zwischen der Stärkemeldung von 25 000 jüdischen Häftlingen in Auschwitz und den nur 3 581 Arbeitsfähigen (Dokument 22.5). Eine schriftliche Antwort aus Auschwitz ist nicht überliefert; klarer als mit dieser Zahlendifferenz können jedoch die miserablen Lebensverhältnisse in Auschwitz nicht beschrieben werden.

Das Amt D II erstellt ab 1944 auch eine zentrale Häftlingskartei, in der sämtliche Häftlinge mit ihren Berufen erfaßt sind und die mit Hollerith-Maschinen kodiert werden kann. Der Häftling in dieser Kartei benötigt keinen Namen, sondern nur noch seine Häftlings-Nummer (Dokument 22.1).

Vor dem Hintergrund der näher rückenden militärischen Niederlage schränkt das Amt D II im November 1944 die Berichtspflicht der Konzentrationslager erheblich ein (Dokument 22.6).

Dokument 22.1
Karte aus der Zentralen Häftlingskartei des Amtes D II

Dokument 22.2
Einladungen an die „Arbeitseinsatzführer" der Konzentrationslager vom 3. November 1941

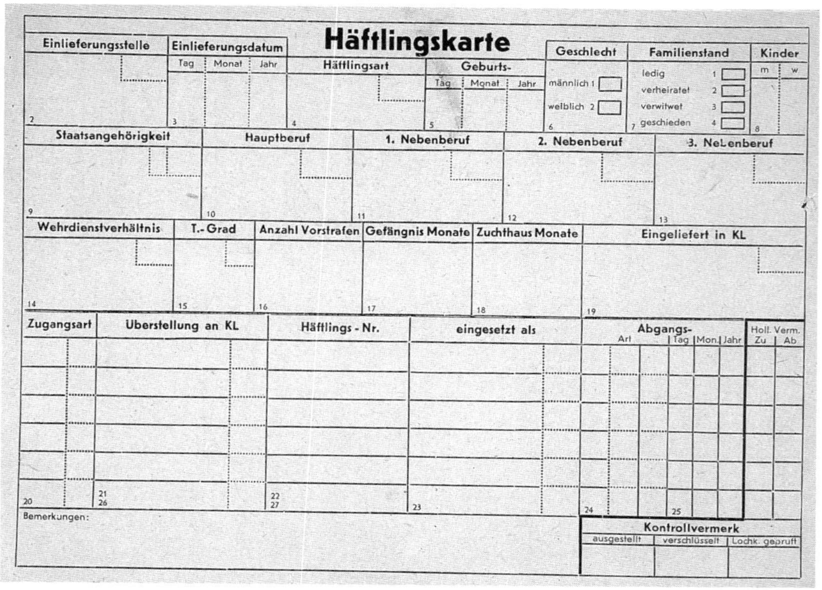

Häftlingskarte

Einlieferungsstelle | Einlieferungsdatum (Tag, Monat, Jahr) | Häftlingsart | Geburts- (Tag, Monat, Jahr) | Geschlecht (männlich 1, weiblich 2) | Familienstand (ledig 1, verheiratet 2, verwitwet 3, geschieden 4) | Kinder (m, w)

Staatsangehörigkeit | Hauptberuf | 1. Nebenberuf | 2. Nebenberuf | 3. Nebenberuf

Wehrdienstverhältnis | T.-Grad | Anzahl Vorstrafen | Gefängnis Monate | Zuchthaus Monate | Eingeliefert in KL

Zugangsart | Überstellung an KL | Häftlings-Nr. | eingesetzt als | Abgangs- (Art, Tag, Mon., Jahr) | Holl. Verm. (Zu, Ab)

Bemerkungen:

Kontrollvermerk: ausgestellt | verschlüsselt | Lochk. geprüft

- Der Inspekteur der Konzentrationslager -

Konzentrationslager Buchenwald
Kommandantur
Eingang: 5. NOV. 1941

3.November 1941.

Der Beauftragte für den
Arbeitseinsatz.
Az. 03 d/11.41/Bur./Mü.-

Betr. : Besprechung der Schutzhaftlagerführer "E".
Bezug : Diesbezügliches FS vom 3.11.41.

An die
Schutzhaftlagerführer "E" in den Konz.-Lagern
Da., Sa., Bu., Flo., Mau., Neu., Au., Gr.Ro., Na., Nie., Lublin,
F.KL.Ra.

Am 10. und 11.November 1941 findet bei der Inspektion der Konz.-Lager, Oranienburg, eine Besprechung der Schutzhaftlagerführer "E" statt.

Besprechungsthema: 1.) Organisation des Arbeitseinsatzes der Häftlinge.
2.) Allgemeine Dienstanweisungen für die Schutzhaftlagerführer "E".
3.) Allgemeine Aussprache und Erfahrungsberichte.

Beginn der Besprechung: Montag den 10.11.1941, 9 Uhr 30
Sitzungssaal der Insp.der Konz.-Lager.

Anreisetag: 9.November 1941

Rückreisetag: 12.November 1941.

Unterbringung: SS-Hstuf Söldner, SS-Ostuf Schütz, SS-Ostuf Schwarz und SS-Ustuf Stumpf: Selbsteinmietung in Berlin. Für die restlichen Führer und Unterführer steht Unterkunft im KL Sachsenhausen bereit. Die Zimmer sind namentlich zugeteilt und auf der Hauptwache des KL's zu erfragen.

Sofern Schutzhaftlagerführer "E", die gleichzeitig 1.Schutzhaftlagerführer sind, nicht abkommen können, sind als deren Vertreter die 1.Arbeitsdienstführer zu entsenden.

SS-Hauptsturmführer

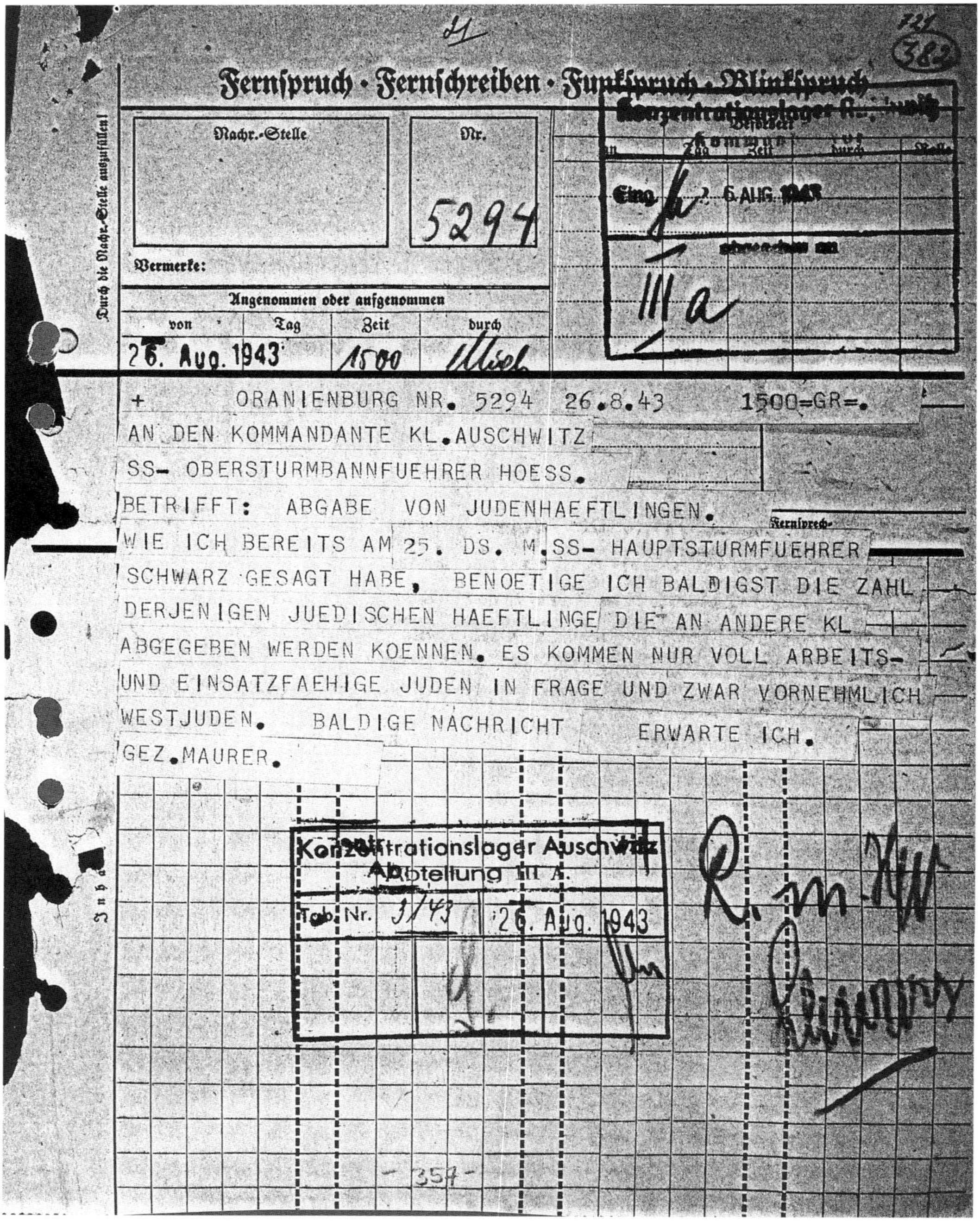

Fernspruch · Fernschreiben · Funkspruch · Blinkspruch

Nachr.-Stelle | Nr. 5294

Vermerke:

Angenommen oder aufgenommen

| von | Tag | Zeit | durch |
|---|---|---|---|
| | 26. Aug. 1943 | 1500 | |

Konzentrationslager Auschwitz
Eing. 26. AUG. 1943
III a

\+ ORANIENBURG NR. 5294 26.8.43 1500=GR=.
AN DEN KOMMANDANTE KL.AUSCHWITZ
SS- OBERSTURMBANNFUEHRER HOESS.
BETRIFFT: ABGABE VON JUDENHAEFTLINGEN.
WIE ICH BEREITS AM 25. DS. M.SS- HAUPTSTURMFUEHRER SCHWARZ GESAGT HABE, BENOETIGE ICH BALDIGST DIE ZAHL DERJENIGEN JUEDISCHEN HAEFTLINGE DIE AN ANDERE KL ABGEGEBEN WERDEN KOENNEN. ES KOMMEN NUR VOLL ARBEITS- UND EINSATZFAEHIGE JUDEN IN FRAGE UND ZWAR VORNEHMLICH WESTJUDEN. BALDIGE NACHRICHT ERWARTE ICH.
GEZ.MAURER.

Konzentrationslager Auschwitz
Abteilung III A.
Tgb. Nr. 3/43 26. Aug. 1943

\- 354 -

Dokument 22.3
Fernschreiben des Amtes D II an den Kommandanten des Konzentrationslagers Auschwitz vom 26. August 1943

(383)

WV-Hauptamt
Amt D II

Oranienburg

3143 28.8.43.

Betreff: Abgabe von Juden-Häftlingen
Bezug : DortFS v.26.8.43. Nr.4294

Von den im KL Auschwitz einsitzenden Juden sind 446 deutsche, 700 französische, 198 slowakische, 162 tschechische, 37 kroatische, 127 holländische ,184 belgische, 5 norwegische, 1722 griechische Juden arbeitsfähig.und restlos bei den Rüstungsbetrieben beschäftigt, ~~und können nicht abgegeben werden.~~

gez.S e l l
SS-Untersturmführer

- 358 -

Dokument 22.4
Fernschreiben des Konzentrationslagers
Auschwitz an das Amt D II vom 28. August 1943

SS-Wirtschafts-Verwaltungshauptamt
Amtsgruppe D - Konzentrationslager

Fernsprecher: Sammel-Nr. 3171

Diktatzeichen:
D II/1 21/3 So./Hü.
Im Antwortschreiben unbedingt anzugeben!

Oranienburg b. Berlin, den 4.9.1943

Konzentr... Eing. - 8 SEP 1943

Betrifft: Abgabe von Juden-Häftlingen
Bezug : Dort. FS Nr. 2o46o vom 1.9.43

An den
Kommandanten
SS-Obersturmbannführer Höß

KL Auschwitz

Im KL Auschwitz sitzen zur Zeit rund 25.ooo jüdische Häftlinge ein.

Ich habe am 25.8.43 SS-Hauptsturmführer Schwarz gesagt, daß ich die Zahl der voll arbeits- und einsatzfähigen Juden wissen muß, da ich beabsichtige, Juden vom KL Auschwitz abzuziehen, um sie bei Rüstungsfertigungen im Reich einzusetzen. Am 26.8.43 habe ich dies durch FS noch einmal mitgeteilt. Nach dem dortigen FS vom 29.8.43 sind von den einsitzenden 25.ooo Juden nur 3.581 arbeitsfähig. Diese sind aber restlos bei Rüstungsvorhaben eingesetzt und können nicht abgegeben werden.

Was machen die restlichen 21.5oo Juden? Irgend etwas kann hier nicht stimmen!

Ich bitte den Vorgang erneut zu überprüfen und mir zu berichten.

Der Chef des Amtes D II

Maurer

SS-Obersturmbannführer

Konzentrationslager Auschwitz
Schutzhaftlager
Eingang am 9. Sept. 1943
Rapportf.

Konzentrationslager Auschwitz
Abteilung III A.
Tgb. Nr. 3398 9. Sept. 1943
136

SS-2998 329. 10000 11. 42

Dokument 22.5
Brief des Amtes D II an den Kommandanten
des Konzentrationslagers Auschwitz
vom 4. September 1943

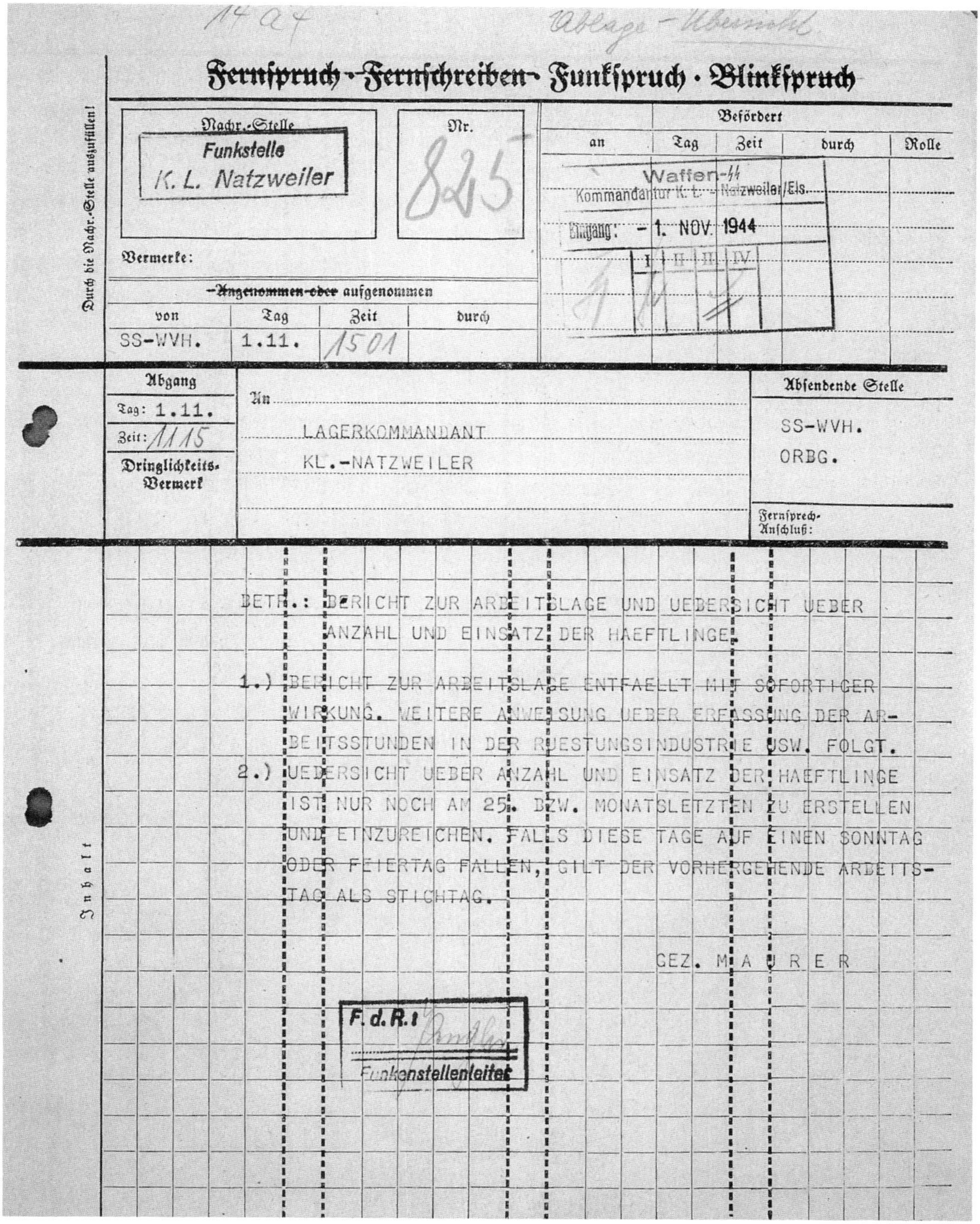

14 a 7 Ablage-Übersicht

Fernspruch - Fernschreiben - Funkspruch · Blinkspruch

Durch die Nachr.-Stelle auszufüllen!

Nachr.-Stelle: Funkstelle K. L. Natzweiler

Nr. 825

Vermerke:

~~Angenommen oder~~ aufgenommen

| von | Tag | Zeit | durch |
|---|---|---|---|
| SS-WVH. | 1.11. | 1501 | |

Befördert: an | Tag | Zeit | durch | Rolle

Waffen-SS Kommandantur K. L. - Natzweiler/Els. Eingang: - 1. NOV. 1944 I II III IV

Abgang Tag: 1.11. Zeit: 1115

Dringlichkeits-Vermerk

An LAGERKOMMANDANT KL.-NATZWEILER

Absendende Stelle SS-WVH. ORBG.

Fernsprech-Anschluß:

BETR.: BERICHT ZUR ARBEITSLAGE UND UEBERSICHT UEBER ANZAHL UND EINSATZ DER HAEFTLINGE.

1.) BERICHT ZUR ARBEITSLAGE ENTFAELLT MIT SOFORTIGER WIRKUNG. WEITERE ANWEISUNG UEBER ERFASSUNG DER ARBEITSSTUNDEN IN DER RUESTUNGSINDUSTRIE USW. FOLGT.

2.) UEBERSICHT UEBER ANZAHL UND EINSATZ DER HAEFTLINGE IST NUR NOCH AM 25. BZW. MONATSLETZTEN ZU ERSTELLEN UND EINZUREICHEN. FALLS DIESE TAGE AUF EINEN SONNTAG ODER FEIERTAG FALLEN, GILT DER VORHERGEHENDE ARBEITSTAG ALS STICHTAG.

GEZ. M A U R E R

F. d. R.: Funkenstellenleiter

Inhalt

Dokument 22.6
Fernschreiben des Amtes D II an das Konzentrationslager Natzweiler vom 1. November 1944

23

## Die Organisation der Zwangsarbeit im KZ

Seit Frühjahr 1942 ist das Verfahren bei der Zuweisung von Häftlingen für Privatbetriebe einheitlich geregelt. Die Firmen stellen Anträge in Oranienburg, die das Amt D II prüft und die Glücks – oder bei größeren Kommandos Pohl direkt – genehmigt oder ablehnt. Das Amt D II ordnet dann den Einsatz des Gefangenenkommandos an.

Sind Häftlinge nicht in ausreichender Zahl verfügbar, befiehlt das Amt D II Überstellungen in andere KZ. Damit nicht nur die schwächsten Häftlinge verlegt werden, müssen Vertreter beider Lager bei der Übernahme anwesend sein. Das abgebende KZ veranlaßt den Transport direkt bei der Reichsbahn.

Zunehmend versucht das Amt D II, Facharbeiter unter den Häftlingen zu identifizieren, und veranlaßt ihre Überstellung im Einzeltransport mit den fahrplanmäßig zwischen den Konzentrationslagern und Gefängnissen verkehrenden Gefangenentransportwagen der Reichsbahn.

Obwohl das Amt D II immer die Überstellung „arbeitsfähiger" Häftlinge fordert, nutzen die Lager die Überstellungen zur Abschiebung Kranker und Schwacher. Dies zeigt das Beispiel des Transportes von Flossenbürg nach Auschwitz (Dokumente 23.2 bis 23.4).

Zwischen der Anordnung und der Ausführung liegen in diesem Fall sechs Wochen. Die Kommandantur in Flossenbürg sucht vor allem kranke und invalide Häftlinge aus. Die Reichsbahn stellt einen „Gesellschaftssonderzug" zur Verfügung. Hinter der Abkürzung „G-Wagen" verbergen sich gedeckte Güterwagen; „C-Wagen" sind Personenwagen 3. Klasse für die Wachmannschaft. Obwohl der Übergabeschein nur 1000 Häftlinge aufweist, werden 1200 Gefangene in die Güterwagen eingepfercht. 258 von ihnen sterben während der Fahrt, weitere kurz nach der Ankunft.

Aus diesem Transport leben am 18. Januar 1944 nur noch 751 und am 18. Februar 1944 nur noch 393 Häftlinge.

Bild 23.1
Häftlinge im Steinbruch des KZ Flossenbürg

**SS-Wirtschafts-Verwaltungshauptamt**
Amtsgruppe D - Konzentrationslager

Oranienburg b. Berlin, den 16.11.1943

Fernsprecher: Sammel-Nr. 3171

Diktatzeichen:
D II/1 23 So./Hü.
Im Antwortschreiben unbedingt anzugeben!

Konzentrationslager Flossenbürg
Kommandantur
Eingang:

Betrifft: Überstellung von Häftlingen

An
1.) den Kommandanten
SS-Obersturmbannführer Koegel
KL Flossenbürg
2.) den Kommandanten
SS-Obersturmbannführer Liebehenschel
KL Auschwitz I

KL Flossenbürg überstellt zum KL Auschwitz I
1.000 bedingt einsatzfähige Häftlinge.
Die Überstellung hat unter Beachtung der hierfür ergangenen Vorschriften zu erfolgen.
KL Flossenbürg stellt Bewachung und meldet Abgang schriftlich.
Ausreichende Marschverpflegung ist auszuhändigen.
KL Auschwitz meldet Zugang schriftlich.

I.V.

SS-Obersturmbannführer

SS-WVB 328. 20000 11. 42

Dokument 23.2
Anordnung des Amtes D II über die Überstellung von 1000 Häftlingen aus dem KZ Auschwitz nach Flossenbürg vom 16. November 1943

Deutsche Reichsbahn

# Reichsbahndirektion Regensburg

Konzentrationslager Flossenbürg
Kommandantur
Eingang: 27. XI. 1943

An

Konzentrationslager

-Lagerkommandant-

F l o s s e n b ü r g .

| Ihre Zeichen | Ihre Nachricht vom | Unsere Zeichen 33 Bfp7 Bfsv | Tag |
| --- | --- | --- | --- |
| 14 d 6/11.43 We- | 22.11.43 | | 27.11.43 |

Betreff:

Transport von 1000 Häftlingen und 65 Mann Bewachung
von Bahnhof Floßenbürg nach Auschwitz

Für den von Ihnen bestellten Gesellschaftssonderzug stellen wir am 1.Dezember 1943 in Floßenbürg bereit:

25 G Wagen mit Heizeinrichtung,2 G für Verpflegung und Material,

1 C Wagen für Ambulanz und Transportkommando.

Verladebeginn: 13.00 Uhr, Abfahrt 14.00 Uhr am 1.12.43.

Anschlußzeiten geben wir noch bekannt.

Gi

Hof 15 53

an 22 30
ab. 23 49

Görlitz an 3 15

3/12 / 12.00

Dokument 23.3
Schreiben der Reichsbahndirektion Regensburg
an das KZ Flossenbürg vom 27. November 1943

Häftlingsüberstellung am 3. Dezember 1943.

gemäß Verfügung vom 16. November 1943 Az. D II/1 23 So./Hü.-
vom K.L. Flossenbürg zum K.L. Auschwitz

--------- Facharbeiter

--------- Hilfsarbeiter

Insgesamt 1000 Häftlinge.

1.) Bereitgestellt am 1. 12. 43 durch ------------------
Arbeitseinsatzführer
SS-Hauptsturmführer

2.) Ärztl. untersucht am 2. 12. 43 durch ------------------
SS-Sturmbannführer
Standort u. Lagerarzt.

3.) Eingekleidet am 2. 12. 43 durch ------------------
Kammerverwalter.

4.) Art der Bekleidung: gezeichnete Zivilkleidung.

5.) Verpflegung ausgehändigt für 3 Reisetage durch ------------------
SS-Oberscharführer.

6.) Häftlingsakten vollständig mit 1000 Stück Häftlingskarteikarten vom Arbeitseinsatz an Transportleiter ausgehändigt d. Abt. II.
------------------
Kriminalsekretär.

7.) Häftlingseffekten vollzählig ausgehändigt durch die Gefangenen-Eigentumsverwaltung an Transportleiter.
Werteffekten werden nachgesandt.
------------------
SS-Oberscharführer.

------------------
SS-Obersturmbannführer
u. Lagerkommandant.

Transport ordnungsgemäß übergeben:
Auschwitz, den Dezember 1943 ------------------
SS-Hauptsturmführer.

mit 996 Häftlingen
Transport ~~ordnungsgemäß~~ übernommen:
Auschwitz, den 6 Dezember 1943 ------------------

Dokument 23.4
Übernahmeformular für den Häftlingstransport mit den Unterschriften der Kommandanten von Flossenbürg, Max Koegel, und von Auschwitz I, Arthur Liebehenschel

## Zwangsarbeit auf dem Land

Die Verbindungen der Konzentrationslager zu den umliegenden Dörfern und Städten sind eng. Schon seit 1933 werden Arbeitskommandos für „öffentliche Aufgaben" eingesetzt.
Als nach 1939 durch Einberufungen zur Wehrmacht auch in den Dörfern die Arbeitskräfte knapp werden, kommt es zum verstärkten Einsatz von KZ-Häftlingen in der Landwirtschaft.
Bis Frühjahr 1942 können die Kommandanten diese Arbeitseinsätze genehmigen, danach ist auch hierfür das Amt D II zuständig.
Die hier gezeigten Beispiele aus dem KZ Flossenbürg in der Oberpfalz gelten auch für alle anderen Konzentrationslager. So wird der Antrag des Bauern Adam Bär aus Würzelbrunn an das KZ Flossenbürg vom 13. Juli 1942 vom Amt D II am 16. Juli 1942 genehmigt (Dokument 24.3). Das Amt D II registriert diesen Vorgang unter der Genehmigungsnummer VII/42/PB/20. Es handelt sich damit um die 20. Abstellung von Häftlingen für einen Privatbetrieb im Juli 1942. Nach 1945 werden diese engen Beziehungen zwischen den Konzentrationslagern und ihrer Umgebung fast überall geleugnet.

Bild 24.1
Gesamtansicht des KZ Flossenbürg

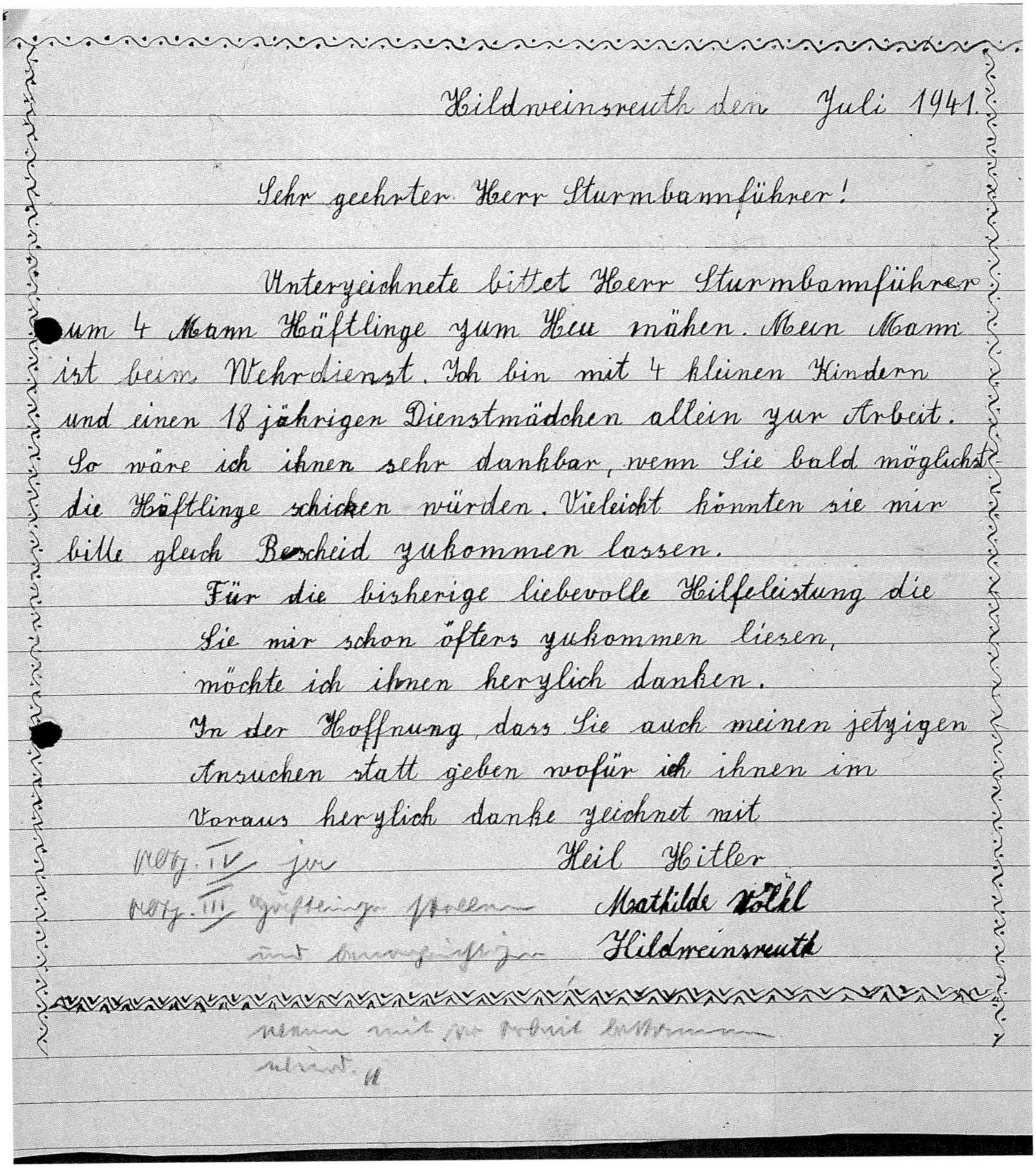

Hildweinsreuth den Juli 1941.

Sehr geehrter Herr Sturmbannführer!

Unterzeichnete bittet Herr Sturmbannführer um 4 Mann Häftlinge zum Heu mähen. Mein Mann ist beim Wehrdienst. Ich bin mit 4 kleinen Kindern und einen 18 jährigen Dienstmädchen allein zur Arbeit. So wäre ich ihnen sehr dankbar, wenn Sie bald möglichst die Häftlinge schicken würden. Vieleicht könnten sie mir bitte gleich Bescheid zukommen lassen.

Für die bisherige liebevolle Hilfeleistung die Sie mir schon öfters zukommen liesen, möchte ich ihnen herzlich danken.

In der Hoffnung, dass Sie auch meinen jetzigen Ansuchen statt geben wofür ich ihnen im Voraus herzlich danke zeichnet mit

Heil Hitler

Mathilde Völkl

Hildweinsreuth

Dokument 24.2
Antrag der Bäuerin Mathilde Völkl aus Hildweinsreuth an das KZ Flossenbürg vom 16. Juli 1941

Kommandantur

KL. Flossenbürg          Flossenbürg, den 14. 7. 1942

U. weitergereicht an SS-W.-V.-Hauptamt, Amt D II

Die Abstellung kann / ~~nicht~~ / erfolgen.

**Begründung:** Dem Antragsteller stehen in seiner Landwirtschaft keine Hilfskräfte zur Verfügung. Um die Ernteerträge zu steigern ist Hilfe erforderlich.

Benötigte Posten: 2

Unterkunft: im Lager

Verpflegung: vom Lager

Transport: zu Fuß

Bemerkung:

Konzentrationslager Flossenbürg
Kommandantur
Eingang: 18. JUL. 1942

| I | Ia | II | III | IV | V | VI | Sturm bann | Bau-Ltg. | Schb. E. |
|---|---|---|---|---|---|---|---|---|---|
| | Adj. | Pol.Abt. | Schtzh. | Verw. | Arzt | Schul | | | |

Der Kommandant
des KL. F l o s s e n b ü r g

SS-Obersturmbannführer.
Unterschrift — Dienstgrad

---

**SS-Wirtschafts-Verwaltungshauptamt**
**Amt D II**          Oranienburg, den 16. Juli 1942

An
Kommandantur KL. Flossenbürg

Die Abstellung des Häftlingskommandos

an Adam Bär, Bauer in Wurzelbrunn

in Stärke von

| | | | | |
|---|---|---|---|---|
| - | Häftlings-Facharbeitern | Entgelt RM | | pro Tag |
| 2 | „ Hilfsarbeitern | „ „ | 3.- | „ „ |
| - | „ Lehrlingen | „ „ | | „ „ |
| 2 | insgesamt wird für die Zeit | | | |

vom 20. 7. bis 25. 7. 1942 genehmigt / ~~abgelehnt~~.

Das Kommando erhält die Genehmigungsnummer
VII / 42 / PB / 20

**Der Chef des Amtes D II**

SS-Obersturmbannführer

5. 42. 2000 W. Mö.

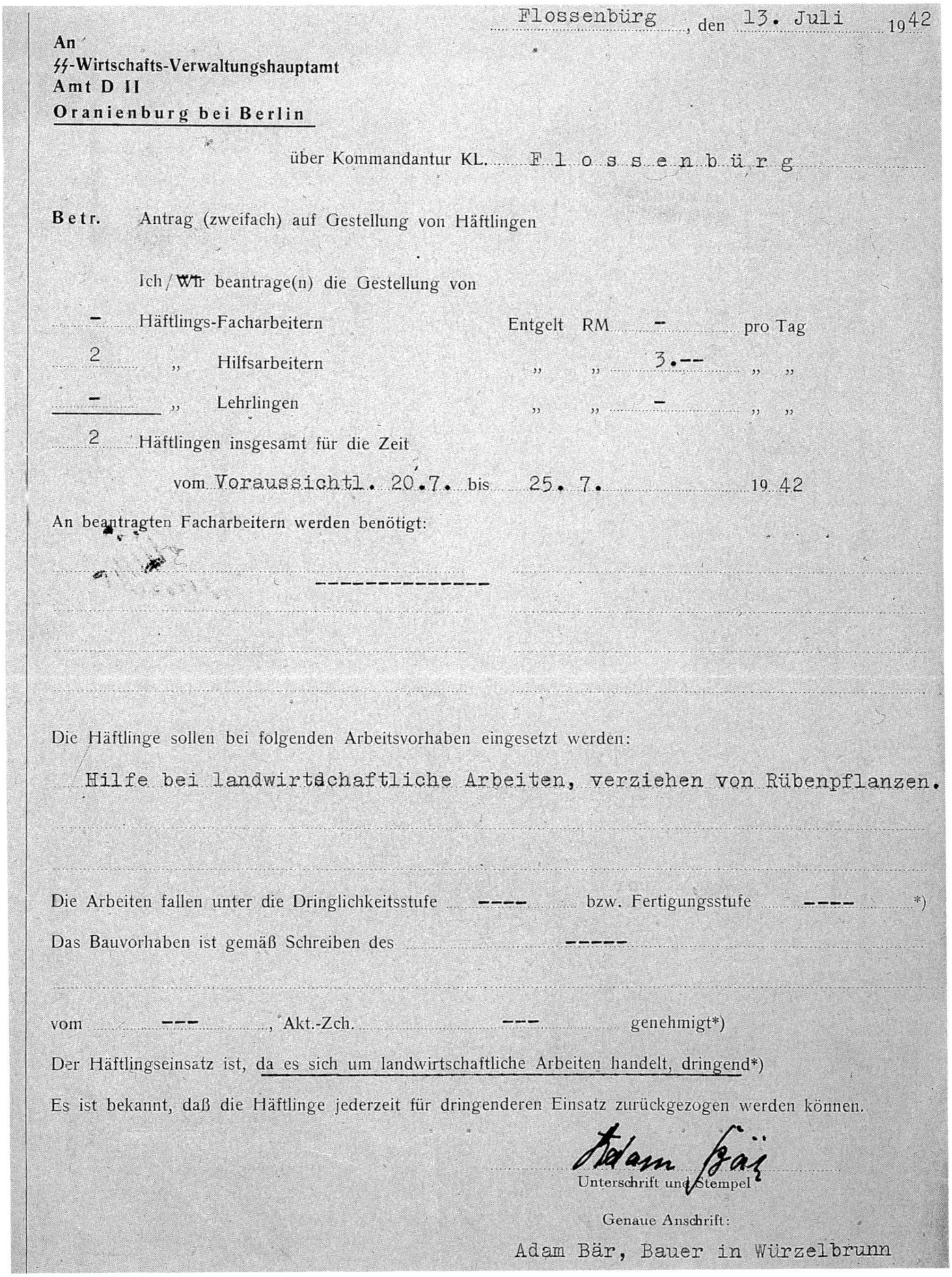

Flossenbürg, den 13. Juli 1942

An
SS-Wirtschafts-Verwaltungshauptamt
Amt D II
Oranienburg bei Berlin

über Kommandantur KL. F l o s s e n b ü r g

Betr. Antrag (zweifach) auf Gestellung von Häftlingen

Ich/~~Wir~~ beantrage(n) die Gestellung von

| | | | | |
|---|---|---|---|---|
| - | Häftlings-Facharbeitern | Entgelt RM | - | pro Tag |
| 2 | „ Hilfsarbeitern | „ „ | 3.-- | „ „ |
| - | „ Lehrlingen | „ „ | - | „ „ |

2 Häftlingen insgesamt für die Zeit

vom Voraussichtl. 20.7. bis 25. 7. 1942

An beantragten Facharbeitern werden benötigt:

--------------

Die Häftlinge sollen bei folgenden Arbeitsvorhaben eingesetzt werden:

Hilfe bei landwirtschaftliche Arbeiten, verziehen von Rübenpflanzen.

Die Arbeiten fallen unter die Dringlichkeitsstufe ---- bzw. Fertigungsstufe ---- *)

Das Bauvorhaben ist gemäß Schreiben des -----

vom --- , Akt.-Zch. --- genehmigt*)

Der Häftlingseinsatz ist, da es sich um landwirtschaftliche Arbeiten handelt, dringend*)

Es ist bekannt, daß die Häftlinge jederzeit für dringenderen Einsatz zurückgezogen werden können.

Adam Bär
Unterschrift und Stempel

Genaue Anschrift:
Adam Bär, Bauer in Würzelbrunn

Dokument 24.3
Antrag des Bauern Adam Bär aus Würzelbrunn an das KZ Flossenbürg vom 13. Juli 1942 mit der Genehmigung durch das Amt D II vom 16. Juli 1942

25

## Rüstungsbetriebe in den Konzentrationslagern

1941 ist für die SS das Jahr der großen Pläne und Utopien. Dies gilt auch für die Konzentrationslager. Am 1. März 1941 befiehlt Himmler, das KZ Auschwitz für die Kapazität von 30 000 Häftlingen auszubauen und auf dem Gebiet des Dorfes Birkenau bei Auschwitz ein Kriegsgefangenenlager für 100 000 Häftlinge zu errichten. Am 20. Juli 1941 ordnet Himmler in Lublin den Bau eines KZ für 25 000 bis 50 000 Häftlinge an. Im November schließlich soll das neue Lager sogar 125 000 Häftlinge aufnehmen. Im Frühjahr 1942 plant Himmler den Bau großer Rüstungsfabriken in den KZ. Hitler billigt diesen Plan. Am 16. März 1942 teilt Glücks auf einer Besprechung im Reichsministerium für Rüstung und Kriegsproduktion mit, daß in Buchenwald, Sachsenhausen, Neuengamme, Ravensbrück und Lublin mindestens 25 000 Häftlinge für die Rüstungsfertigung zur Verfügung stehen. Gleichzeitig heißt es: „Nach einer Verordnung des Reichsführers SS müssen die Fertigungen in den Lägern verbleiben. Die Betreuerfirmen müssen daher ihre Erzeugung in den Bereich des Lagers verlegen unter zeitweiliger Zurverfügungstellung von Ingenieuren und Meistern zum Anlernen der Häftlinge." Rüstungsminister Albert Speer will jedoch keine Werkstätten in den KZ aufbauen, sondern „Außenkommandos" der Lager bei bereits bestehenden Fabriken errichten. Er wendet sich gegen die Vorstellungen der SS.

Die Rüstungsproduktion in den Lagern wird nie die geplante Größenordnung erreichen. Die Ursachen liegen sowohl in der Unfähigkeit der SS als auch in der erfolgreichen Sabotage durch die Häftlinge. Massenmord und Rüstungsproduktion widersprechen einander nicht. Zynisch kann Pohl festhalten: „Die zur Ostwanderung [d. h. zur Vergasung in Auschwitz-Birkenau oder in anderen Lagern] bestimmten arbeitsfähigen Juden werden also ihre Reise unterbrechen und Rüstungsarbeiten leisten müssen." (Dokument 25.3). Ihr Tod ist nur aufgeschoben.

Bild 25.1
Heinrich Himmler (Mitte, sich am Modell abstützend) und der „Stellvertreter des Führers", Rudolf Hess (links von Himmler), am 20. März 1941 bei der SS-Ausstellung „Aufbau und Planung im Osten"

Bild 25.2
Häftlinge des KZ Dachau bei der Fertigung von Granaten

Dokument 25.3
Brief von Pohl an Himmler über eine Besprechung mit Speer vom 16. September 1942

Persönlicher Stab Reichsführer-SS
Schriftgutverwaltung
Akt. Nr. 1771

**Der Chef**
**des SS-Wirtschafts-Verwaltungshauptamtes**

Ch.Po./Sa. VS-3314/42

Berlin, den 16.9.1942.
Lichterfelde-West
Unter den Eichen 126-135

Fernsprecher: Ortsverkehr 76 52 61
Fernverkehr 76 51 01

131

Betr.: a) Rüstungsarbeiten
b) Bombenschäden.

Bezug: Fernschreiben HGWD Nr. 93515 v. 9.9.42, persönliches Schrb. RF-SS v.9.9.42, Tgb.Nr.A 38/204/42 RF/V u. persönl. Brf. RF-SS v.9.9.42, Tgb.Nr.A 38/205/42, RF/V.

Anlg.: 1 siehe Akt. 2154/4

An den
Reichsführer-SS
Berlin SW 11
Prinz Albrechtstr.8.

Reichsführer!

Gestern hat die Besprechung mit Reichsminister Prof.Speer stattgefunden.

Es haben teilgenommen:

Reichsminister Prof. Speer,
SS-Obergruppenführer Pohl,
SS-Brigadeführer Staatsrat Dr. Schieber,
Dipl.Ing. Sauer,
Ministerialrat Steffen,
Ministerialrat Dr. Briese,
SS-Brigadeführer Dr. Ing. Kammler.

Thema:

1.) Vergröß-erung Barackenlager Auschwitz infolge Ostwanderung.

2.) Übernahme von geschlossenen Rüstungsaufgaben größten Ausmaßes durch die KL.

3.) Bombenschädenhilfe durch die KL.

4.) Leichtmetallgiesserei Fallersleben.

./.

SS-WVHA 188. 2000 7. 42.

132

SS-Rüstungsbetrieb.

Die Gesamtheit dieser SS-Rüstungsbetriebe stellt dann einen Beitrag zum Rüstungsprogramm dar und darf, wie Reichsminster Prof. Speer selbst betonte, nur von Ihnen dem Führer gegenüber als solcher gemeldet werden. Soweit freie Betriebe nicht vorhanden sind, sollen Rüstungsbetriebe, welche infolge unzureichender Belegschaft ihre volle Kapazität bisher nicht ausgefüllt haben, ganz geleert und alsdann 100%ig durch unsere Häftlinge aufgefüllt werden.

Die dadurch freiwerdenden deutschen und ausländischen Arbeiter dieser Betriebe aber sollen zur Ausfüllung der Arbeitslücken in gleichartigen Rüstungsbetrieben verwendet werden.

Reichsminister Prof. Speer will auf diese Weise kurzfristig den Einsatz von zunächst 50.000 arbeitsfähigen Juden in geschlossenen vorhandenen Betrieben mit vorhandenen Unterbringungsmöglichkeiten gewährleisten.

Die für diesen Zweck notwendigen Arbeitskräfte werden wir in erster Linie in Auschwitz aus der Ostwanderung abschöpfen, damit unsere bestehenden betrieblichen Einrichtungen durch einen dauernden Wechsel der Arbeitskräfte in ihrer Leistung und ihrem Aufbau nicht gestört werden.

Die für die Ostwanderung bestimmten arbeitsfähigen Juden werden also ihre Reise unterbrechen und Rüstungsarbeiten leisten müssen.

Ich habe dabei sofort gefordert, dass ein Arbeitseinsatz dieser Juden in Gebieten, aus denen sie abgewandert sind, auf jeden Fall unterbleiben muss.

Es ist klar, dass bei diesem Arbeitseinsatz auch der SD mitwirken muss. Ich werde das sicher-stellen.

Wir werden also kleinere Rüstungsaufgaben in Zukunft nach Möglichkeit nicht mehr annehmen. Soweit solche Arbeiten aus früherer Zeit laufen, schlage ich vor, sie durchzuführen, bis sie sich von selbst erschöpfen.

Zu den grösseren Rüstungsaufgaben jedoch können wir rechnen:

1.) Karabinerfabrikation in Weimar-Buchenwald.
2.) Pistolenfabrikation in Hamburg-Neuengamme.
3.) 3,7 cm Flakfabrikation in Auschwitz. ./.

Das Ergebnis der Besprechung war folgendes:

zu 1) Reichsminister Prof. Speer hat die Vergrößerung des Barackenlagers Auschwitz im vollen Umfang genehmigt und ein zusätzliches Bauvolumen für Auschwitz in Höhe von 13,7 Millionen Reichsmark bereitgestellt.

Dieses Bauvolumen umfasst die Aufstellung von rd. 300 Baracken mit den erforderlichen Versorgungs- und Ergänzungsanlagen.

Die notwendigen Rohstoffe werden im 4. Quartal 1942 sowie im 1., 2. und 3. Quartal 1943 zugeteilt.

Wenn dieses zusätzliche Bauprogramm durchgeführt ist, können in Auschwitz insgesamt 132.000 Mann ständig untergebracht werden.

zu 2) Alle Beteiligten waren sich einig, dass die in den Konzentrationslagern vorhandene Arbeitskraft nunmehr für Rüstungsaufgaben von Großformat eingesetzt werden müsse. Das haben wir im W.-V.-Hauptamt zwar bisher zu erreichen uns stets bemüht, ist aber gescheitert an einem Widerstand, den ich zu meiner grössten Überraschung gestern ganz in der Nähe des Reichsministers Prof. Speer selbst entdeckt habe.

Darüber aber berichte ich gelegentlich mündlich einmal. Der Name Sauer spielt hier eine merkwürdige Rolle.

Die Übernahme grosser geschlossener Rüstungsaufgaben durch uns setzt freilich voraus, dass wir uns von einem Grundsatz freimachen. Wir dürfen nicht mehr engstirnig darauf bestehen, dass alle Fertigungen in unsere Lager hinein verlegt werden müssen. Solange wir uns mit sogenanntem Kleckerkram, wie Sie, Reichsführer, unsere bisherigen Arbeiten infolge ihres geringen Umfanges ganz richtig bezeichnet haben, beschäftigt haben, konnten wir diese Forderung mit Recht erheben.

Wenn wir morgen aber ein geschlossenes Rüstungswerk mit 5 oder 10 oder 15 tausend Häftlingen übernehmen wollen, so ist es unmöglich, ein solches Werk intra muros zu errichten. Es muß, wie Reichsminister Prof. Speer es richtig bezeichnete, auf der grünen Wiese liegen. Dann wird ein elektrischer Zaun herum gespannt, das bisher leere Werk wird mit der erforderlichen Anzahl Häftlinge durch uns bemannt und läuft alsdann als

# 26

## Zwangsarbeit in der Rüstungsindustrie

Im Herbst 1942 hat sich das Konzept Speers durchgesetzt, die Häftlinge in vorhandenen Rüstungsbetrieben arbeiten zu lassen und bei den einzelnen Fabriken Außenlager zu errichten. Davon gibt es 1943 mehrere hundert; ihre Zahl erhöht sich 1944 auf über tausend.

Die Häftlingszahlen steigen von 115 000 im August 1942 auf über 203 000 im Mai 1943. Die monatliche Todesrate liegt teilweise bei mehr als zehn Prozent. Im Winter 1942/43 treffen 12 658 „Sicherungsverwahrte" aus den Zuchthäusern in den Konzentrationslagern ein, von denen bis zum 1. April 1943 5 935 sterben. Die Konzentrationslager sind inzwischen gleichzeitig Orte der langsamen Vernichtung durch die Ausnutzung der Häftlingsarbeitskraft bis zum Tode des Gefangenen sowie Arbeitskräftereservoir für die deutsche Rüstungsindustrie.

Das Rüstungsministerium versucht, immer mehr Häftlinge in seinem Einflußbereich arbeiten zu lassen. Dies scheitert in vielen Fällen am schlechten Gesundheitszustand der Häftlinge und an den fehlenden Bewachungsmannschaften. Seit Mai 1944 kann jedoch das Amt D II große Häftlingskommandos nicht mehr ohne die Zustimmung des Rüstungsministeriums einsetzen. Dies sichert Speer noch größeren Einfluß auf das KZ-System.

Die Firmen zahlen pro Häftling einen Tagessatz von 4 oder 6 Reichsmark, den die Kasse des Deutschen Reiches vereinnahmt. Ende 1944 sind es monatlich bis zu 50 Millionen Reichsmark. Allein für die Messerschmitt AG haben die Häftlinge des KZ Flossenbürg im November 1944 mehr als 114 000 Tagewerke gearbeitet (Dokument 26.2). Dies entspricht einem durchschnittlichen Einsatz von mehr als 3 800 Häftlingen täglich. Insgesamt mehr als 3,6 Millionen Reichsmark stellt im Dezember 1944 das KZ Flossenbürg Firmen für die Zwangsarbeit der Häftlinge in Rechnung (Dokument 26.3). Das Geld wird bei der Reichsbankstelle in Weiden gesammelt und nach Berlin überwiesen.

**Bild 26.1**
**KZ-Häftlinge bei der Untertageproduktion in einem Stollen 1944**

**Dokument 26.2**
**Forderungsnachweis des KZ Flossenbürg an die Messerschmitt AG vom 1. Dezember 1944**

Kommandantur-Arbeitseinsatz

Dienststelle

Floßenbürg, den 1.Dez. 1944

# Forderungsnachweis Nr. Flo. 680

über den Häftlingseinsatz

bei Amt W I, (Messerschmitt A.G.) Floßenbürg

für die Zeit vom 1. bis 30.11.1944

Gemäss umseitiger Aufstellung sind zu entrichten:

| | | | | | |
|---|---|---|---|---|---|
| für 50778 | Facharbeiter | (Tagesbeschäftigung) | à RM 5.-- | = | RM 253 890.-- |
| für 5157 | Facharbeiter | (Halbtagsbeschäftig.) | à RM 2.50 | = | RM 12892.50 |
| für 53071 | Hilfsarbeiter | (Tagesbeschäftigung) | à RM 3.-- | = | RM 159 213.-- |
| für 5600 | Hilfsarbeiter | (Halbtagsbeschäftig.) | à RM 1.50 | = | RM 8 400.-- |
| | | | Summe: | | RM 434 395.50 |

Der Betrag von RM 434 395.50 ist bis 20. Dezember 1944 auf das Konto der Verwaltung des KL Floßenbürg bei der Reichsbankstelle Weiden/Obpf. Nr.653/1911 (Bankverbindung) oder auf das Postscheckkonto Nürnberg 48747 zu überweisen. Die Nummer des Forderungsnachweises ist auf dem betreffenden Bank- bezw. Postabschnitt unbedingt anzugeben.

Sachlich richtig und festgestellt:

Der Leiter der Verwaltung

[signature]

SS-Hauptsturmführer

(Dienstgrad)

KL/14/8.44 20.000

W a f f e n - SS
Kommandantur -Arbeitseinsatz-
Konzentrationslager Flossenbürg
Az.: 14 (KL) D II 32/6 /Be.

Flossenbürg, den 1. Januar 1945

Betrifft: Forderungsnachweise.
Bezug : Verfügg. H.H. u. B. v. 28.9.4o.
Anlagen : - 87 -

An das
SS-Wirtschafts-Verwaltungshauptamt,
Amt D II
O r a n i e n b u r g .

Die Kommandantur -Arbeitseinsatz- des K.L. Flossenbürg überreicht anbei:

| | | | | | | |
|---|---|---|---|---|---|---|
| 1 | FN 734 | Deutsche Kühl- u. Kraftmasch. | Wilischthal | RM. | 18 338,-- |
| | FN 734a | " " " | " | " | 404,-- |
| 1 | " 735 | Bauleitung der Waffen-SS u. Polizei | Dresden | " | 15 683,-- |
| 1 | " 736 | " " " | Grafenreuth | " | 4 395,-- |
| 1 | " 737 | " " " | Hradischko | " | 44 164,-- |
| 1 | " 738 | SS-Sturmgeschützschule | Janowitz | " | 18 472,-- |
| 1 | " 739 | Bauleitung der Waffen-SS u. Polizei | Neurohlau | " | 4 311,-- |
| 1 | " 740 | " " " | Nürnberg | " | 2 881,-- |
| 1 | " 741 | " " " | Pottenstein | " | 15 558,- |
| 1 | " 742 | " " " | Seifhe'dorf | " | 3 436,-- |
| 1 | " 743 | " " " | Flossenbürg | " | 15 554,-- |
| 1 | " 744 | " " " | Würzburg | " | 6 515,-- |
| 1 | " 745 | " Kommando B 7 | Hersbruck | " | 293 836,-- |
| 1 | " 746 | " Kommando B 5 | Lobositz 2 | " | 482 574,-- |
| 1 | " 747 | Schwalbe II | Königstein | " | 1o2 988,-- |
| 1 | " 748 | OT-Bauleitung | Saal/Donau | " | 2o 389,-- |
| 1 | " 749 | Messerschmitt A.G. | Flossenbürg | " | 377 656,5o |
| 1 | " 749a | " " | " | " | 92 441,5[illegible] |
| | " 750 | " " | " | " | 4 621.7[illegible] |
| | " 751 | " " | " | " | 47 960,5[illegible] |
| | " 751a | " " | " | " | 1o 158,5o |
| 1 | " 752 | Außendienststelle | " | " | 6 080,25 |
| 1 | " 753 | Weberei | " | " | 1 785,-- |
| 1 | " 754 | Keramische Werke A.G. Bohemia | Neurohlau | " | 4 649,-- |
| 1 | " 755 | Erla-Maschinenwerk G.m.b.H. | J'georgenstadt | " | 1o8 368,-- |
| 1 | " 756 | Erla-Maschinenwerk (Lehrlinge) | " | " | 6 634,-- |
| 1 | " 757 | Forschungsstelle | Bayreuth | " | 8 610,-- |
| 1 | " 758 | Dr. Th. Horn, G.m.b.H. | Plauen i./V. | " | 6 144,-- |
| 1 | " 759 | Fortuna G.m.b.H. | Flöha | " | 85 785,-- |
| 1 | " 760 | Mitteldeutsche Stahlwerke, K.G. | Gröditz | " | 69 762,-- |
| 1 | " 761 | Metallwerke | Holleischen | " | 26 832,-- |
| 1 | " 762 | Lengwerke A.G. | Lengenfeld | " | 89 800,-- |
| 1 | " 763 | SS-Führungsstab, B. 5 | Nossen | " | 32 542,-- |
| 1 | " 764 | Luftwaffennachschublager | Gundelsdorf | " | 4 738,-- |
| 1 | " 765 | Erla-Maschinenwerk G.m.b.H. | Mülsen | " | 76 932,-- |
| 1 | " 766 | "Weser" | Rabstein | " | 72 684,-- |
| 1 | " 767 | Auto-Union, A.G. | Siegmar | " | 57 464,-- |
| 1 | " 768 | A. Schwarz, jr. | St. Georgenthal | " | 4 246,-- |
| 1 | " 769 | Miag | Zschachwitz | " | 122 869,-- |
| | | | Übertrag | RM. | 2 368 261,-- |

443

| | | | | | | |
|---|---|---|---|---|---|---|
| | | | | Übertrag | RM.2368[illegible]261,-- | |
| 1 | FN | 770 | Miag | Zschachwitz | RM. | 666,-- |
| 1 | " | 771 | Auto-Union, A.G. , Werk Horch | Zwickau | " | 115 038,-- |
| 1 | " | 772 | Elsabe (Meldung fehlt, wird nachger,) | | | |
| 1 | " | 773 | Bernsdorf & Co. | Dresden | " | 616,-- |
| 1 | " | 773a | " " | " | " | 88,-- |
| 1 | " | 774 | " " | " | " | 25 026,-- |
| 1 | " | 775 | " " | " | " | 3 580,-- |
| 1 | " | 776 | ᛋᛋ-Bekleidungswerk | Grafenreuth | " | 6 138,-- |
| 1 | " | 777 | Hauptamt C I | Lobositz | " | 2 160,-- |
| 1 | " | 778 | ᛋᛋ-Nachr.-Ausb. (Eichstädt) | Nürnberg | " | 1 566,-- |
| 1 | " | 779 | " " (Pottenstein) | " | " | 1 404,-- |
| 1 | " | 780 | ᛋᛋ-Kleiderkasse | Schlackenwerth | " | 11 104,-- |
| 1 | " | 781 | ᛋᛋ-Hauptzeugamt | Moschendorf | " | 13 182,-- |
| 1 | " | 782 | R.A.W. | Dresden | " | 74 998,-- |
| 1 | " | 783 | ᛋᛋ-Unterkunftslager | Poschetzau | " | 2 436,-- |
| 1 | " | 784 | Reichsausbildungslager (fehlt) | Aue | " | |
| 1 | " | 785 | Hotel Glasstuben | Steinschönau | " | 6 862,-- |
| 1 | " | 786 | Karl Schreyer | St. Oetzen | " | 280,-- |
| 1 | " | 787 | "Bohemia", A.G. (Me.) | Neurohlau | " | 13 596,-- |
| 1 | " | 788 | " " (Porzellan) | " | " | 18 284,-- |
| 1 | " | 789 | Astra-Werk, A.G. | Chemnitz | " | 47 18 |
| 1 | " | 790 | Zeiß-Ikon, Goehle-Werk | Dresden | " | 58 784,- |
| 1 | " | 791 | " " Reick-Werk | Dresden | " | 19 540,-- |
| 1 | " | 792 | Universelle Maschinenfabrik | " | " | 46 416,-- |
| 1 | " | 793 | Bernsdorf & Co. | " | " | 32 024,-- |
| 1 | " | 794 | " " | " | " | 4 508,-- |
| 1 | " | 795 | Freia, G.m.b.H. | Freiberg | " | 99 000,-- |
| 1 | " | 796 | Luftfahrtgerätewerk | Graslitz | " | 43 788,-- |
| 1 | " | 797 | Luftwaffennachschublager | Gundelsdorf | " | 8 986,-- |
| 1 | " | 798 | Framo-Werke | Hainichen | " | 42 528,-- |
| 1 | " | 799 | Josef Witt | Helmbrechts | " | 38 838,-- |
| 1 | " | 800 | Hertine, G.m.b.H. | Hertine | " | 55 388,-- |
| 1 | " | 801 | Metallwerke | Holleischen | " | 61 430,-- |
| 1 | " | 802 | Lorenz A.G. | Mittweida | " | 48 540,-- |
| 1 | " | 803 | Siemens-Schuckert-Werke, A.G. | Nürnberg | " | 52 004,-- |
| 1 | " | 804 | Deutsche Kühl u. Kraftmasch. G.m.b.H. | Oederan | " | 45 380,-- |
| 1 | " | 805 | Baumwollspinnerei | Plauen | " | 19 964,-- |
| 1 | " | 806 | Industriewerke, A.G. | Plauen | " | 28 664, |
| 1 | " | 807 | Mechanik, G.m.b.H. | Rochlitz | " | 28 568 |
| 1 | " | 808 | "Vomag" | Mehltheuer | " | 18 216 |
| 1 | " | 809 | Deutsche Kühl- u. Kraftmasch. | Wilischthal | " | 27 260,-- |
| 1 | " | 810 | Opta-Radio. A.G. | Wolkenburg | " | 34 812,-- |
| 1 | " | 811 | Luftfahrtgerätewerk Hakenfelde | Zwodau | " | 77 400,-- |
| 1 | " | 812 | Auto-Union, A.G. D.K.W.-Werke | Zschopau | " | 46 012,-- |
| 1 | " | 813 | Wiedemann & Co. | Knellendorf | " | 1 272,-- |
| 1 | " | 699 | ᛋᛋ-Führungsstab B 5, | Nossen | " | 21 178,-- |
| | | | | | RM. | 3 673 965,-- |

1 Übersicht über den Häftlingseinsatz im Dezember 1944.
1 Aufstellung über nicht berechnete Häftlinge.

Der Lagerkommandant K.L.Flo.

ᛋᛋ-Obersturmbannführer.

NS.:

~~1 FNS 661 Lorenz A.G.~~ Mittweida 30 440,--

1. " 733 Lorenz A.G. Mittweida 50 836,--

Dokument 26.3
Liste der Forderungsnachweise des KZ Flossenbürg aus dem Dezember 1944 für das Amt D II in Oranienburg

27

## Der Wert des Menschen – Zur Abrechnung der Zwangsarbeit

Die Inspektion der Konzentrationslager ist für die Abrechnung der Zwangsarbeit der Häftlinge verantwortlich. Sie erfaßt, welche Summen die einzelnen Konzentrationslager den Firmen in Rechnung stellen. Diese Beträge vereinnahmt das Reichsfinanzministerium dann für den Haushalt des Deutschen Reiches. Darüber hinaus gibt die Amtsgruppe D auch Anordnungen für die Verwertung des Eigentums der verstorbenen oder ermordeten Häftlinge in den Konzentrations- und Vernichtungslagern. Die Haare der Häftlinge, ihre Zähne, ihre Brillen, alles wird gemäß den Anordnungen aus Oranienburg zentral gesammelt und verwertet. Millionenwerte aus geraubtem Gut finden sich bei der Befreiung in den Depots auf dem Kasernengelände neben dem T-Gebäude oder auf dem Fabrikhof des KZ Sachsenhausen.

Die SS möchte für die Zwangsarbeit der Häftlinge möglichst geringe Summen an das Reich bezahlen, damit die Gewinne der SS-eigenen Unternehmen, bei denen die Häftlinge arbeiten, um so höher sind. Pohl schlägt einen Tagessatz von 30 Pfennigen vor und schätzt die Einnahmen des Reiches für 1940 auf 1,5 Millionen Reichsmark (Dokument 27.2).

**Bild 27.1**
**Kisten mit Goldzähnen, Brücken und Prothesen ermordeter Häftlinge, bei der Befreiung 1945 in einem Depot in Oranienburg**

**Dokument 27.2**
**Schreiben Pohls an das Reichsfinanzministerium über die Werte der Häftlingsarbeit vom 26. Juni 1940**

82

Der Reichsführer-SS
und Chef der deutschen Polizei
im Reichsministerium des Innern

Der Chef des Hauptamtes
Haushalt und Bauten

Amt I/1 254 Pr/Qu.

Berlin-Lichterfelde-West, den 26. Juni 1940
Unter den Eichen 126
Fernruf: 76 51 01

/28 Ur

J. 7270 - 227 I

Betreff: Vergütung für Häftlingsarbeit.

An den
Herrn Reichsminister der Finanzen
Referat R a d e m a c h e r
B e r l i n W 8
Wilhelmplatz 1-2

Im Rechnungsjahr 1940 werden dem Reich Einnahmen zugeführt werden aus der Verwendung von Häftlingen der Konzentrationslager für gewerbliche Arbeiten.

Da Vergleiche mit den Strafanstalten der Justizverwaltung nicht gegeben sind, können der Berechnung des Vergütungssatzes nur die bisherigen eigenen Erfahrungen dienen.

Es kann davon ausgegangen werden, daß beim Arbeitseinsatz im allgemeinen unter 5 Häftlingen sich einer befindet, der als vollgültige Arbeitskraft bezeichnet werden kann, während 4 nur als Hilfskräfte oder für bestimmte Verrichtungen angelernte Kräfte angesprochen werden können.

Für die Arbeit eines gelernten Häftlings schlage ich eine Tagesvergütung von RM 1.10, für die eines ungelernten Häftlings eine solche von RM 0.10 vor. Das ergibt einen Durchschnittstagessatz von RM 0.30.

Bei Bemessung des durchschnittlichen Vergütungssatzes muß berücksichtigt werden, daß bei den wirtschaftlichen Betrieben der SS ein gewisses Risiko liegt. Es kommt z.B. vor, daß ein KL. plötzlich für andere Zwecke gebraucht wird und von den Häftlingen geräumt werden muß, oder daß wegen ansteckender Krankheiten die Arbeiten längere Zeit eingestellt werden. Die Kosten für die Betriebsanlagen, für das notwendige Fach-

b.w.

und Aufsichtspersonal usw. laufen in diesen Zeiten jedoch zwangsläufig weiter, obwohl die Produktion infolge Ausfalls der Häftlinge zum größten Teil unmöglich geworden ist. Es erscheint selbstverständlich, solche Momente bei der Festsetzung der Vergütung zu berücksichtigen, da es andernfalls billig wäre, dieses Risiko dem Reich aufzubürden.

Bei den besonderen Eigenarten, welche der Einsatz von Häftlingen der KL. für Arbeitszwecke aufweist, lassen sich genaue Zahlen für die dem Reich erwachsenden Einnahmen nicht ohne weiteres errechnen. Unter Zugrundelegung von 300 Arbeitstagen werden die Einnahmen für das Rechnungsjahr 1940 auf rd. 1 1/2 Mill. geschätzt.

Die Kriegsverhältnisse können jedoch auch diese Schätzung illusorisch machen.

Ich bitte deshalb, sich mit der vorgeschlagenen Regelung einverstanden zu erklären, damit aus dem Ablauf des Rechnungsjahres 1940 die nötigen Erfahrungen für die Behandlung in späteren Jahren geschöpft werden können.

Vorbehaltlich Ihrer Zustimmung habe ich diese Regelung mit Wirkung vom 1.4.40. vorläufig eingeführt.

Der Chef des Hauptamtes Haushalt und Bauten

SS - Gruppenführer

23.6.43

# Der Reichsführer SS und Chef der Deutschen Polizei

## SS-Wirtschafts-Verwaltungshauptamt

95

Fernsprecher: Ortsverkehr 765261
Fernsprecher 765101

Berlin, 27. Januar 1943
Lichterfelde-West
Unter den Eichen 126-135

Diktatzeichen:
Chef A/Fr/B/014.
Im Antwortschreiben unbedingt anzugeben!

F 7270 - 234 I

Betr.: Häftlingsentgelt.

An das
Reichsfinanzministerium,
z.Hd. des Herrn Ministerialrats Dr. Gossel,
Berlin

Sehr verehrter Herr Ministerialrat !

Ich teile Ihnen mit, dass die Einnahmen aus der Häftlingsbeschäftigung in den Konzentrationslagern im Rechnungsjahr 1942 die Summe von RM 13.265.232.-- erreichen.

Heil Hitler!

I.V.

Frank

SS-Brigadeführer
und Generalmajor der Waffen-SS.

Gsl. 23.6.43.
1.) Die bisher bei Kap. V 10 b vereinnahmten Einnahmen (Haushaltssumme 9 Mio) werden ab Rechnungsjahr 1943 im außerordentl. Haushalt nachgewiesen. (Hinweis auf Ziff. 2 des Finanzministerschreiben v. 30.4. u. 19.6.43 – F. 7461 – 194 I)
2.) Z.d.A.

Dokument 27.3
Schreiben des SS-Wirtschafts-Verwaltungshauptamtes an das Reichsfinanzministerium vom 27. Januar 1943

SS-Wirtschafts-Verwaltungshauptamt
Amtsgruppe D - Konzentrationslager
D II/1 35 Ma/Hag.

Oranienburg, den 4.1.1943

92

Betr.: Verwertung der abgeschnittenen Männerhaare

An die
Kommandanten der KL
Buchenwald, Dachau, Flossenbürg, Mauthausen, Neuengamme,
Ravensbrück, Sachsenhausen

- - - - - - - - - - - - - - - - - - - - - - - - - - - - - -

Die Errichtung einer Wekrstätte zur Verarbeitung der abgeschnittenen Männerhaare der Häftlinge in einem der KL lässt sich aus technischen Gründen z.Zt. noch nicht verwirklichen. Die anfallenden Haare müssen daher an einen bestehenden Verwertungsbetrieb abgeliefert werden.-
Die bis jetzt dort gesammelten Schnitthaare sind deshalb baldigst an die Firma

Alex Zink Pelzfabrik A.G. Roth b. Nürnberg

zum Versand zu bringen. Die Haare sind mit RM 0.50 je kg. in Rechnung zu stellen. Die Beträge sind in der Reichskasse zu vereinnahmen. Der Versand hat porto- bzw. frachtfrei zu erfolgen.-
Die mir jeweils zum 5. jeden Monats einzusendenden Meldungen über die Menge des gesammelten Schnitthaares sind weiterhin einzureichen. Dabei ist die Menge des an die Firma Zink abgesandten Schnitthaares mit anzugeben. Die gesammelten Mengen sind laufend an die Firma Zink abzusenden.-

Der Chef des Amtes D II
gez. Maurer
SS-Obersturmbannführer

- - - -

Konzentrationslager Ravensbrück
Kommandantur
Su/Frö.

den 7.1. 1943

Betr.: Verwertung der abgeschnittenen Männerhaare
Bezug: Obige Verfg.des SS-W.V.H. D II/1 v. 4.1.43

An das
Männerschutzhaftlager, Leiter der Verwaltung,
Lagerarzt, Arbeitseinsatzführer

- - - - - - - - - - - - - - - - - - - - - - - - -

Obige Verfg. wird abschriftlich zur Kenntnis übersandt. Die Verschickung der Haare hat die Verwaltung durchzuführen. Der Lagerarzt hat dafür Sorge zu tragen, dass nur ungezieferfreie Haare zum Versand kommen.-

Der Lagerkommandant :
gez. Suhren
SS-Hauptsturmführer

F.d.R.d.A.:

SS-Hauptsturmführer

Dokument 27.4
Runderlaß des Amtes D II über die Verwertung der Häftlingshaare vom 4. Januar 1943

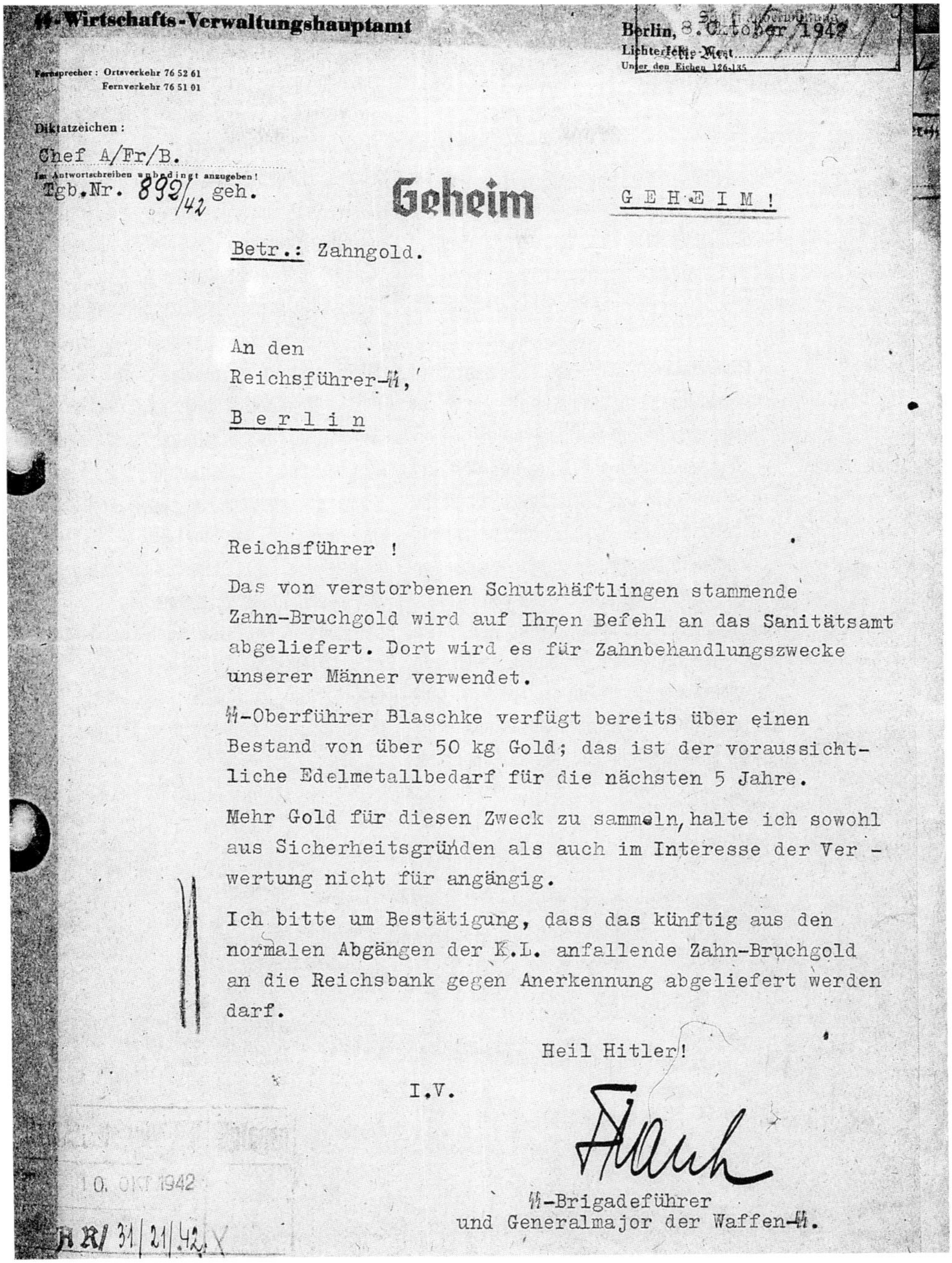
SS-Wirtschafts-Verwaltungshauptamt

Berlin, 8. Oktober 1942
Lichterfelde-West
Unter den Eichen 126-135

Fernsprecher: Ortsverkehr 76 52 61
Fernverkehr 76 51 01

Diktatzeichen:
Chef A/Fr/B.
Im Antwortschreiben unbedingt anzugeben!
Tgb.Nr. 892/42 geh.

Geheim

G E H E I M !

Betr.: Zahngold.

An den
Reichsführer-SS,
B e r l i n

Reichsführer !

Das von verstorbenen Schutzhäftlingen stammende Zahn-Bruchgold wird auf Ihren Befehl an das Sanitätsamt abgeliefert. Dort wird es für Zahnbehandlungszwecke unserer Männer verwendet.

SS-Oberführer Blaschke verfügt bereits über einen Bestand von über 50 kg Gold; das ist der voraussichtliche Edelmetallbedarf für die nächsten 5 Jahre.

Mehr Gold für diesen Zweck zu sammeln, halte ich sowohl aus Sicherheitsgründen als auch im Interesse der Verwertung nicht für angängig.

Ich bitte um Bestätigung, dass das künftig aus den normalen Abgängen der K.L. anfallende Zahn-Bruchgold an die Reichsbank gegen Anerkennung abgeliefert werden darf.

Heil Hitler!

I.V.

Frank

SS-Brigadeführer
und Generalmajor der Waffen-SS.

10. OKT 1942

AR/ 31/21/42.

Dokument 27.5
Schreiben des SS-Wirtschafts-Verwaltungshauptamtes über das Zahngold der Ermordeten vom 8. Oktober 1942

Im Oktober 1942 hat die SS aus den Goldzähnen der Ermordeten bereits einen Vorrat von über 50 kg Gold gehortet. Das übrige Gold soll an die Reichsbank abgeliefert werden. Verantwortlich dafür ist das Amt D III in Oranienburg.

# 28

## Das Amt D III – „Sanitätswesen und Lagerhygiene“

Der Chef des Amtes D III (bis 1942 unter der Bezeichnung des Leitenden Arztes bei der Inspektion KL), Dr. Enno Lolling, ist der Vorgesetzte aller Ärzte in den Konzentrationslagern und verantwortlich für die völlig unzureichende Versorgung der KZ mit Ärzten und Medikamenten.

Die Krankenreviere in den KZ reichen ab 1939 nicht mehr für die medizinische Betreuung der Häftlinge aus. Den in den Lagern ausbrechenden Seuchen stehen die Ärzte und das Amt D III vollkommen inkompetent gegenüber. Die Ärzte behandeln die meisten kranken Häftlinge nicht, sondern bringen sie mit Injektionen von Evipan, Phenol oder anderen starken Medikamenten um. Regelmäßig führen viele Ärzte Selektionen unter den Häftlingen durch und ermorden die schwächsten davon kurz darauf. Seit 1941 finden in den KZ medizinische Experimente an den Häftlingen statt. Sie enden oft tödlich.

Im Sommer 1943 sterben in den KZ monatlich mehr als zehn Prozent der Häftlinge. Um den reibungslosen Fortgang der Zwangsarbeit zu sichern, soll diese Zahl verringert werden. Im Herbst 1943 legt Pohl eine Statistik als Teil eines „Erfolgsberichts“ bei Himmler vor (Dokument 28.1). Doch mindestens ein Teil der Zahlen ist offenkundig gefälscht. In einer weiteren Anlage zu seinem Bericht gibt Pohl für den August 1943 für Auschwitz-Birkenau den Tod von 938 Frauen an, tatsächlich sind über 1400 gestorben. Von den 3000 Häftlingen des KZ Riga soll in diesem Monat nur angeblich ein einziger verstorben sein. Im Januar 1943 fordert Glücks in einem von Lolling entworfenen Schreiben die Lagerkommandanten und -ärzte auf, ihm jene SDG (= SS-Sanitätsdienstgrade) aus den Häftlingsrevieren zur Ordensverleihung vorzuschlagen, die an Sonderaktionen (= Exekutionen) teilgenommen haben (Dokument 28.3). In dieser Zeit ist es in den KZ bereits üblich, schwache Häftlinge nicht zu heilen, sondern zu ermorden.

**Dokument 28.1**
**Statistik des Amtes D III über die Todesfälle 1942/43 in den Konzentrationslagern, links unten von Oswald Pohl abgezeichnet**

**Dokument 28.2**
**Schreiben der Ärztekammer Mecklenburg-Lübeck über Dr. Enno Lolling vom 21. Juli 1936**

SS-Wirtschafts-Verwaltungshauptamt
Amt D/III

[illegible] Geh./

Gegenüberstellung der Todesfälle in den Konzentrationslägern 2.Halbjahr 1942 – 1. Halbjahr 1943.

57

1 9 4 2.

| Monat | durchschnittliche Belegstärke | Todesfälle | % |
|---|---|---|---|
| Juli | 98 000 | 8 329 | 8,50 |
| August | 115 000 | 12 217 | 10,62 |
| September | 110 000 | 11 206 | 10,19 |
| Oktober | 85 800 | 8 856 | 10,32 |
| November | 83 500 | 8 095 | 9,69 |
| Dezember | 68 000 | 8 800 | 10,-- |
| Gesamtdurchschnitt | 96 770 | - | 9,89 % |

1 9 4 3.

| Monat | durchschnittliche Belegstärke | Todesfälle | % |
|---|---|---|---|
| Januar | 123 000 | 9 839 | 8,-- |
| Februar | 143 100 | 11 650 | [illegible] |
| März | 154 200 | 12 112 | [illegible] |
| April | 171 000 | 8 358 | [illegible] |
| Mai | 203 000 | 5 700 | [illegible] |
| Juni | 199 500 | 5 650 | [illegible] |
| Gesamtdurchschnitt | 165 600 | - | 5,72 |

Oranienburg, 22. September 1943.

Reichsärztekammer
Ärztekammer Mecklenburg-Lübeck.

Rostock, den 21.7.36.

Gesch.-Nr. 10/618.
In der Antwort bitten wir obige
Geschäftsnummer anzugeben.

An
den Reichsführer - SS
- der Reichsarzt der SS-
Berlin SW 11,
===============
Prinz Albrechtstr. 9

Auf Jhre Anfrage vom 30. Juni 1936 teilen wir Jhnen mit, daß gegen Herrn Dr.med. L o l l i n g, prakt. Arzt in Neustrelitz-Strelitz, in ärztlicher, menschlicher , kollegialer oder politisch-weltanschaulicher Beziehung nichts einzuwenden ist.
Wir bitten aber bemerken zu dürfen, daß Herr Dr. L. früher morphiumsüchtig gewesen sein soll und wiederholt Entziehungskuren nötig gehabt haben soll. Wir teilen dies pflichtgemäß mit, ohne Jhnen den Beweis dafür erbringen zu können. Wir bitten Sie daher, die Sache streng vertraulich zu behandeln und vielleicht von sich aus, wenn Sie es für nötig halten, Herrn Dr. L. direkt zu fragen, ob er süchtig ist.

Heil Hitler !

Ärztekammer
für Mecklenburg

ÄRZTEKAMMER FÜR MECKLENBURG

J.V.

105

SS- Wirtschafts- Verwaltungshauptamt
Amtsgruppe D - Konzentrationslager-
D III / Az.: 29 / 1.43   Lg/Wy.

Oranienburg, den 15. Januar 1943

Betr.: Einreichung zur Verleihung des KVK. durch die Kommandanturen für solche SDG. welche an Sonderaktionen teilgenommen haben.

17. JAN 1943

I | II | III | IV | V | VI

An den
Lagerkommandant des K.L.

Au., Bu., Da., Flo., Gr.-Ro., Gu., Hinz., Lubl., Mau., Natzw., Neung., Ndh., Rav., Sachs., Stutth.

Abdruck: alle 1. Lager-
und SS-Standortärzte

---

SDG., welche an Sonderaktionen teilgenommen haben, sind durch die Kommandanturen für das KVK. einzureichen.

SS- Brigadeführer
und Generalmajor der Waffen- SS

Dokument 28.3
Runderlaß des Amtes D III über Orden für Sanitäter, die an Mordaktionen teilgenommen haben, vom 15. Januar 1943

A b s c h r i f t .

San.-Schule des Amtes D III
ᛋᛋ-W.-u.V.-Hauptamt

Oranienburg, den 17. Mai 19

W o c h e n d i e n s t p l a n
für den
Lehrgang der San.-Schule des Amtes D III
ᛋᛋ-W.- u. V.-Hauptamt
Leiter der Schule: ᛋᛋ-Ustuf. Dr. K r e i b i c h
III. W o c h e .

| Zeit: | Art des Dienstes: | |
|---|---|---|
| **ntag, den 17. Mai 1943** | | |
| .3o | Wecken, anschl. Revierreinigen | U.v.D. |
| 3o - 12.oo | Allgem. über Hygiene, Truppenhygiene | Sturmb.F.Dr.Krieglste |
| .15 - 13.45 | Mittagessen und Mittagpause | U.v.D. |
| .oo - 17.oo | Praktische Übungen | Dr. K r e i b i c h |
| 17.15 | Befehlsausgabe | Stabsscharführer |
| **enstag, den 18. Mai 1943** | | |
| .3o | Wecken, anschl. Revierreinigen | U.v.D. |
| .oo - 12.oo | Diphtherie, Scharlach, Meningitis usw. | Sturmb.F.Dr. Gross |
| .15 - 13.45 | Mittagessen und Mittagpause | U.v.D. |
| .oo - 17.oo | Praktische Übungen | Dr. K r e i b i c h |
| 17.15 | Befehlsausgabe | Stabsscharführer |
| .3o - 2o.oo | Arbeitsstunde, Wiederhol.des Lehrstoffs | Stabsscharführer |
| **ttwoch, den 19. Mai 1943.** | | |
| .3o - | Wecken, anschl. Revierreinigen | U.v.D. |
| oo - 12.oo | Fleckfieber, Fleckfieberbekämpf. | Sturmbannf.Dr. Ding |
| .5 - 13.45 | Mittagessen und Mittagpause | U.v.D. |
| .oo - 17.oo | Sektion, Praktische Übungen | Dr. K r e i b i c h |
| 17.15 | Befehlsausgabe | Stabsscharführer |
| **nerstag, den 2o. Mai 1943.** | | |
| .3o | Wecken, anschl. Revierreinigen | U.v.D. |
| oo - 12.oo | Malaria, Pest usw. | Hauptst.F.Dr. Dötzer |
| 15 - 13.45 | Mittagessen und Mittagpause | U.v.D. |
| oo - 17.oo | Praktische Übungen | Dr. K r e i b i c h |
| 17.15 | Befehlsausgabe | Stabsscharführer |
| 3o - 19.3o | Putz u. Flickstunde, anschl. Appell | Stabsscharführer |
| **itag, den 21. Mai 1943.** | | |
| 3o | Wecken, anschl. Revierreinigen | U.v.D. |
| oo - 12.oo | Typhus, Paratyphus, Ruhr u. drgl. | Hauptscharf.Mutschler |
| 15 - 13.45 | Mittagessen und Mittagpause | U.v.D. |
| oo - 17.oo | Praktische Übungen | Dr. K r e i b i c h |
| 17.15 | Befehlsausgabe | Stabsscharführer |

- 2 -

Dokument 28.4
Wochendienstplan der Sanitätsschule des Amtes D III vom 17. Mai 1943

Aus den Themen der Schulung ist die Realität in den Konzentrationslagern 1943 klar erkennbar: Diphterie, Scharlach, Meningitis, Fleckfieber, Malaria, Pest, Typhus, Paratyphus, Ruhr „u. drgl.".

SS-Wirtschafts-Verwaltungshauptamt  Oranienburg, den 10. August 43.
Amtsgruppe D-Konzentrationslager-
Amt D III/Az.49/8.43  Lg/K.

134

Betreff: 3. Lehrgang der Sanitätsschule des Amtes D III.
Bezug : Ohne.
Anlagen: -1-

1.) An den Leiter der Sanitätsschule des Amtes D III
SS-Obersturmführer K r e b s i c h,

2.) an den Leitenden Zahnarzt beim Chef des Amtes D III
SS-Sturmbannführer R e u t t e r, im Hause,

3.) an den Hauptabteilungsleiter d. Abtl. D I/5 SS-Hauptsturmführer S e v e r a, im Hause,

4.) an den SS-Standortarzt Weimar-Buchenwald,
SS-Hauptsturmführer H o v e n,

5.) an den 1. SS-Lagerarzt KL Sachsenhausen
SS-Obersturmführer B a u m k ö t t e r,

6.) an den 1. SS-Lagerarzt FKL Ravensbrück
SS-Hauptsturmführer T r o m m e r,

7.) an den Apotheker beim Chef des Amtes D III
SS-Obersturmführer S i g g e l k o w,

8.) an den Apotheker des KL Mauthausen
SS-Hauptsturmführer W a s i c k y,

9.) an den Lagerarzt des KL Sachsenhausen
SS-Obersturmführer D e l i t z,

10.) an den Lagerarzt des KL Sachsenhausen
SS-Untersturmführer N e v e r m a n n,

11.) an den SS-Oberscharführer K r a u s e, im Hause,

12.) an den SS-Oberscharführer P i e s i c k, m.d.F.d.G.d. Stabsscharführers beauftragt.

---

Vom 30. August 1943 bis 9. Oktober 1943 läuft in Oranienburg im Truppenrevier der 3. Lehrgang der Sanitätsschule des Amtes D III zwecks Ausbildung von Sanitätsdienstgraden für die Truppen- und Häftlingsreviere der Konz.-Lager. Als Lehrkraft wurden auch Sie vorgesehen. Die Vortragsfolge ist aus beiliegendem Dienstplan zu ersehen. Ebenso können aus dem Dienstplan die Themen erlesen werden, über die Sie sprechen sollen.
Ich bitte, um einen reibungslosen Ablauf zu gewährleisten, sich rechtzeitig auf die Vorträge vorzubereiten. Desgleichen ist
der

Dokument 28.5
Rundschreiben des Amtes D III an die Lagerärzte der Konzentrationslager vom 10. August 1943

- 2 -

der Dienstplan, wenn irgend möglich, genau einzuhalten.
Leiter der Sanitätsschule ist SS-Obersturmführer K r e i b i c h.
Bei Tausch ist vorher mit ihm Rücksprache zu nehmen und ausserdem 24 Stunden vorher dem Chef des Amtes D III zu melden.

Für die auswärtigen Lehrkräfte ergeht rechtzeitig Kommandierungsverfügung. Ich bitte die auswärtigen Sanitätsführer sich so rechtzeitig in Marsch zu setzen, dass Ausfälle im Unterricht durch Zugverspätungen u.dergl. vermieden werden.

Der Chef des Amtes D III

Lolling

SS - Obersturmbannführer.

Im Kasernenkomplex in der Nähe des T-Gebäudes entsteht die Sanitätsschule des Amtes D III, die im Herbst 1943 ihren dritten Lehrgang durchführt. Unter den Referenten sind auch verschiedene Ärzte und Apotheker aus den Konzentrationslagern. Der Lagerarzt von Buchenwald, Waldemar Hoven, wird 1947 zum Tode verurteilt und hingerichtet. Der Lagerarzt von Ravensbrück, Richard Trommer, selektiert noch 1945 in Ravensbrück mehrere tausend Frauen zur Vergasung; er ist verschollen. Heinrich Baumkötter, Lagerarzt von Sachsenhausen, wird 1962 zu einer Strafe von 8 Jahren Zuchthaus verurteilt.

29

## Das Amt D III und die medizinischen Experimente

In den KZ finden medizinische Zwangsexperimente an den Häftlingen statt. Viele von ihnen sterben während oder an den Folgen dieser Versuche, die zumeist von Himmler persönlich angeordnet oder genehmigt sind. Enno Lolling, Chef des Amtes D III, koordiniert einen Teil davon. Für unterschiedlichste Zwecke stellt er Häftlinge zur Verfügung: Fleckfieberexperimente, Versuche in Unterdruckkammern, Skelettsammlungen, Nervengaserprobungen und Sterilisierungen durch Röntgenstrahlungen.
Am 8. Juli 1942 trifft sich Himmler mit Glücks, SS-Brigadeführer Karl Gebhardt und dem Königsberger Gynäkologieprofessor Carl Clauberg (Dokument 29.2). Clauberg hat Himmler bereits am 30. Mai Sterilisationsversuche in großer Zahl vorgeschlagen. Seit Ende 1943 führt Clauberg diese Versuche im KZ Auschwitz, später im KZ Ravensbrück durch. Ohne Betäubung spritzt er rund 700 Frauen ätzende Flüssigkeiten in die Gebärmuttern. Clauberg wird 1948 in der UdSSR vor Gericht gestellt, zu 25 Jahren Haft verurteilt und kehrt 1955 in die Bundesrepublik zurück. Dort lebt er wieder als Arzt in Kiel. Noch im selben Jahr wird er verhaftet und stirbt kurz vor Prozeßbeginn 1957.
Während der Experimente werden auch Versuchspräparate im T-Gebäude selbst gelagert oder ausgewertet. Am 7. April 1944 weist Lolling das KZ Buchenwald an: „Die dort vorhandenen 142 Stück Tätowierungen sind durch Kurier baldmöglichst nach hier zu bringen." Zum Teil waren die Häftlinge nur wegen ihrer Tätowierungen getötet worden. Häftlinge stellen für die Ärzte nur noch „Versuchsmaterial" dar, von dem ausreichend vorhanden ist.
Homosexuelle Häftlinge sollen im KZ Buchenwald „künstliche Drüsen" implantiert erhalten, die sie angeblich von ihrer Homosexualität „heilen" (Dokument 29.3). Enno Lolling weist das KZ Buchenwald an, die Häftlinge zur Verfügung zu stellen. Mehrere der „Versuchspersonen" sind wegen ihrer Homosexualität bereits im KZ zwangsweise sterilisiert worden. Mindestens zwei von dreizehn Häftlingen sterben nach der Operation Vaernets. Erwin Ding-Schuler wird im sogenannten „Ärzte-Prozeß" in Nürnberg angeklagt und begeht kurz vor Prozeßbeginn Selbstmord. Carl Vaernet ist 1945 in Dänemark für kurze Zeit inhaftiert und flieht nach Südamerika.
Josef Mengele ist Lagerarzt im KZ Auschwitz, dort an hunderttausendfachem Mord beteiligt und führt medizinische „Zwillingsforschung" durch. Im Februar 1945 bittet er als Lagerarzt im KZ Groß-Rosen die Reichsärztekammer um die Genehmigung der „Kassenpraxis". Am selben Tag teilt er dem Amt D III routinemäßig mit, daß im KZ Groß-Rosen keine Menschenversuche stattfinden (Dokument 29.5). Mengele flieht Mitte der fünfziger Jahre nach Südamerika.

**Dokument 29.1**
**Befehl zur Errichtung einer anatomischen Sammlung der SS-ärztlichen Akademie vom 30. Juli 1942. Die Präparate dieser Sammlung soll der „Leitende Arzt KL" zur Verfügung stellen.**

Der Reichsführer-SS
Reichsarzt-SS und Polizei

Berlin, den 30.7.1942

Betr.: Errichtung einer Lehrmittelsammlung für normale und pathologische Anatomie in der SS-ärztlichen Akademie in Graz.

Verteiler umseitig.

1. Ich ordne hiermit die Errichtung einer Lehrmittelsammlung für normale und pathologische Anatomie in der SS-ärztlichen Akademie in Graz an.

Die Sammlung soll den Angehörigen der SS-ärztlichen Akademie zur Vertiefung und Verbesserung ihrer anatomischen und pathologischen Studien anhand von makroskopischen und mikroskopischen Präparaten dienen.

Sie soll dabei lediglich eine zusätzliche Erleichterung der gerade auf diesem Gebiet sehr an die visuelle Aufnahmefähigkeit des Einzelnen gebundene Lernmöglichkeit darstellen, keineswegs aber zum Ziele haben, die anatomischen und pathologischen Studienmöglichkeiten der Universität Graz irgendwie zu ersetzen.

2. Die Präparate werden vom Leitenden Arzt KL (Amtschef D/III im SS-W.-V.-Hauptamt) nach Massgabe der jeweiligen Möglichkeiten gestellt. Der Kommandeur der SS-ärztlichen Akademie setzt sich zwecks Festlegung der Einzelheiten mit ihm in Verbindung.

Die Chefs der SS-Sanitätsämter und Leitenden Ärzte der SS-Hauptämter bitte ich, die Erstellung der Sammlung mit den ihnen zur Verfügung stehenden Mitteln zu unterstützen.

3. Bei der Auswahl, Anfertigung und Aufstellung der Präparate ist nicht in erster Linie Wert zu legen auf seltene Abnormitäten, sondern es ist eine möglichst umfassende Sammlung von Präparaten aller normalen Organe und solcher pathologischer Veränderungen anzustreben, die den landläufigen Krankheitszuständen, mit denen der spätere Arzt im allgemeinen zu tun hat, entsprechen.

4. Der Kommandeur der SS-ärztlichen Akademie legt mir baldigst Vorschläge über die räumliche Unterbringung sowie

- 2 -

## A k t e n v e r m e r k

Der Reichsführer-SS hatte am 8.7.1942 eine Rücksprache mit SS-Brigadeführer G l ü c k s, SS-Brigadeführer G e b h a r d t und Herrn Professor C l a u b e r g.

Inhalt dieser Rücksprache war die Sterilisierung von Jüdinnen, die sich in Konzentrationslagern befinden, in großem Umfang. Es wurde abgesprochen, dass Professor Clauberg das Lager Auschwitz als Versuchsstation zur Verfügung gestellt bekommt. Nach den Anfangsversuchen wünscht der Reichsführer-SS einen Bericht zur praktischen Durchführung der Sterilisation in grösserem Umfang.

Es wurde auch noch besprochen die die etwaige Hinzuziehung des Professors H o h l f e l d e r als Röntgenspezialist, um die Frage einer Sterilisierung bei Männern durch Röntgenbestrahlung zu erproben.

Insgesamt ist der Reichsführer-SS damit einverstanden, dass Professor Clauberg für sämtliche Versuche, die er zu machen gedenkt, das entsprechende Material zur Verfügung gestellt bekommt.

- - - - -

11.7.1942
Bra/Dr.

Dokument 29.2
Aktenvermerk über Versuche im KZ Auschwitz
vom 11. Juli 1942

NO-1300

Der Reichsführer-SS
Reichsarzt SS und Polizei

Tgb.Nr. 95/44 geh

Berlin W 15, den 15. Juli 1944
Knesebeckstraße 50/51
Fernruf: 924849 · 924351 · 924373 · 924406

Eingang:
21 JUL 1944
200/44

Geheim!

Betr.: Hormonforschung SS-Sturmbannführer Dr. Värnet
Bezug: ohne

An

SS-Sturmbannführer Dr. D i n g,
KL
Weimar - Buchenwald

Lieber Kamerad Ding!

Auf Wunsch des Reichsführers-SS ist dem dänischen Arzt, SS-Stubaf. Dr. Värnet, Gelegenheit gegeben worden, bei der SS seine Hormonforschungen und insbesondere die Weiterentwicklung seiner künstlichen Drüse weiter zu treiben. Der Reichsführer-SS verspricht sich durch die Behandlung von Homosexuellen mit der künstlichen Drüse Värnets gewisse Erfolge. Die technischen Vorarbeiten sind soweit gediehen, daß in absehbarer Zeit mit Human-Versuchen begonnen werden kann.

Wie SS-Standartenführer Dr. Lolling mitteilt, ist das KL Weimar-Buchenwald angewiesen worden, 5 Häftlinge für die Versuche des SS-Sturmbannführer Värnet zur Verfügung zu stellen. Diese Häftlinge werden durch den Lagerarzt SS-Stubaf. Värnet jederzeit zur Verfügung gestellt.

SS-Stubaf. Värnet beabsichtigt demnächst nach Buchenwald zu kommen, um an diesen Häftlingen einige notwendige Voruntersuchungen vorzunehmen. Falls es sich um besondere Labor-Untersuchungen handelt, werden Sie gebeten, Värnet bei der Durchführung im Rahmen Ihrer Möglichkeiten behilflich zu sein.

Dem Lagerarzt von Weimar-Buchenwald wurden heute einige nähere Unterlagen über die Untersuchung Värnets zur Einsichtnahme zugesandt.

Mit herzlichen Grüßen und

H e i l H i t l e r !
I.A.
Poppendick

Dokument 29.3
Schreiben von SS-Standartenführer Helmut Poppendick an den Lagerarzt des KZ Buchenwald Erwin Ding-Schuler vom 15. Juli 1944

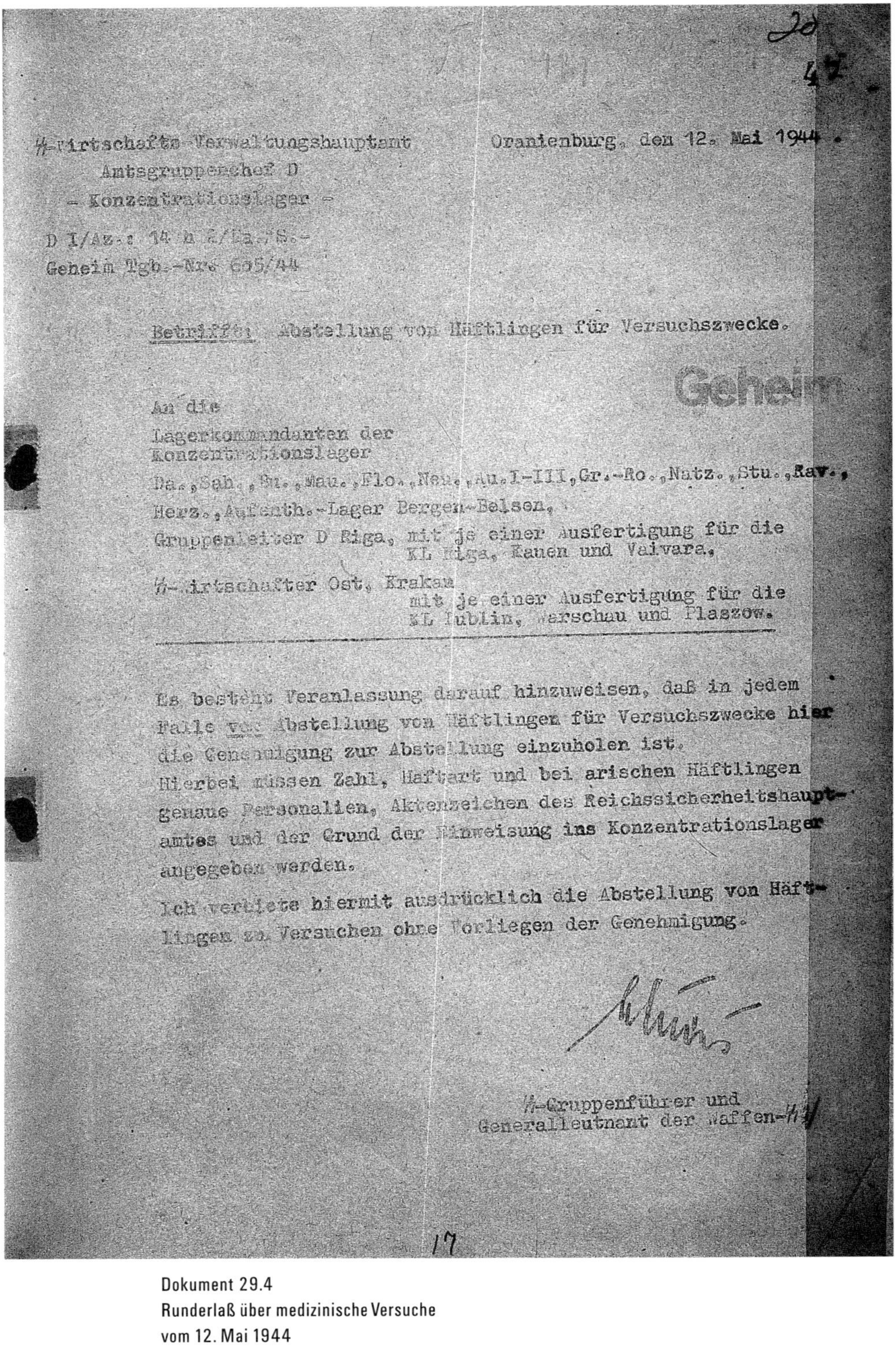

20
47

SS-Wirtschafts-Verwaltungshauptamt
Amtsgruppenchef D
- Konzentrationslager -

Oranienburg, den 12. Mai 1944.

D I/Az.: 14 h 2/Ha./S.-
Geheim Tgb.-Nr. 605/44

Betrifft: Abstellung von Häftlingen für Versuchszwecke.

Geheim

An die
Lagerkommandanten der
Konzentrationslager
Da.,Sah.,Bu.,Mau.,Flo.,Neu.,Au.I-III,Gr.-Ro.,Natz.,Stu.,Rav.,
Herz.,Aufenth.-Lager Bergen-Belsen,
Gruppenleiter D Riga, mit je einer Ausfertigung für die
KL Riga, Kauen und Vaivara,
SS-Wirtschafter Ost, Krakau
mit je einer Ausfertigung für die
KL Lublin, Warschau und Plaszow.

Es besteht Veranlassung darauf hinzuweisen, daß in jedem Falle vor Abstellung von Häftlingen für Versuchszwecke hier die Genehmigung zur Abstellung einzuholen ist.
Hierbei müssen Zahl, Haftart und bei arischen Häftlingen genaue Personalien, Aktenzeichen des Reichssicherheitshauptamtes und der Grund der Einweisung ins Konzentrationslager angegeben werden.
Ich verbiete hiermit ausdrücklich die Abstellung von Häftlingen zu Versuchen ohne Vorliegen der Genehmigung.

Glücks

SS-Gruppenführer und
Generalleutnant der Waffen-SS

17

Dokument 29.4
Runderlaß über medizinische Versuche
vom 12. Mai 1944

Dr. Josef Mengele Gross - Rosen, den 7. Februar 1945.
SS-Hauptsturmführer

An

die Reichsärztekammer,
Ärztliche Bezirksvereinigung Waldenburg,

Bad Salzbrunn.

Als Nachfolger des ab 6. Februar 1945 von hier versetzten SS-Hauptsturmführers Dr. Friedrich Entreß bitte ich, die Genehmigung zur Ausübung der Kassenpraxis im hiesigen Bezirk auf mich übertragen zu wollen.

SS-Hauptsturmführer und SS-
Standortarzt Gross - Rosen.

Der SS - Standortarzt. Gross - Rosen, den 7. Februar 1945.

Betreff : Versuchsreihen.
Bezug : Dort. Rundschreiben Nr. 151 vom 22.10.43, Az.: 87/10.4[illegible]
Bg./Wy.
Anlagen : Keine.
Termin : 10.2.45.

An

den Chef des Amtes D III

Oranienburg.

Versuchsreihen laufen im KL. Gross - Rosen und seinen Aussenlagern nicht.

Der SS - Standortarzt Gross - Rosen

SS - Hauptsturmführer.

Dokument 29.5
Briefe des SS-Hauptsturmführers Josef Mengele
vom 7. Februar 1945

## Das Amt D IV – „KL-Verwaltung" und die Lebensbedingungen der Häftlinge

Bild 30.1
Wilhelm Burger

Dokument 30.2
Beurteilung Burgers durch den Kommandanten von Auschwitz, Rudolf Höß, vom 7. Mai 1943

Im Amt D IV, der Verwaltung der Inspektion, wird über die Ernährung, Bekleidung und Unterbringung der Häftlinge entschieden. Das Amt D IV setzt jene Rahmenbedingungen, die für das Überleben oder den Tod jedes einzelnen Häftlings im Lager verantwortlich sind. Die Lebensbedingungen der Häftlinge verschlechtern sich ständig.

Erster Chef des Amtes D IV ist Anton Kaindl, anschließend Kommandant des KZ Sachsenhausen. Sein Nachfolger Wilhelm Burger übernimmt 1942, von der SS-Totenkopfdivision kommend, die Leitung der Verwaltung des KZ Auschwitz. Zwischen dem 1. Mai 1943 und dem Kriegsende ist er Amtschef D IV. Das Amt D IV trifft zentrale Entscheidungen für die Infrastruktur in den Konzentrationslagern. Es versucht, alle bürokratischen Vorgänge zu vereinheitlichen und zu zentralisieren.

Anton Kaindl teilt den KZ im Mai 1942 mit, welche genauen Abmessungen die Häftlingskennzeichen „zur Einsparung von Spinnstoffen" noch haben sollen (Dokument 30.4). Später wird nur noch die Zivilkleidung getöteter Häftlinge in den Lagern ausgegeben und provisorisch mit Markierungen versehen. Die Verwaltung des KZ Auschwitz rechnet für 1944 mit 40 000 Toten, die sie verschleiernd „Beurkundungsziffern" nennt (Dokument 30.3). Im März 1943 genehmigt Burger nach Rücksprache mit dem Amt A II des SS-Wirtschafts-Verwaltungshauptamtes (Truppenverwaltung) ein neues Formular. Die „Such- und Vermerkkarte für Urnen- und Urkundenanforderungen . . . ist auf 185 gr h/h Din A 6 h Karton in einer Erstauflage von 30.000 Stück in Druck zu nehmen."

Das Reichsernährungsministerium legt die Nahrungsrationen für die Häftlinge fest, das Amt D IV teilt sie den Konzentrationslagern mit. Formal liegen diese nur etwa 20 Prozent unter den Rationen der Zivilbevölkerung. Tatsächlich erhalten die KZ-Häftlinge durch Unterschlagungen von Kommandantur-, Küchen- und Wachpersonal nur einen Bruchteil der vorgesehenen Nahrung und Kleidung. Die Häftlinge sind unterernährt und verhungern. Im August 1944 rechnet Burger bei 524 286 Häftlingen noch mit 612 000 „Neuzugängen" für die Lager (Dokument 30.6). Dazu zählt er nicht nur 90 000 Juden und Jüdinnen aus Ungarn, sondern auch 400 000 Häftlinge aus Warschau, wo im selben Monat der Warschauer Aufstand begonnen hat. Für diese 1,1 Millionen Häftlinge sind die „Verfügungsbestände" des Amtes D IV in Sachsenhausen, Buchenwald und Ravensbrück längst nicht mehr ausreichend. Auf der dritten Seite seines Briefes betont Burger, daß die Kleidung der bisher ermordeten über 300 000 ungarischen Juden bereits an die Häftlinge ausgegeben ist und von den Häftlingen, die in Warschau gefangengenommen werden, „herzlich wenig zu erwarten" sei. Bei den „A- und B-Sondermaßnahmen" handelt es sich zumeist um unterirdische Rüstungsvorhaben. Hier, wie etwa im KZ Dora-Mittelbau, ist die Sterblichkeit der Häftlinge besonders hoch. Die arbeitsteilige Verwertung des Massenmordes an den europäischen Juden ist noch einmal im letzten Absatz erkennbar. Burger bittet Lörner, das Reichswirtschaftsministerium darauf hinzuweisen, „daß bis heute doch enorme Mengen an Lumpen von den nicht brauchbaren Zivilsachen aus den einzelnen Aktionen von Auschwitz und anderen Lagern . . ." abgegeben worden sind.

SS-Pers.-Hauptamt

1860

A b sch r i f t !

Kommandantur K.L. Auschwitz Auschwitz, 7.Mai 1943

Dienstleistungszeugnis

SS-Sturmbannführer Wilhelm B u r g e r , Kommandantur KL.Auschwitz
SS-Nr. 47 285 Pg.-Nr.: 1 316 366 Beruf: SS-Führer
geb. am: 19.5.04 in München Familienstand: verheiratet
wohnhaft in: A u s c h w i t z O/S., SS-Siedlung Haus Nr. 35
Zugehörigkeit zu:

Wehrmacht: vom 22.10.36 bis 18.12.36
Waffen-SS : vom 1. 9.39 bis

B e u r t e i l u n g

SS-Sturmbannführer Wilhelm B u r g e r war vom 22.6.42 bis 1.5.43 als Leiter der Verwaltung des K.L. Auschwitz eingesetzt. B. hat während der Zeit seinen verantwortungsvollen Dienst mit großer Gewissenhaftigkeit und Umsicht versehen. Er besitzt neben einem harten Willen organisatorische Fähigkeiten, die er jederzeit dort anzuwenden verstand, wenn es zum Besten seines Arbeitsgebietes diente. Durch rücksichtslosen Einsatz verstand er es in allen Lagen sich energisch und tatkräftig durchzusetzen und hat dabei keinen Dienst und keine Arbeit gescheut, wenn es sich hierbei um Interessen seines Dienstbereiches handelte. Eingeschlossen in sein Arbeitsgebiet verstand er es, einmal von ihm als richtig erkannte Interessen unter bestimmten Voraussetzungen schonungslos wahrzunehmen. Seine guten und umfangreichen Kenntnisse im Verwaltungsdienst hat er jederzeit dort nutzbringend verwendet, wo er es auf Grund seiner persönlichen Einstellung zu der Sache und den Umständen für richtig und angemessen hielt.
Er verstand es, sich bei Kameraden und Untergebenen beliebt zu machen.
Weltanschaulich ist er gefestigt.
Seine wirtschaftlichen und familiären Verhältnisse sind, soweit bekannt, geordnet.

Führung: Gut )
Strafen: Keine ) bei der SS

Der Kommandant
des Konzentrationslagers
A u s c h w i t z

F.d.R.d.A. :

(Dienst-
siegel) gez.: H ö s s

SS-Untersturmführer. SS-Obersturmbannführer

Konzentrationslager Auschwitz
Kommandantur / Abt. II

Auschwitz, den 26. Januar 1944

Az

Betr.: Druck von Karteikarten für die Krematoriumverwaltung
Bezg.: Ohne
Anlg.: 1 Muster

[Stamp: Konzentrationslager Auschwitz Verwaltung Eingang 26 JAN. 1944]

An die

SS-Standortverwaltung
SS-Obersturmbannführer M ö c k e l

in A u s c h w i t z

Für die Krematoriumverwaltung werden jährlich ca. 40.000 Karteikarten nach anliegendem Muster benötigt. Da nur noch 8.000 vorrätig sind, mit deren Verbrauch Ende Februar zu rechnen ist, bitte ich um Druckgenehmigung von 30.000 Stück.

Der Leiter der Abteilung II

SS-Untersturmführer

---

Waffen-SS
Standortverwaltung Auschwitz

Auschwitz O/S, den 26.1. 1944
Telefon Nr. 65
Bahnstation: Auschwitz
Postscheckkonto Breslau Nr. 4355

Az: VU4 -1.44 Schi.

Betrifft: Druckgenehmigung für Karteikarten
Bezug : Beiliegendes Schreiben
Anlagen : 2

[Stamp: 28 JAN. 1944, Anlg.]

An das

SS-Wirtschaftsverwaltungshauptamt
Amtsgruppe D -Chef der Verwaltung -

O r a n i e n b u r g

Wie aus beiliegendem Schreiben ersichtlich, werden jährlich 40.000 Karteikarten lt.beiliegendem Muster dringend benötigt.
Es wird deshalb gebeten zu prüfen, ob die Karteikarten als KL-Vordruck in den Verkehr gebracht werden, gegebenenfalls wird um Druckgenehmigung von 30.000 Stück für das KL Auschwitz gebeten.

Der Leiter
der SS-Standortverwaltung Auschwitz

SS-Obersturmbannführer

**Konzentrationslager Auschwitz**
Kommandantur/Abt. II

Auschwitz, den 5. Februar 1944

Az.

Betr.: Druck von Karteikarten für die Krematoriumverwaltung
Bezg.: Schreiben vom 26. Januar 1944 an die ϟϟ-Standortverwaltung Auschwitz und Rücksprache mit ϟϟ-Obersturmbannführer Höß
Anlg.: 1 Muster

An das
ϟϟ-Wirtschaftsverwaltungshauptamt
Amtsgruppe D
z.Hdn. des ϟϟ-Obersturmbannführer H ö ß
O r a n i e n b u r g

ϟϟ-Wirtschafts-Verwaltungshauptamt
Amtsgruppe
Eing. FEB 1944
Anlg.

Anliegende Karteikarte wird hier nicht nur für die Krematoriumverwaltung, sondern insbesondere noch für das Standesamt benötigt. Urnen- und Urkundenanforderungen sind so hoch, daß ohne Such - und Vermerkkartei nicht ausgekommen werden kann.
Das standesamtliche alphabetische Namensverzeichnis wird erst am Jahresschluß geschrieben und ein provisorisches Namensverzeichnis erfüllt nicht den Zweck, da die täglichen Beurkundungsziffern selten unter 300 liegen.
Außerdem erscheinen auf der Karteikarte sämtliche Vermerke über ein - und abgehende Schreiben, sowie gesetzl. Mitteilungen an Standesämter, Meldebehörden, Amtsgerichte und Jugendämter, alle Urkundenanforderungen

werden vermerkt so daß mit einem Blick sämtliche über einen verstorbenen Häftling vorhandenen Vorgänge übersehen werden können, was bei der jährlichen Beurkundungsziffern von ca. 40.000 Fällen außerordentlich wichtig ist.

Der Leiter der Abteilung II

ϟϟ-Untersturmführer

Dokument 30.3
Antrag des KZ Auschwitz an die Amtsgruppe D
vom 5. Februar 1944

SS - Wirtschafts-Verwaltungshauptamt
Amt D IV - Verwaltung -

Oranienburg, den 14. Mai 1942

D IV / 3 - 47 A - 5.42 / Ka. / Schm.

Betrifft: Abzeichen für Schutzhäftlinge.
Bezug : ohne.
Anlagen : keine.

V e r t e i l e r : V I und V II

Der Amtsgruppenchef D, SS-Brigadeführer und Generalmajor der Waffen-SS G l ü c k s, hat auf Vortrag hin entschieden, daß zur Einsparung von Spinnstoffen für die Dauer des Krieges die Abzeichen für Schutzhäftlinge nur noch mit einer Schenkellänge von 6 cm und die Abzeichen für Rückfällige in einer Länge von 6 cm und Breite von 1 cm herzustellen sind.

M u s t e r!

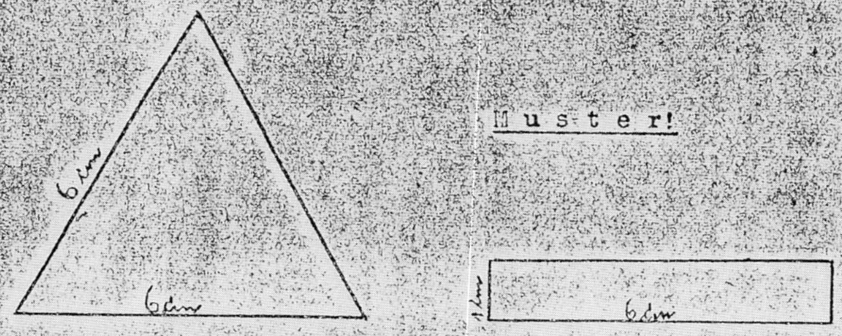


Es ist auch nichts dagegen einzuwenden, wenn die Abzeichen mit Farbe auf dem Nummerstreifen mit angebracht werden.

(Muster !)

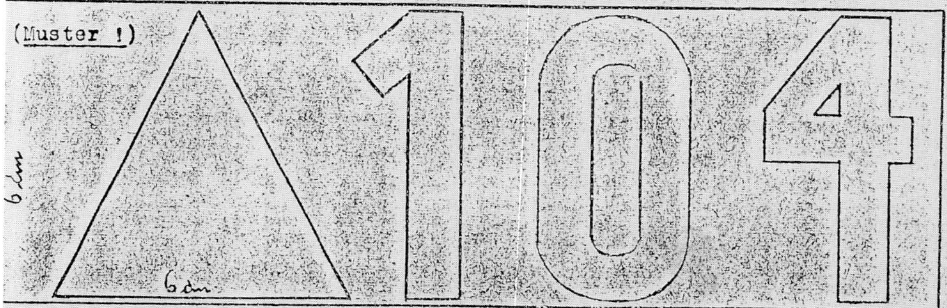


Der Chef des Amtes D IV
K.L. - Verwaltung-

Dokument 30.4
Runderlaß über die Häftlingskennzeichnung vom 14. Mai 1942

Abschrift 27. März 1944 7

VK1-86 (143) 3.44/Mö/Zö.

Betrifft: Sondervergütung für die Oberaufseherin des F.K.L.Auschwitz Frl. M a n d l.

Bezug: Az.: A II/1b/224d/11.42/Kl/Sch.

Anlagen: keine

An das
SS-Wirtschafts-Verwaltungshauptamt- Chef des Amtes A II -
Berlin-Lichterfelde-West.

Im Rechnungsjahr 1943/44 hat auf Weisung des Amtsgruppenchefs A die Oberaufseherin des hiesigen Frauenlagers, Frl. Maria Mandl, eine Sonderzuweisung von monatlich RM 100,-- erhalten. Ich bitte, diese Sondervergütung auch ab 1.4.44 weiter bewilligen zu wollen.
Frl. Mandl unterliegt bei ihrer Tätigkeit als Oberaufseherin einer erhöhten Seuchengefahr, zumal die sanitären und hygienischen Verhältnisse im Frauenlager noch mangelhaft sind. Ihr ausgedehntes Aufgabengebiet erfordert weiterhin täglich eine Mehrzahl von Überstunden, die insbesondere noch dadurch erhöht werden, da sie nach Dienstende noch die Gesamtaufsicht über die Aufseherinnen im Stabsgebäude wahrzunehmen hat. Die sonst übliche monatliche Überstundenpauschale von RM 35,-- für Aufseherinnen ist ihren Leistungen entsprechend bei weitem nicht angemessen.
Es wird gebeten, diesen Betrag in Form einer Mehrleistungs- und Gefahrenzulage zu genehmigen.

Der Leiter der SS-Standortverwaltung
Auschwitz
gez. Unterschrift
SS-Obersturmbannführer

F.d.R.d.A.:
SS-Hauptsturmführer

---

431/d

SS-Wirtschafts-Verwaltungshauptamt
Amtsgruppe D -Konzentrationslager
Oranienburg, den 9.September 1944

D IV - Az.: 40/b/9.44/Gö/G.-

5

Betr.: Vergütung für die KL-Oberaufseherin Maria Mandl.
Bezug: Schr.d.SS-WVHA,Amt A II/1b/224d/3.44/Uh.v.31.7.44.

An die
SS-Zentralverwaltung Auschwitz,
A u s c h w i t z O/S.

Bezugnehmend auf die dortige Anfrage wird nach Rücksprache mit dem SS-WVHA,Amt A II mitgeteilt, daß die Stellenzulage von RM 100,-- monatlich an die KL-Oberaufseherin M a n d l eine Zulage zum Gehalt auf Grund ihrer Dienststellung ist.
Das Überstundengeld in Höhe von RM 35,-- monatlich bei einer wöchentlichen Arbeitszeit von mind.68 Stunden wird daher auf die Stellenzulage von RM 100,-- monatlich nicht angerechnet.

Der Chef der Verwaltung
SS-Sturmbannführer

Dokument 30.5
Schriftwechsel zwischen dem KZ Auschwitz und der Amtsgruppe D über eine „Sondervergütung" für die Oberaufseherin Maria Mandl

Nur in diesen Briefen über die Sonderzuweisung für die Oberaufseherin Maria Mandl spricht die Verwaltung des KZ Auschwitz offen über die katastrophalen Verhältnisse in diesem Lager.

Frau Mandl „unterliegt bei ihrer Tätigkeit als Oberaufseherin einer erhöhten Seuchengefahr, zumal die sanitären und hygienischen Verhältnisse im Frauenlager noch mangelhaft sind." Maria Mandl, die von den Häftlingen gefürchtet und an Selektionen in Auschwitz beteiligt ist, wird im September 1947 in Krakau zum Tode verurteilt und hingerichtet.

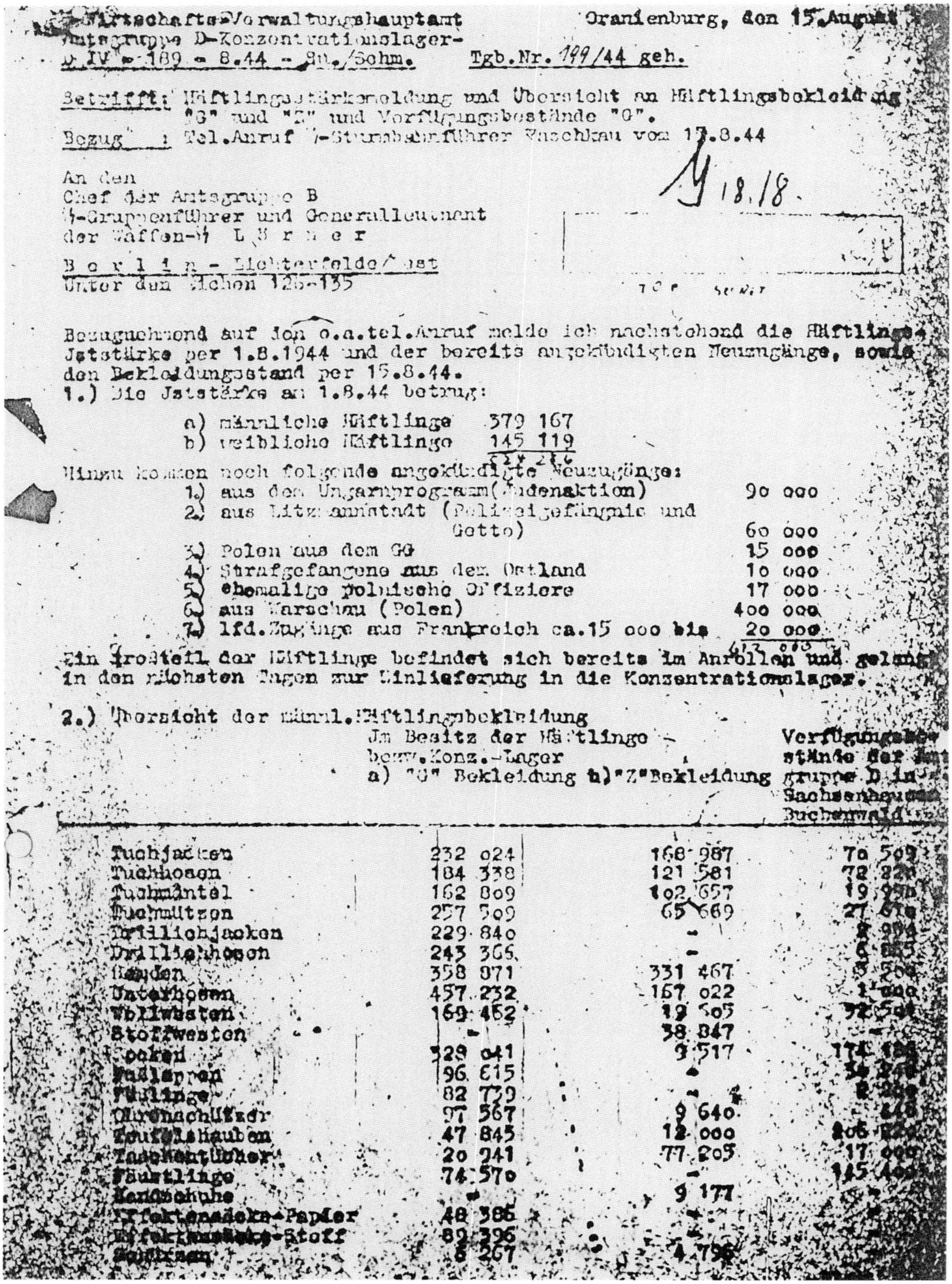

Wirtschafts-Verwaltungshauptamt Oranienburg, den 15. August
Amtsgruppe D-Konzentrationslager-
D IV - 189 - 8.44 - Bu./Schm. Tgb.Nr. 199/44 geh.

Betrifft: Häftlingsstärkemeldung und Übersicht an Häftlingsbekleidung "G" und "Z" und Verfügungsbestände "G".
Bezug : Tel.Anruf SS-Sturmbannführer Waschkau vom 17.8.44

An den
Chef der Amtsgruppe B
SS-Gruppenführer und Generalleutnant
der Waffen-SS L ö r n e r
B e r l i n - Lichterfelde/Ost
Unter den Eichen 126-135

Bezugnehmend auf den o.a.tel.Anruf melde ich nachstehend die Häftlings-Iststärke per 1.8.1944 und der bereits angekündigten Neuzugänge, sowie den Bekleidungsstand per 15.8.44.

1.) Die Iststärke am 1.8.44 betrug:

a) männliche Häftlinge 379 167
b) weibliche Häftlinge 145 119
524 286

Hinzu kommen noch folgende angekündigte Neuzugänge:

| | | |
|---|---|---|
| 1.) | aus dem Ungarnprogramm (Judenaktion) | 90 000 |
| 2.) | aus Litzmannstadt (Polizeigefängnis und Getto) | 60 000 |
| 3.) | Polen aus dem GG | 15 000 |
| 4.) | Strafgefangene aus dem Ostland | 10 000 |
| 5.) | ehemalige polnische Offiziere | 17 000 |
| 6.) | aus Warschau (Polen) | 400 000 |
| 7.) | lfd. Zugänge aus Frankreich ca. 15 000 bis | 20 000 |
| | | 612 000 |

Ein Großteil der Häftlinge befindet sich bereits im Anrollen und gelangt in den nächsten Tagen zur Einlieferung in die Konzentrationslager.

2.) Übersicht der männl. Häftlingsbekleidung

| | Im Besitz der Häftlinge bzw. Konz.-Lager a) "G" Bekleidung | b) "Z" Bekleidung | Verfügungsbestände der Amtsgruppe D in Sachsenhausen Buchenwald |
|---|---|---|---|
| Tuchjacken | 232 024 | 168 987 | 70 50[illegible] |
| Tuchhosen | 184 338 | 121 581 | 72 8[illegible] |
| Tuchmäntel | 162 809 | 102 657 | 19 [illegible] |
| Tuchmützen | 257 509 | 65 669 | 27 [illegible] |
| Drillichjacken | 229 840 | - | [illegible] |
| Drillichhosen | 243 365 | - | [illegible] |
| Hemden | 358 871 | 331 467 | [illegible] |
| Unterhosen | 457 232 | 167 022 | [illegible] |
| Wollwesten | 169 462 | 19 505 | [illegible] |
| Stoffwesten | - | 38 847 | - |
| Socken | 329 041 | 9 517 | 174 [illegible] |
| Fußlappen | 96 615 | - | [illegible] |
| Füßlinge | 82 739 | - | [illegible] |
| Ohrenschützer | 97 567 | 9 640 | [illegible] |
| [illegible] | 47 845 | 12 000 | [illegible] |
| Taschentücher | 20 941 | 77 205 | 17 000 |
| Fäustlinge | 74 570 | - | 145 40[illegible] |
| Handschuhe | - | 9 177 | [illegible] |
| Effektensäcke-Papier | 48 385 | - | [illegible] |
| Effektensäcke-Stoff | 82 396 | - | [illegible] |
| [illegible] | 8 267 | 4 796 | [illegible] |

Dokument 30.6
Schreiben Wilhelm Burgers über die mangelhafte Bekleidung der Häftlinge in den Konzentrationslagern an den Chef der Amtsgruppe B im SS-Wirtschafts-Verwaltungshauptamt vom 15. August 1944 mit der Paraphe von Glücks über dem Stempel

- Blatt 2 -

| | a)"G" Bekleidung | b)"Z" Bekleidung | Verfügungsbestände |
|---|---|---|---|
| Arbeitsjacken | - | 2 6o2 | - |
| Arbeitshosen | - | 2 594 | - |
| Arbeitsanzüge | - | 4 9[illegible]8 | - |
| Schnürschuhe-Leder | 47 4o6 | 1[illegible] 979 | - |
| Schnürschuhe m.Holzsohle | 243 128 | - | 977 |
| Schnürschuhe m.Schnallen und Holzsohle | 1o o41 | - | 3 539 |
| Holzpantinen | 119 259 | - | - |
| Stiefel, lang (Leder) | 2 192 | 3 233 | - |
| Holländer | 13 52o | - | - |
| Leibbinden | 9 788 | - | - |
| Wollschal | - | 9 77o | - |
| Stiefel mit Holzsohlen | 389 | - | - |
| Halbschuhe-Leder | 1 635 | - | - |
| Effektenbeutel | 21 992 | - | - |

3.) Übersicht der weibl. Häftlingsbekleidung
im Besitz der Häftlinge
bezw. Konz.-Lager

| | a)"G" Bekleidung | b)"Z" Bekleidung | Verfügungsbestände der Amtsgruppe D in Ravensbrück |
|---|---|---|---|
| Winterkleider | 38 o64 | - | 2 27o |
| Sommerkleider | 75 638 | - | - |
| Kleider "Z" | - | 141 963 | - |
| Kleiderröcke "Z" | - | 34 796 | - |
| Blusen "Z" | - | 36 262 | - |
| Winterjacken | 42 783 | - | 4 840 |
| Mäntel "Z" | - | 32 8o2 | - |
| Taghemden | 35 418 | 21o 8o8 | 14 686 |
| Nachthemden | 9 194 | 4 94o | - |
| Winterbeinkleider | 48 246 | - | 14 o1o |
| Sommerbeinkleider | 35 781 | - | 6 690 |
| Schlüpfer "Z" | - | 79 687 | - |
| Unterröcke | 36 878 | 938 | 3 [illegible] |
| Frauenjacken "Z" | - | 8 o41 | - |
| Frauenstrümpfe | 41 377 | 58 711 | 6 [illegible] |
| Strumpfhalter | 13 676 | 3 328 | 2 [illegible] |
| Kopftücher | 32 27o | 6o 643 | - |
| Wollwesten | 2 o66 | 74 8o8 | 15 [illegible] |
| Büstenhalter | - | 7 62o | - |
| Binden-Papier | 33 4oo | - | 186 [illegible] |
| Binden-Stoff | 64 o41 | - | 9 [illegible] |
| Bindengürtel | 23 826 | - | [illegible] |
| Taschentücher | 38 553 | 14 562 | 15[illegible] 1oo |
| Schürzen | 4 436 | 13 636 | - |
| Frauenmützen | 9 488 | - | 5 6[illegible] |
| Fäustlinge | 9 294 | - | - |
| Handschuhe "Z" | - | 5 931 | - |
| Schnürschuhe-Leder | 2 392 | 14 348 | - |
| Halbschuhe-Leder | 2o 442 | - | - |
| Schnürschuhe m.Holzsohlen | 33 967 | - | - |
| Pantinen | 4o o92 | - | - |
| Holländer | 7 272 | - | - |
| Effektensäcke | 19 963 | - | - |

- 3 -

3

4.) Aufgrund der derzeitigen Gesamtstärke von 524 286 Häftlingen und der angekündigten und bereits im Antransport befindlichen Neuzugänge von insgesamt 612 000 Häftlingen, ist es mir trotz der letzten Zuweisung von Sonderkontingenten an Spinnstoff und Textilien für das Ungarnprogramm durch das Reichswirtschaftsministerium nicht möglich, die restlose Einkleidung der nun folgenden unvorhergesehenen Neuzugänge vorzunehmen.

Dabei möchte ich bemerken, daß die bisher anfallende Zivilbekleidung aus dem Ungarnprogramm bereits restlos ausgegeben ist und von den noch anfallenden brauchbaren Stücken, insbesondere aus der Polenaktion (Warschau), herzlich wenig zu erwarten ist.

Die bisher ausgegebene Zivilbekleidung, insbesondere Wäsche und Schuhe, muß infolge ihres Minderwertes bald ersetzt werden. Ihre Tragezeit ist gegenüber neuen Stücken sehr beschränkt.

Zu berücksichtigen ist fernerhin, daß gerade der Häftlingseinsatz bei den A- und B-Sondermaßnahmen einen hohen Verschleiß an Bekleidung und Schuhwerk fordert und die vorgeschriebenen Tragezeiten weit herunter gesetzt werden müssen.

Aus vorstehenden Gründen bitte ich Sie, Gruppenführer, die notwendigen Schritte beim Reichswirtschaftsministerium veranlassen zu wollen, um nochmals Sonderkontingente für Spinnstoff und Leder zu erwirken, damit der überaus hohe Bedarf an Häftlingsbekleidung sichergestellt wird. Dabei wäre beim Reichswirtschaftsministerium darauf hinzuweisen, daß bis heute doch enorme Mengen an Lumpen von den nicht brauchbaren Zivilsachen aus den einzelnen Aktionen von Auschwitz und anderen Lagern zur Verfügung des Reichswirtschaftsministeriums zur Ablieferung gelangten und noch weiterhin zur Ablieferung kommen.

Der Chef der Verwaltung

SS-Sturmbannführer

(Burger)

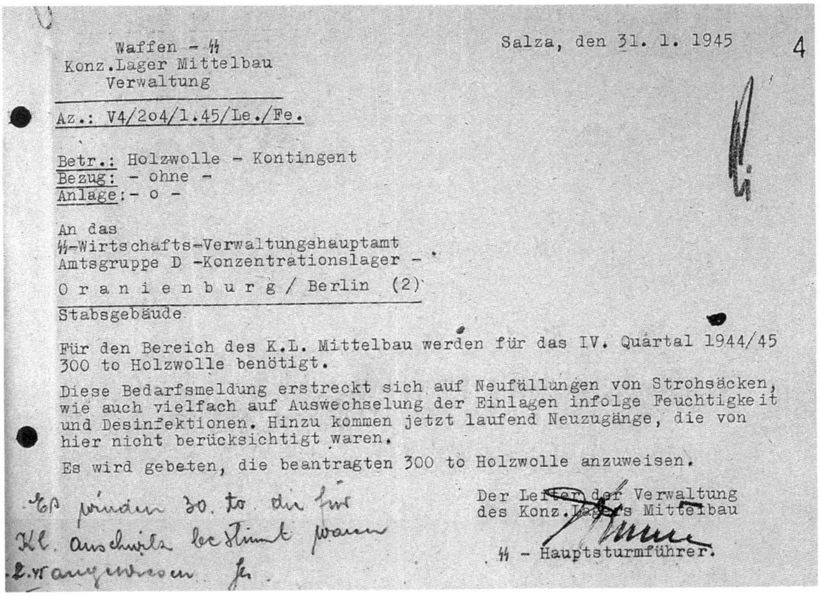

Waffen - ϟϟ
Konz.Lager Mittelbau
Verwaltung

Salza, den 31. 1. 1945

4

Az.: V4/204/1.45/Le./Fe.

Betr.: Holzwolle - Kontingent
Bezug: - ohne -
Anlage: - o -

An das
ϟϟ-Wirtschafts-Verwaltungshauptamt
Amtsgruppe D -Konzentrationslager -
O r a n i e n b u r g / Berlin (2)
Stabsgebäude

Für den Bereich des K.L. Mittelbau werden für das IV. Quartal 1944/45 300 to Holzwolle benötigt.

Diese Bedarfsmeldung erstreckt sich auf Neufüllungen von Strohsäcken, wie auch vielfach auf Auswechselung der Einlagen infolge Feuchtigkeit und Desinfektionen. Hinzu kommen jetzt laufend Neuzugänge, die von hier nicht berücksichtigt waren.

Es wird gebeten, die beantragten 300 to Holzwolle anzuweisen.

Der Leiter der Verwaltung
des Konz.Lagers Mittelbau

ϟϟ - Hauptsturmführer.

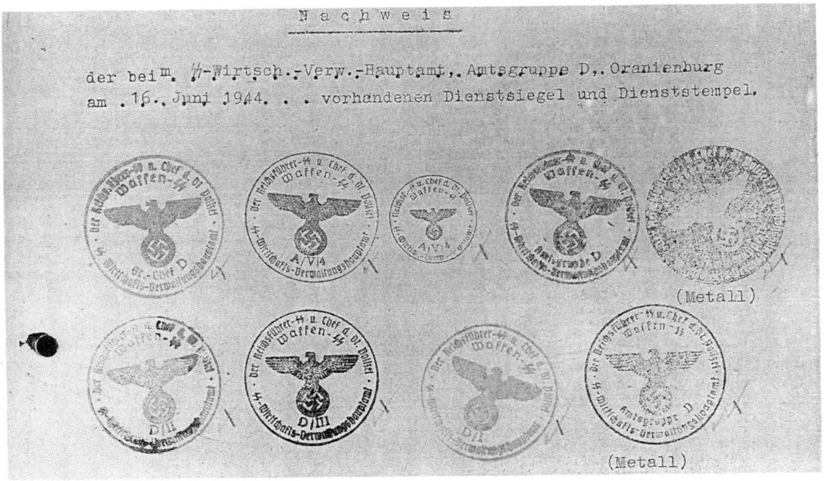

N a c h w e i s

der beim ϟϟ-Wirtsch.-Verw.-Hauptamt, Amtsgruppe D, Oranienburg
am 16. Juni 1944 . . . vorhandenen Dienstsiegel und Dienststempel.

(Metall)

(Metall)

Bild 30.8
Dienstsiegel und -stempel der Amtsgruppe D nach dem Stand vom 16. Juni 1944

Dokument 30.7
Schreiben der Verwaltung des KZ Dora-Mittelbau über Holzwolle für Papierschlafsäcke vom 31. Januar 1945

Im Sommer 1944 stehen für Häftlinge nur noch einfache Papierstrohsäcke zur Verfügung, die längst nicht für alle reichen. Die Verwaltung des KZ Dora-Mittelbau fordert Ende Januar 1945 unter Hinweis auf die miserable hygienische Lage der Häftlinge in den feuchten Stollen des KZ Dora-Mittelbau 300 Tonnen Holzwolle an. Zehn Prozent davon, 30 Tonnen, kann das Amt D IV diesem KZ zur Verfügung stellen – denn das KZ Auschwitz, für das diese Holzwolle bestimmt war, ist bereits von der Roten Armee befreit.

32

## Die Amtsgruppe D und der Völkermord an den Juden Europas

Seit dem Sommer 1941 gehört die Vernichtung aller Juden in Europa zu den Zielen des Rasse- und Weltanschauungskrieges der NS-Führung. Die größte Vernichtungsstätte, das Lager Auschwitz-Birkenau, untersteht der Amtsgruppe D nicht nur organisatorisch. In enger Abstimmung mit dem Reichssicherheitshauptamt leitet die Amtsgruppe D seit Frühjahr 1942 Deportationen aus ganz Europa nach Auschwitz oder Maidanek. Jeder einzelne Transport des Vernichtungsgases Zyklon B von der Produktion in Dessau nach Birkenau benötigt eine „Fahrgenehmigung" aus dem T-Gebäude (Dokument 32.4). In Dessau ist eine der Produktionsstätten der Firma Tesch und Stabenow für das Gas Zyklon B, mit dem ursprünglich Kleidung und Gebäude desinfiziert werden (Bild 32.5). Anfang September 1941 ermordet die SS im KZ Auschwitz unter der Führung von Höß 600 sowjetische Kriegsgefangene und 250 andere Häftlinge im Keller von Block 11 durch Zyklon B. Seitdem wird das Gas in großem Umfang zum Massenmord (in der Tarnsprache: „Judenumsiedlung") eingesetzt. Alle hier wissen, daß sie am Völkermord beteiligt sind: „Der Name Zyklon war uns bekannt, und wir wußten, daß dies ein Mittel zur Vernichtung der Juden war und hierzu auch gebraucht worden ist." Mit Rudolf Höß leitet einer der Haupttäter seit 1943 das Amt D I. Mehrfach übernimmt er auch danach in Auschwitz die weitere Koordination des Massenmordes. Systematisch sammelt die SS das Gut der Ermordeten in ihren Depots in Oranienburg. Glücks persönlich erteilt die meisten der Fahrgenehmigungen. Bereits im Sommer 1942 beginnen die Transporte von Auschwitz nach Oranienburg.
Glücks genehmigt Höß und zwei SS-Führern im September 1942 eine Fahrt in das Ghetto Lodz und in das Lager Chelmno, eines der drei Vernichtungslager der „Aktion Reinhard" (Dokument 32.3). Höß bespricht hier mit SS-Standartenführer Paul Blobel vor allem die Einäscherung der Toten mit „Feldöfen". Er sucht eine Methode, die Massengräber in Birkenau zu leeren, die Leichen zu verbrennen und deren Reste zu vernichten. Blobel empfiehlt ihm dafür eine „Kugelmühle".
Anfang Oktober 1942 befiehlt Himmler, alle Juden in den Konzentrationslagern auf dem Reichsgebiet nach Auschwitz oder Lublin-Maidanek zu deportieren (Dokument 32.6). Im Sommer 1943 benötigt die Lagerführung von Auschwitz dringend Zwangsarbeiter für die Buna-Werke. Der Amtschef D II, Gerhard Maurer, gibt seine Zustimmung zu beschleunigten Überstellungen aus dem KZ Lublin-Maidanek (Dokument 32.8).

Bild 32.5
Büchsen mit „Zyklon B"

Bild 32.1
Das Krematorium IV in Auschwitz-Birkenau während des Baues im Winter 1942/43

Dokument 32.2
Fahrgenehmigung vom 14. September 1942

Die „Sonderaktionen" sind die in Auschwitz bereits durchge führten Massenvergasungen von Juden aus Westeuropa.

**[illegible]rtschafts-Verwaltungshauptamt**
Amtsgruppe D-Konzentrationslager
Fernsprecher: Sammel-Nr. 3171

Oranienburg b. Berlin, 14. 9. 1942.

Diktatzeichen:

Fahrgenehmigung.

Zwecks dringender Überführung von 5 Stück Lastkraftwagen und einer Begleitmaschine wird hiermit die Fahrgenehmigung von Oranienburg nach Auschwitz für den 14. September 1942 erteilt.

Grund:

Sofortige Überführung der zugeteilten Lastkraftwagen zum Konz.- Lager Auschwitz, da Einsatz dieser Fahrzeuge für Sonderaktionen sofort zu erfolgen hat.

Der Chef des Zentralamtes

ϟϟ - Obersturmbannführer
(Ständiger Vertreter des
Leiters der Dienststelle
im Range eines General -
leutnants der Waffen ϟϟ )

(12)

SS-WVB 90. 10000 4. 42.

A b s c h r i f t .

Funk-Spruch Nr. 52

Absendende Stelle: An Angekommen: 15.9.42 1744

W.V.H.A. K.L.Au.

---

Betr.: Fahrgenehmigung.
Bezug: Dort.Antrag v.14.9.42

Fahrgen. für einen PKW. von Au. nach Litzmannstadt und zurück zwecks Besichtigung der Versuchsstation für Feldöfen Aktion Reinhard wird hiermit für den 16.9.42 erteilt.

Die Fahrgen. ist dem Kraftfahrer mitzugeben.

Der Chef der Amtsgr. D
gez. Glücks
SS-Brigadef. u. Generalmajor
der Waffen-SS, Leiter der
Dienstst. im Range eines General-
leutnants der Waffen-SS

F.d.R.
gez. Selle
Funkstellenleiter

F.d.R.d.A.:

a.B.
SS-Hauptsturmführer und Adjutant.

A b s c h r i f t .

Funk-Spruch Nr. 13

Absendende Stelle: An Angekommen: 2.1o.42 1632

W.V.H.A. K.L.Au.

---

Betr.: Fahrgen.
Bezug: Dort. Antrag vom 2.1o.42

Fahrgenehmigung für einen 5 To. LKW mit Anhänger nach Dessau u.zurück, zwecks Abholung von Materialien für die Judenumsiedlung, wird hiermit erteilt.

Den Kraftfahrer ist diese Fahrgenehmigung mitzugeben.

Liebehenschel
SS-Oberstubaf.
ständiger Vertreter des Leiters
der Dienstst. im Range eines
Gen.Leutnants d. Waffen-SS

F.d.R.
gez. Selle
Funkstellenleiter

F.d.R.d.A.:

a.B.
SS-Hauptsturmführer und Adjutant.

Dokument 32.3
Fahrgenehmigung vom 15. September 1942

Dokument 32.4
Fahrgenehmigungen für den Transport des Vernichtungsgases Zyklon B vom 2. Oktober 1942

Abschrift.

SS-Wirtschafts-Verwaltungshauptamt
Amtsgruppe D - Konzentrationslager,

Oranienburg, den 5.10.1942.



D II/1 23 Ma./Hag.-

Betr.: Juedische Haeftlinge.

An die
Kommandanten der KL

Bu.,Da., Flo., Gro.-Ro., Mau,Na.,Neu.,Nie., Rav.,Sh.,St.-

Der Reichsfuehrer SS will, dass saemtliche im Reichsgebiet gelegenen KL judenfrei gemacht werden. Es sollen daher die sich im dortigen KL befindlichen Juden nach Auschwitz oder Lublin ueberstellt werden.

Ich bitte, mir die Zahl der im dortigen KL einsitzenden Juden bis zum 9.d.M. zu melden und dabei besonders zu vermerken, wenn von diesen Haeftlingen an Stellen eingesetzt sind, die ihre sofortige Ueberstellung nicht gestatten.

Der Chef des Amtes D II
gez. M a u r e r ,
SS-Obersturmbannfuehrer.

F.d.R.d.A.
Natzweiler, den 7.10.1942
gez.Unterschrift
SS-Hauptscharfuehrer und Adjudant.

an 7.10.42.
?2 Juden zur Ueberstellung gemeldet.

Dokument 32.6
Runderlaß des Amtes D II an alle KZ-Kommandanten vom 5. Oktober 1942

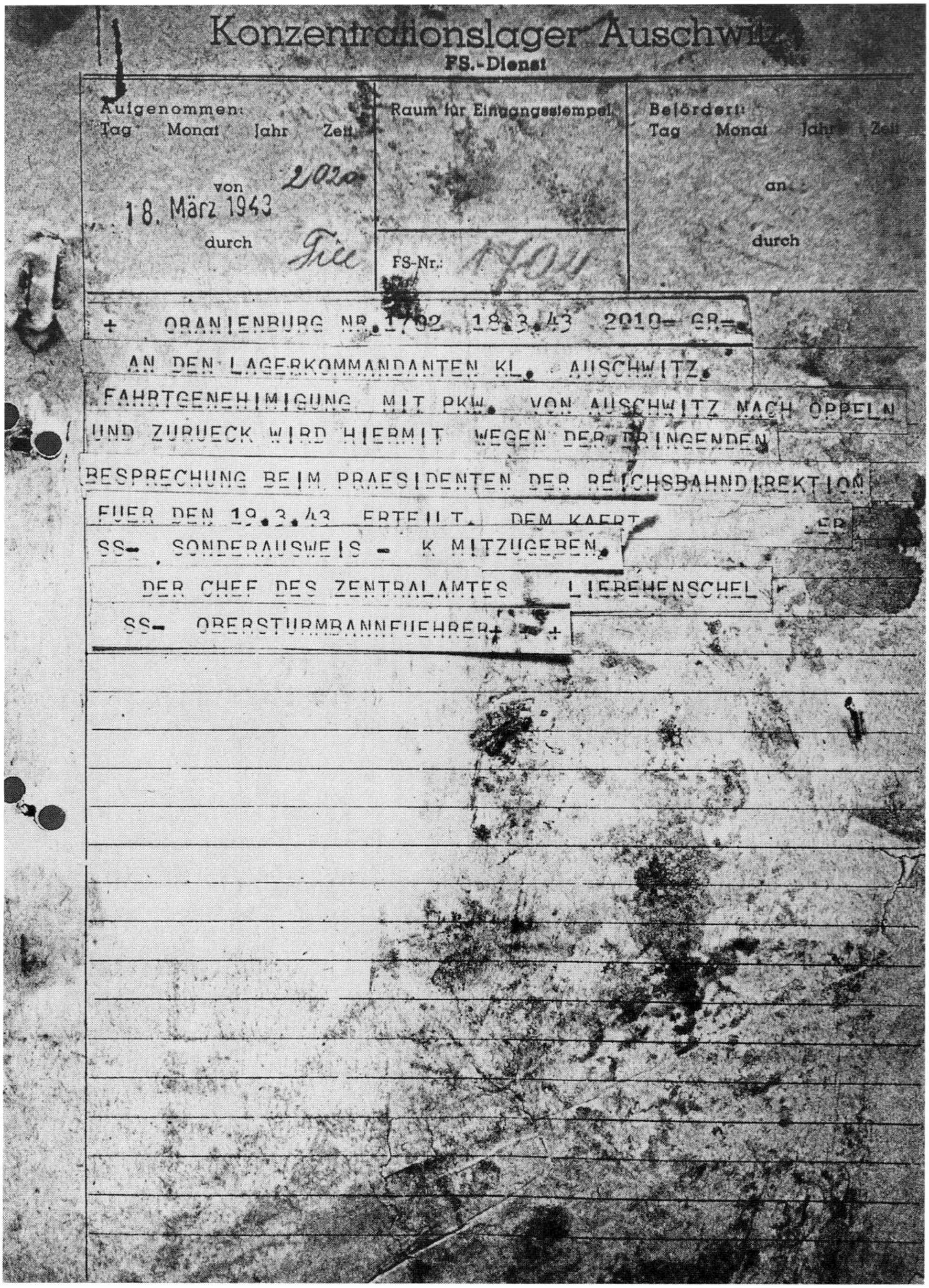

Konzentrationslager Auschwitz
FS.-Dienst

Aufgenommen: Tag Monat Jahr Zeit
von 2020
18. März 1943
durch

Raum für Eingangsstempel
FS-Nr.: 1704

Befördert: Tag Monat Jahr Zeit
an
durch

+ ORANIENBURG NR. 1702 18.3.43 2010 - GR -
AN DEN LAGERKOMMANDANTEN KL. AUSCHWITZ.
FAHRTGENEHMIGUNG MIT PKW. VON AUSCHWITZ NACH OPPELN
UND ZURUECK WIRD HIERMIT WEGEN DER DRINGENDEN
BESPRECHUNG BEIM PRAESIDENTEN DER REICHSBAHNDIREKTION
FUER DEN 19.3.43 ERTEILT. DEM KA[illegible]ER
SS- SONDERAUSWEIS - K MITZUGEBEN.
DER CHEF DES ZENTRALAMTES LIEBEHENSCHEL
SS- OBERSTURMBANNFUEHRER + +

Dokument 32.7
Fahrgenehmigung vom 18. März 1943

Liebehenschel gibt Höß die Genehmigung für eine „dringende Besprechung" bei der Reichsbahndirektion in Oppeln zur Sicherung der Deportationszüge nach Auschwitz.

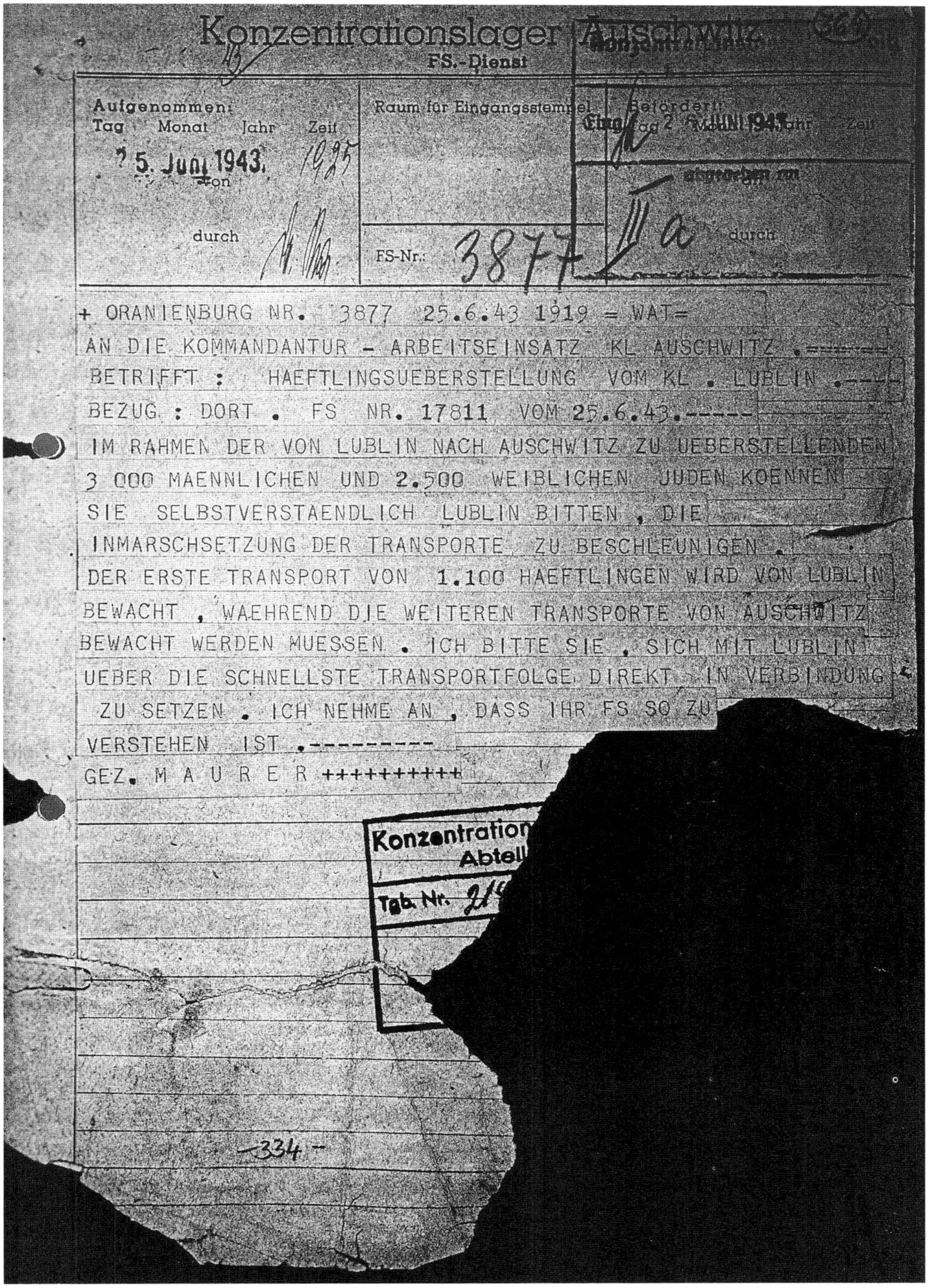

Konzentrationslager Auschwitz

FS.-Dienst

Aufgenommen:
Tag Monat Jahr Zeit
25. Juni 1943. 1925
von
durch

Raum für Eingangsstempel

Befördert:
Tag Monat Jahr Zeit
durch

FS-Nr.: 3877

+ ORANIENBURG NR. 3877 25.6.43 1919 = WAT=
AN DIE KOMMANDANTUR - ARBEITSEINSATZ KL AUSCHWITZ .=====
BETRIFFT : HAEFTLINGSUEBERSTELLUNG VOM KL . LUBLIN .---
BEZUG : DORT . FS NR. 17811 VOM 25.6.43.-----
IM RAHMEN DER VON LUBLIN NACH AUSCHWITZ ZU UEBERSTELLENDEN
3 000 MAENNLICHEN UND 2.500 WEIBLICHEN JUDEN KOENNEN
SIE SELBSTVERSTAENDLICH LUBLIN BITTEN , DIE
INMARSCHSETZUNG DER TRANSPORTE ZU BESCHLEUNIGEN .
DER ERSTE TRANSPORT VON 1.100 HAEFTLINGEN WIRD VON LUBLIN
BEWACHT , WAEHREND DIE WEITEREN TRANSPORTE VON AUSCHWITZ
BEWACHT WERDEN MUESSEN . ICH BITTE SIE , SICH MIT LUBLIN
UEBER DIE SCHNELLSTE TRANSPORTFOLGE DIREKT IN VERBINDUNG
ZU SETZEN . ICH NEHME AN , DASS IHR FS SO ZU
VERSTEHEN IST .---------
GEZ. M A U R E R ++++++++++

Konzentration
Abteil
Tgb. Nr.

-334-

Dokument 32.8
Fernschreiben des Amtes D II an das
KZ Auschwitz vom 25. Juni 1943

33

## Die Amtsgruppe D und der Genozid an den Sinti und Roma

Bereits die Nürnberger Rassegesetze 1935 bestimmen: „Artfremden Blutes sind in Europa regelmäßig nur die Juden und die Zigeuner". Seit 1938 weist die Kriminalpolizei viele Sinti und Roma als „Zigeuner und nach Zigeunerart umherziehende Personen" in die KZ ein. 1940 sollen alle Sinti und Roma aus Deutschland in das „Generalgouvernement" in Polen deportiert werden. Seit August 1941 wird über die KZ-Einweisung von Sinti und Roma nach der Vorlage eines „Rassegutachtens" entschieden. Aus dem SS-Wirtschafts-Verwaltungshauptamt nimmt der spätere Amtschef D II, Gerhard Maurer, am 10. Oktober 1941 zusammen mit Eichmann an einer Besprechung bei Heydrich über die „Lösung der Judenfrage" teil, in der auch über die „zu evakuierenden Zigeuner" bestimmt werden soll. In vielen KZ leisten Sinti und Roma Zwangsarbeit; die SS mißbraucht sie zu medizinischen Experimenten. Seit September 1942 werden aus dem Strafvollzug alle „Juden, Zigeuner, Russen und Ukrainer . . . an den Reichsführer SS zur Vernichtung durch Arbeit" überstellt (Dokument 33.2).

Im Dezember 1942 ordnet Himmler die Deportation aller Sinti und Roma nach Auschwitz (Bild 33.1) an. In das „Zigeunerlager" B II e werden allein im März 1943 über 11 000 Menschen eingeliefert. Von den am 2. August 1944 noch Lebenden werden 1 408 in andere KZ deportiert, die übrigen 2 897 am selben Tag ermordet.

Im Frühjahr 1944 organisiert der Chef des Amtes D III, Enno Lolling, auf Weisung von Oswald Pohl einen Fleckfieberversuch im KZ Buchenwald an „30 geeigneten Zigeunern". Im KZ Buchenwald sind zu dieser Zeit 64 Sinti und Roma inhaftiert (Dokument 33.3). Am 21. März 1944 ordnet Lolling die Durchführung der Versuche an. Wie viele Menschen dabei sterben, bleibt unbekannt.

Dr. Josef Mengele ist seit Mai 1943 Lagerarzt in Auschwitz-Birkenau. Hier beteiligt er sich an Selektionen für die Gaskammer und setzt an Kindern von inhaftierten Sinti und Juden seine „Zwillingsforschung" fort.

Im Antrag zur Verleihung eines „Kriegsverdienstkreuzes" für Mengele vom 29. Februar 1944 an Glücks als Amtsgruppenchef D heißt es über diese Verbrechen: „SS-Hauptsturmführer Josef Mengele versieht seinen Dienst als Lagerarzt im KL Auschwitz seit dem 17. 6. 1943. Er hat sich in der Erfüllung der ihm übertragenen Arbeiten ganz besonders hervorgetan und über seinen Dienst hinaus sich noch mit dringenden wissenschaftlichen Problemen in der Erforschung der Rassenzugehörigkeit der Zigeuner betätigt. Ausserdem hat er regelmäßig an der Erledigung besonderer Aufgaben mitgearbeitet."

**Bild 33.1**
**Das Konzentrationslager Auschwitz-Birkenau**

**Dokument 33.2**
**Protokoll der Besprechung zwischen Reichsjustizminister Otto Thierack und Heinrich Himmler am 18. September 1942**

35a

Besprechung mit Reichsführer SS Himmler am 18.9.1942 in seinem Feldquartier in Gegenwart des StS.Dr.Rothenberger, SS.Gruppenführer Streckenbach und SS.Obersturmbannführer Bender.

1. Korrektur bei nicht genügenden Justizurteilen durch polizeiliche Sonderbehandlung. Es wurde auf Vorschlag des Reichsleiters Bormann zwischen Reichsführer SS und mir folgende Vereinbarung getroffen:

a) Grundsätzlich wird des Führers Zeit mit diesen Dingen überhaupt nicht mehr beschwert.

b) Über die Frage, ob polizeiliche Sonderbehandlung eintreten soll oder nicht, entscheidet der Reichsjustizminister.

c) Der Reichsführer SS sendet seine Berichte, die er bisher dem Reichsleiter Bormann zusandte, an den Reichsjustizminister.

d) Stimmen die Ansichten des Reichsführers SS und des Reichsjustizministers überein, so wird die Angelegenheit zwischen ihnen erledigt.

e) Stimmen beider Ansichten nicht überein, so wird die Meinung des Reichsleiters Bormann, der evtl. den Führer unterrichten wird, herbeigezogen.

f) Soweit auf anderem Wege (etwa durch ein Schreiben eines Gauleiters) die Entscheidung des Führers über ein mildes Urteil angestrebt wird, wird Reichsleiter Bormann den Bericht an den Reichsjustizminister weiterleiten. Die Angelegenheit wird sodann zwischen dem Reichsführer SS und dem Reichsminister der Justiz in vorbezeichneter Form erledigt werden.

2. Auslieferung asozialer Elemente aus dem Strafvollzug an den Reichsführer SS zur Vernichtung durch Arbeit. Es werden restlos ausgeliefert die Sicherungsverwahrten, Juden, Zigeuner, Russen und Ukrainer, Polen über 3 Jahre Strafe, Tschechen oder Deutsche über 8 Jahre Strafe nach Entscheidung des Reichsjustizministers. Zunächst sollen die übelsten asozialen Elemente unter letzteren ausgeliefert werden. Hierzu werde ich den Führer durch Reichsleiter Bormann unterrichten.

3.

3. Rechtsprechung durch das Volk.

Diese ist Schritt für Schritt zunächst in den Dörfern und den kleinen Städten bis etwa 20 000 Einwohner möglichst bald durchzuführen. Jn Großstädten ist die Durchführung schwierig. Hierzu werde ich durch einen Artikel im Hoheitsträger besonders die Partei zur Mitwirkung anregen. Es besteht Klarheit darüber, daß die Gerichtsbarkeit nicht in den Händen der Partei liegen darf.

4. Verordnungen, die die Polizei und Justiz betreffen, sollen in Zukunft abgestimmt herausgegeben werden, z.B. Nichtverfolgung unehelicher Mütter bei dem Versuch der Abtreibung.

5. Reichsführer SS ist einverstanden, daß die Straftilgung auch für Polizeiangehörige nach § 8 des Straftilgungsgesetzes beim Reichsjustizmin. verbleibt.

6. Der von mir geplanten Regelung der vom Führer angeordneten Prügelstrafe stimmt Reichsführer SS in vollem Umfange zu.

7. Jch nehme auf das Gemeinschaftsfremdengesetz Bezug und melde Ansprüche der Justiz an, z.B. bei Feststellung Jugendlicher als asoziale Elemente und ihre Einweisung. Auch scheinen mir die Tatumstände, die zur Abstempelung eines Menschen als asozial dienen, nicht klar genug im Gesetz dargelegt. Reichsführer SS wartet unsere Stellungnahme ab und wird bis dahin die Vorlage des Gesetzes nicht betreiben.

8. Reichsführer SS ist mit einer Bestimmung, wonach die Strafmündigkeit auf 12 Jahre herabgesetzt und die verminderte Strafmündigkeit über 18 Jahre erweitert werden kann, für das Jugendstrafgerichtsgesetz einverstanden.

9. SS-Obersturmbannführer Bender im Stabe des Reichsführers SS wird vom Reichsführer SS als Verbindungsmann in Sachen, die ihm unmittelbare Verbindung zum Reichsführer SS notwendig erscheinen lassen, bestimmt. Er ist jederzeit durch Fernschreiben im Feldquartier des Reichsführers SS zu erreichen, kommt auch einmal monatlich nach Berlin und wird

sich

wird sich hier bei mir melden. Für die anderen Sachen ist zum Verbindungsmann Hauptsturmführer Wanniger ernannt, der sich im Sicherheitshauptamt befindet.

10. Reichsführer SS weist darauf hin, daß im Strafvollzug viel mehr Spezialanstalten einzurichten sind nach dem Grundsatz, daß Nichtbesserungsfähige für sich zusammen und Besserungsfähige nach ihren Spezialverbrechen (z.B. Betrüger, Diebe, gewaltmäßig Handelnde ) geschlossen unterzubringen sind. Das wird als richtig anerkannt.

11. Reichsführer SS verlangt die Führung des Strafregisters bei der Polizei. Es ist zu untersuchen, was dagegen spricht (Tilgung, Erschwerung und Herbeiziehung des Strafregisterauszugs?) Die Angelegenheit soll mit Gruppenführer Streckenbach noch durchverhandelt werden.

12. Reichsführer SS weist auf den im Felde als Major befindlichen SS-Obersturmführer Reichsgerichtsrat Altstötter und auf den Landgerichtspräsidenten Stepp positiv und auf den GenStAnw. Jung in Dresden negativ hin.

13. Schließlich schneidet Reichsführer SS die Frage der Staatsanwaltschaft und ihren Übergang an die Polizei an. Jch lehnte das rundweg ab. Weiter wurde dieses Thema nicht behandelt.

14. Es besteht Übereinstimmung darüber, daß in Rücksicht auf die von der Staatsführung für die Bereinigung der Ostfragen beabsichtigten Ziele in Zukunft Juden, Polen, Zigeuner, Russen und Ukrainer nicht mehr von den ordentlichen Gerichten, soweit es sich um Strafsachen handelt, abgeurteilt werden sollen, sondern durch den Reichsführer ᛋᛋ erledigt werden. Das gilt nicht für bürgerlichen Rechtsstreit und auch nicht für Polen, die in die deutschen Volkslisten angemeldet oder eingetragen sind.

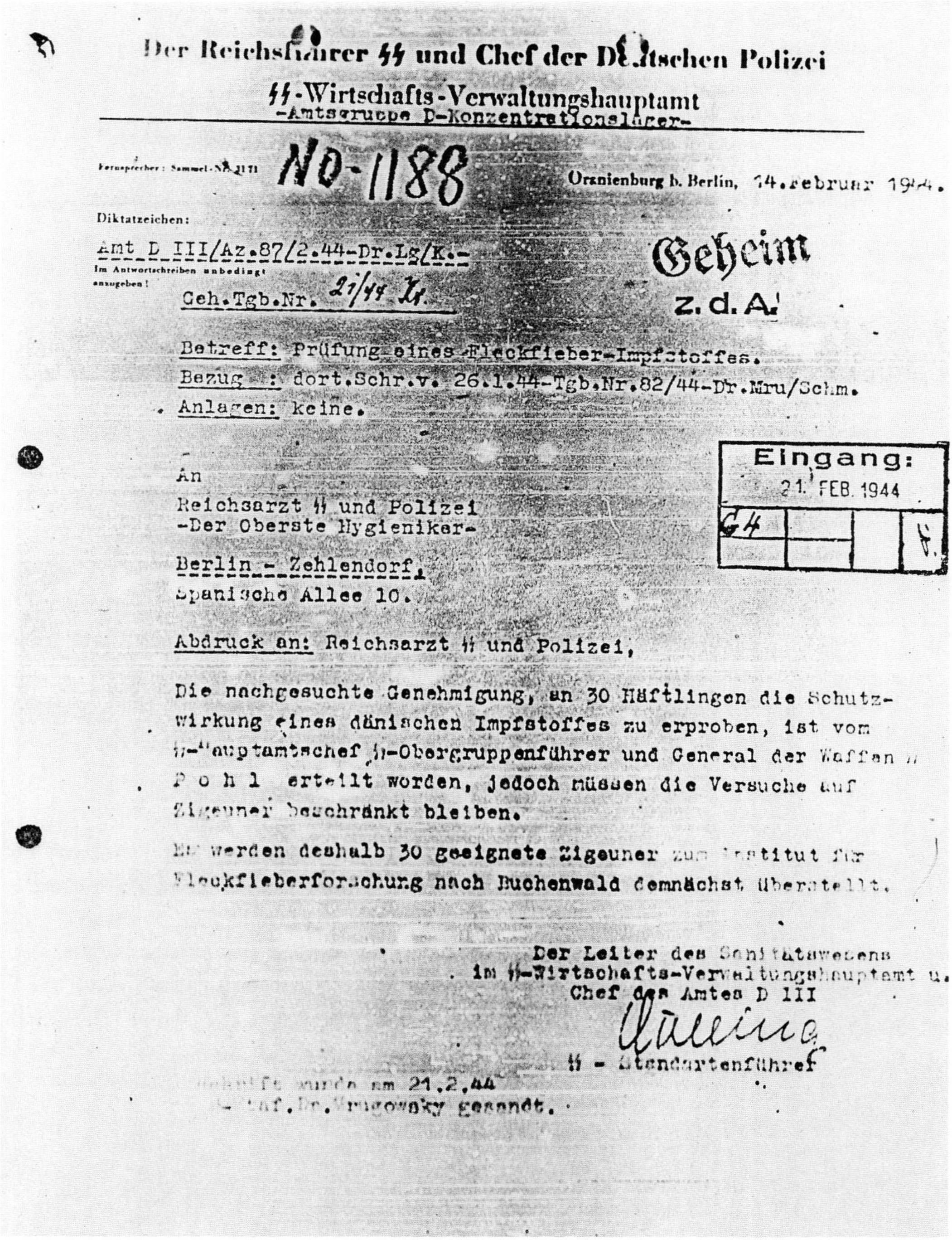

Der Reichsführer SS und Chef der Deutschen Polizei

SS-Wirtschafts-Verwaltungshauptamt
-Amtsgruppe D-Konzentrationslager-

NO-1188

Fernsprecher: Sammel-Nr. 2171

Oranienburg b. Berlin, 14. Februar 1944.

Diktatzeichen:

Amt D III/Az.87/2.44-Dr.Lg/K.-

Im Antwortschreiben unbedingt anzugeben!

Geh.Tgb.Nr. 21/44 Kr.

Geheim

z.d.A.

Betreff: Prüfung eines Fleckfieber-Impfstoffes.
Bezug : dort.Schr.v. 26.1.44-Tgb.Nr.82/44-Dr.Mru/Schm.
Anlagen: keine.

Eingang: 21. FEB. 1944

G4

An
Reichsarzt SS und Polizei
-Der Oberste Hygieniker-

Berlin - Zehlendorf,
Spanische Allee 10.

Abdruck an: Reichsarzt SS und Polizei,

Die nachgesuchte Genehmigung, an 30 Häftlingen die Schutzwirkung eines dänischen Impfstoffes zu erproben, ist vom SS-Hauptamtschef SS-Obergruppenführer und General der Waffen SS P o h l erteilt worden, jedoch müssen die Versuche auf Zigeuner beschränkt bleiben.

Es werden deshalb 30 geeignete Zigeuner zum Institut für Fleckfieberforschung nach Buchenwald demnächst überstellt.

Der Leiter des Sanitätswesens
im SS-Wirtschafts-Verwaltungshauptamt u.
Chef des Amtes D III
Lolling
SS - Standartenführer

Abschrift wurde am 21.2.44
SS-Stuf.Dr. Mrugowsky gesandt.

Dokument 33.3
Schreiben des Amtes D III an den Reichsarzt SS und Polizei vom 14. Februar 1944 über Fleckfieberversuche im KZ Buchenwald

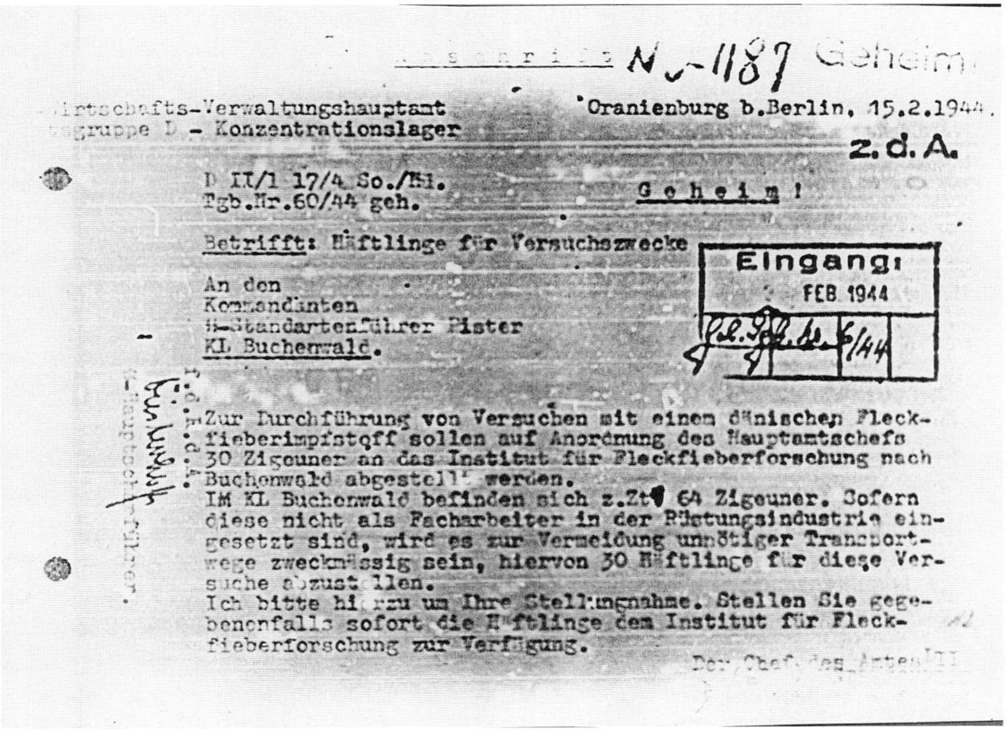

Abschrift N – 1187 Geheim

Wirtschafts-Verwaltungshauptamt
Amtsgruppe D – Konzentrationslager

Oranienburg b.Berlin, 15.2.1944.

z.d.A.

D III/1 17/4 So./Ei.
Tgb.Nr.60/44 geh.

Geheim!

Betrifft: Häftlinge für Versuchszwecke

Eingang: FEB 1944

An den
Kommandanten
SS-Standartenführer Pister
KL Buchenwald.

Zur Durchführung von Versuchen mit einem dänischen Fleckfieberimpfstoff sollen auf Anordnung des Hauptamtschefs 30 Zigeuner an das Institut für Fleckfieberforschung nach Buchenwald abgestellt werden.
Im KL Buchenwald befinden sich z.Zt. 64 Zigeuner. Sofern diese nicht als Facharbeiter in der Rüstungsindustrie eingesetzt sind, wird es zur Vermeidung unnötiger Transportwege zweckmässig sein, hiervon 30 Häftlinge für diese Versuche abzustellen.
Ich bitte hierzu um Ihre Stellungnahme. Stellen Sie gegebenenfalls sofort die Häftlinge dem Institut für Fleckfieberforschung zur Verfügung.

Der Chef des Amtes D III

f.d.R.
SS-Hauptsturmführer.

Dokument 33.4
Schreiben des Amtes D III an den Kommandanten des Konzentrationslagers Buchenwald vom 15. Februar 1944 über Fleckfieberversuche im KZ Buchenwald

# 34

## Die Täter: Zur Biographie von Rudolf Höß

Rudolf Höß, am 25. November 1900 in Baden-Baden geboren, meldet sich als Gymnasiast 1916 freiwillig für den Kriegsdienst und kommt in der Türkei zum Einsatz. 1918 aus dem Heer entlassen, kämpft er im Ostpreußischen Freikorps und im völkischen Freikorps Roßbach im Baltikum, in Mecklenburg, im Ruhrgebiet und in Oberschlesien. Zwischenzeitlich arbeitet er als landwirtschaftlicher Verwalter. 1922 tritt er in die NSDAP ein; 1923 wird er wegen seiner Beteiligung an einem Fememord zu 10 Jahren Zuchthaus verurteilt.

Rudolf Höß macht eine ähnliche Erziehung zur Härte und Gewalt durch wie viele andere KZ-Kommandanten. Er geht früh zum Militär, kämpft anschließend in verschiedenen Freikorps und nimmt an terroristischen Aktionen teil. Der Mord an einem Lehrer, der angeblich mit der französischen Besatzungsmacht im Ruhrgebiet kooperiert hat, belastet ihn nicht. 1928 begnadigt, organisiert er für die völkische Artamanen-Gesellschaft Landdienstlager. 1934 tritt Höß auf Anregung Himmlers in den Stab des KZ Dachau ein. Im August 1938 wird er Adjutant im KZ Sachsenhausen und im Mai 1940 als Kommandant in das neue KZ Auschwitz versetzt. Im Juli 1941 erhält Höß von Heinrich Himmler unter vier Augen den Auftrag zur Durchführung des Massenmordes in Auschwitz-Birkenau. Im September 1941 wählt Höß dafür das Gas Zyklon B aus. Am 17. Juli 1942 besichtigt Himmler das KZ Auschwitz und nimmt an der Ermordung eines Transportes holländischer Juden teil. Dazu gehören die Selektion an der Rampe, der Mord durch Gas im Bunker Nr. 2 und die Räumung des Bunkers. Am 18. Juli inspiziert Himmler das Stammlager und das Frauenlager. Er befördert Höß zum Obersturmbannführer.

Für Höß sind Befehl und Gehorsam maßgeblich. Die Beteiligung am Massenmord hindert ihn nicht, ein anscheinend harmonisches Familienleben zu führen. Seit dem 10. November 1943 ist Höß Chef des Amtes D I („Zentralamt") der Amtsgruppe D des SS-Wirtschafts-Verwaltungshauptamtes, kehrt aber für „Sonderaktionen" mehrfach nach Auschwitz zurück. Höß erneuert im März 1944 den zentralen Entscheidungsanspruch der Amtsgruppe D (Dokument 34.4). Auch Exekutionsanträge haben ausdrücklich über ihn zu laufen und sollen möglichst zügig eingereicht werden. Ende Juni 1944 geht Höß vorübergehend noch einmal nach Auschwitz, um dort die Ermordung von über 430 000 ungarischen Juden zu koordinieren.

**Bild 34.1**
**Rudolf Höß (zweiter von links) und Oberingenieur Faust von der IG Farben mit Heinrich Himmler (rechts) bei einer Besichtigung in Auschwitz**

**Dokument 34.2**
**Beurteilung für Rudolf Höß durch den Chef des SS-Personalhauptamtes SS-Gruppenführer Maximilian von Herff vom Mai 1943**

H 2351
24.7. III

Abschrift der Beurteilungsnotiz anlässlich der Dienstreise des SS-Gruf.v. Herff durch das Generalgouvernement im Mai 1943.

Konzentrationslager A u s c h w i t z .

Lagerkommandant SS-Obersturmbannführer H o e s s .

Gute soldatische Erscheinung, sportlich, Reiter, versteht sich in jeder Lage zu benehmen, ruhig und schlicht, aber doch bestimmt und sachlich. Schiebt seine Person nicht in den Vordergrund, sondern lässt seine Leistungen für sich sprechen.

H. ist nicht nur ein guter Lagerkommandant, sondern hat auf dem Gebiete des Kl.-Wesens mit neuen Gedanken und neuen Erziehungsmethoden bahnbrechend gewirkt. Er ist ein guter Organisator und guter Landwirt und für den Ostraum der vorbildliche deutsche Pionier.

H. ist unbedingt befähigt, in leitende Stellungen auf dem Gebiete des Kl-Wesens eingesetzt zu werden. Seine besondere Stärke ist die Praxis.

F.d.R.d.A.:

SS-Sturmbannführer.
Bln.,den 25.6.1943
We.

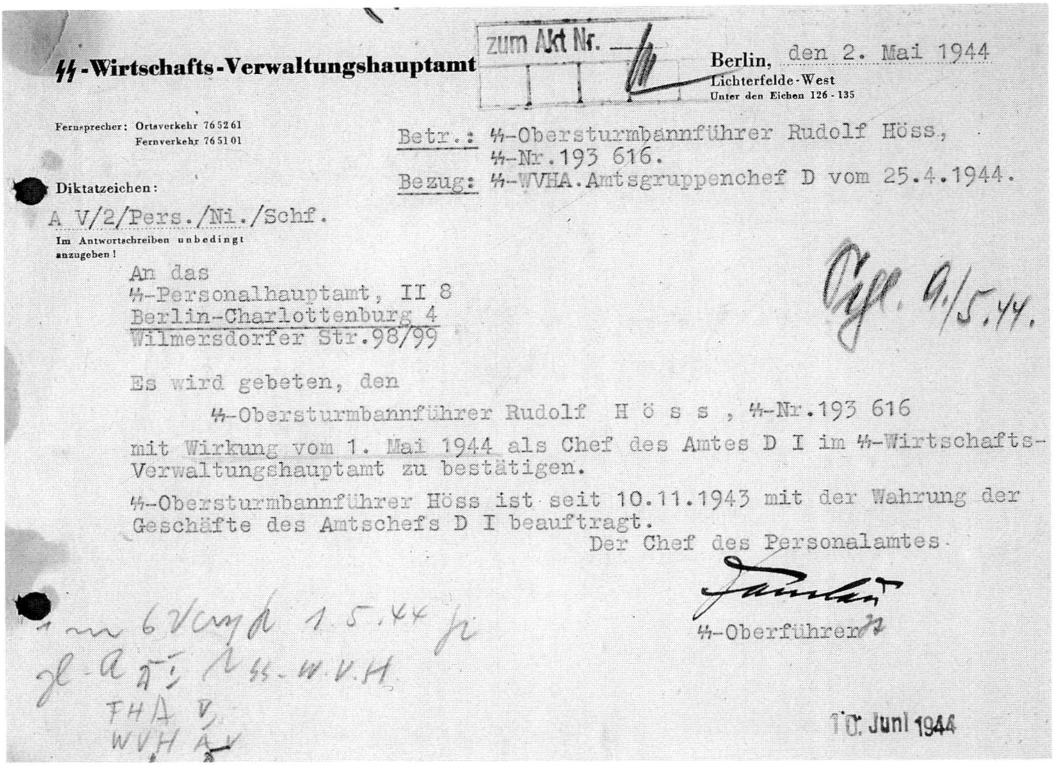
SS-Wirtschafts-Verwaltungshauptamt

zum Akt Nr.

Berlin, den 2. Mai 1944
Lichterfelde-West
Unter den Eichen 126 - 135

Fernsprecher: Ortsverkehr 76 52 61
Fernverkehr 76 51 01

Betr.: SS-Obersturmbannführer Rudolf Höss,
SS-Nr. 193 616.
Bezug: SS-WVHA. Amtsgruppenchef D vom 25.4.1944.

Diktatzeichen:
A V/2/Pers./Ni./Schf.
Im Antwortschreiben unbedingt anzugeben!

An das
SS-Personalhauptamt, II 8
Berlin-Charlottenburg 4
Wilmersdorfer Str. 98/99

Es wird gebeten, den

SS-Obersturmbannführer Rudolf H ö s s , SS-Nr. 193 616

mit Wirkung vom 1. Mai 1944 als Chef des Amtes D I im SS-Wirtschafts-Verwaltungshauptamt zu bestätigen.

SS-Obersturmbannführer Höss ist seit 10.11.1943 mit der Wahrung der Geschäfte des Amtschefs D I beauftragt.

Der Chef des Personalamtes

SS-Oberführer

10. Juni 1944

Dokument 34.3
Bestätigung von Rudolf Höß als Chef des Amtes D I vom 2. Mai 1944

40

NO-1553

Richtlinien zur Bekanntgabe an die Leiter der Politischen
Abteilungen bei der Besprechung am 23.März 1944.

-----------

Allgemeiner Schriftverkehr:

1.) Grundsätzlich verboten ist, unmittelbar mit dem Reichssicher-
heitshauptamt bezw. Reichskriminalpolizeiamt Schriftwechsel zu
führen. Ausgenommen hiervon sind dabei Vollzugsmeldungen über
Entlassungsverfügungen die dem Lager unmittelbar übersandt werden,
Führungsberichte, Auskünfte ob der Häftling noch einsitzt und
Schnellbriefe über Todesfälle (außer unnatürlichen).
Entlassungsanträge vom Lager an das RSHA. bezw. RKPA. zu stellen,
wird ausdrücklich verboten. Alle derartigen Anträge, ganz gleich
ob sie von den W-Ämtern oder anderen Dienststellen gestellt
werden, sind stets mit Personalakt und Führungsbericht hierher
zu reichen.
Bei allen Schriftverkehr ist unbedingt das Aktenzeichen des RSHA.,
RKPA. oder der hiesigen Dienststelle anzugeben.

2.) Exekutionsanträge an das RSHA. oder RFSS direkt zu stellen, ist
ebenfalls verboten. Auch deren Vorlage hat an die hiesige Dienst-
stelle zu erfolgen. Vollzugsmeldung über alle Exekutionen sind
stets unter Beifügung des Exekutionsprotokolls und einer Ab-
schrift der Exekutionsanordnung unmittelbar nach Vollzug hierher
zu melden. Meldung an anordnende Dienststelle kann direkt über-
sandt werden.
Exekutionsanträge werden zum Teil von den Leitern der Politischen
Abteilungen unterschrieben. Dies geht nicht an, sie müssen ent-
weder vom Kommandanten oder seinem Vertreter unterzeichnet sein.
Exekutionsmeldungen mit Schnellbrief oder FS entfallen.

3.) Geheime Reichssachen werden teilweise mit gewöhnlichem Brief hier
vorgelegt (Buchenwald mit gewöhnlichem Brief, Mauthausen unter
"Geheim").

4.) Häftlinge die zur Wehrmacht eingezogen werden, sind nach folgen-
dem Muster zu melden. Es ist unbedingt anzugeben:

| | | | |
|---|---|---|---|
| Vor-u.Zuname; | Geb.am; | Entl.verfg.RSHA. IV C 2 H.Nr. | Wehrbezirkskommando Truppenteil bezw. Feldpostnummer. |

-2-

36

Dokument 34.4
„Richtlinien zur Bekanntgabe an die Leiter der Politischen Abteilungen" vom 23. März 1944

Häftlingsüberstellungen:

1.) Verlegungen in andere Lager, vor allen Dingen in Stufe III, beim RSHA. bezw. RKPA. zu beantragen, gibt es nicht. Verlegungen werden grundsätzlich nur von hier verfügt.

2.) Bei Verlegungen von Häftlingen von Lager zu Lager sind für alle Polen, bei denen nicht ausdrücklich durch die einweisende Stelle darauf hingewiesen ist, daß sie in die deutsche Volksliste aufgenommen sind bezw. in die Liste aufgenommen werden sollen, Russen und Juden Überstellungsmeldungen nicht nötig.

3.) Bei Einweisungen sind Karteikarten ~~nur noch dem RKPA.~~ nicht zu übersenden. Die einweisenden Polizeidienststellen, also Stapo-leit-stellen und Kripo-leit-stellen, sind weiterhin mit dem vorgeschriebenen Formblatt zu verständigen. ~~Karteikarten für das Referat IV C 2 des RSHA. fallen weg.~~

Flucht von Häftlingen:

1.) Bei Fluchtmeldungen muß aus dem Fernschreiben ersichtlich sein, daß der Reichsführer-SS benachrichtigt wurde.

2.) Nach Wiederergreifung und Wiedereinlieferung in das Lager ist sofort, spätestens am nächsten Tag, eingehende Vernehmung vorzunehmen, die über den Fluchtweg ~~und~~ strafbaren Handlungen während der Flucht erschöpfend Auskunft geben muß. Vernehmung ist umgehend hier vorzulegen, da evtl. Exekutionsanträge an den Reichsführer-SS nicht erst nach Monaten gestellt werden können. So wurde z.B. von einem Lager im März 44 über strafbare Handlungen eines Häftlings berichtet, die er bereits während der Fluchtzeit im November 43 begangen hatte. Wiederergriffen und in das Lager eingeliefert wurde er im Dezember 43, während Exekutionsantrag erst im März 44 gestellt wurde. So etwas geht natürlich keinesfalls.

Todesfälle:

1.) Todesfälle von Polen, die nicht in die deutsche Volksliste aufgenommen sind bezw. aufgenommen werden sollen, und von Russen werden von den meisten Lagern mit Schnellbrief oder Fernschreiben dem RSHA. bezw. RKPA. gemeldet. Das ist nach dem bestehenden Befehl verboten. Todesfälle von diesen Polen

-3-

27

- 3 -

und Russen sind lediglich mit Formblatt KL 51/4.43 der einweisenden Dienststelle zu melden (wie bereits am 2o.9.43 mit Runderlaß befohlen.

Alle anderen Meldungen entfallen. Juden werden grundsätzlich nur listenmäßig gemeldet. Schnellbriefe und alle anderen Meldungen fallen auch hier weg.

2.) Monatliche Listen über verstorbene Juden sind nach dem Befehl Az. 14 f Allg./Ot/S.- vom 21.11.42 Geh.Tgb.Nr. 848/42 zu erstellen, dabei ist das Aktenzeichen des RSHA. bezw. des RKPA. unbedingt anzugeben. Es ist nicht angängig, daß nur RSHA. bezw. RKPA. geschrieben wird. Die Akten müssen genau nachgesehen werden ob es sich um Transport-Juden (IV B 4 a) oder um Juden mit Schutzhaftbefehl von IV C 2 handelt. Die Letzteren sind, wie schon tausendmal befohlen, rot zu unterstreichen.

Anträge auf P.-Strafen.

Anträge auf P.-Strafen sind nur der Amtsgruppe D zur Genehmigung vorzulegen. Genehmigungen für P.-Strafen beim RSHA. bezw. RKPA. einzuholen, ist nicht statthaft.

Geheim-Fertigung:

1.) Schriftwechsel über Bau des Gerätes A 4 ist, wie schon wiederholt darauf hingewiesen, nur als "Geheime Reichssache" zu behandeln.

2.) Für tschechische Schutzhäftlinge, die bei dem Bau des Gerätes A 4 eingesetzt sind, sind ebenfalls Karteikarten, wie bereits durch Runderlaß für Reichsdeutsche befohlen, hier in Vorlage zu bringen.

NN-Häftlinge:

Bei NN-Häftlingen ist darauf zu achten, daß diese mit ihren Angehörigen oder sonst einer Behörde nicht in Verbindung treten. Der gesamte über NN-Häftlinge anfallende Schriftwechsel ist der hiesigen Dienststelle vorzulegen. Ist durch Nachlässigkeit des Lagers (Poststelle oder Politische Abteilung) den Angehörigen der Aufenthalt bekannt geworden, ist dies dabei anzugeben.

Sprecherlaubnis:

Wenn bei Sprecherlaubnis Meldung über Durchführung von hier angeordnet ist, hat Meldung unmittelbar nach Durchführung zu erfolgen und nicht erst 3 Monate später.

- 4 -

38

35

## Der Terror 1944

Im Sommer 1944 sind über eine halbe Million Menschen in den Konzentrationslagern inhaftiert und zur Zwangsarbeit eingesetzt. Die Amtsgruppe D koordiniert zu dieser Zeit nicht nur den „Arbeitseinsatz" der Häftlinge in den über 1000 Außenlagern. Sie versucht auch, mit drakonischer Härte die Flucht von Häftlingen zu verhindern. Oswald Pohl weist in einem Erlaß des Amtes D I noch einmal auf die Grundregeln der Häftlingsbewachung hin (Dokument 35.2). Auch Häftlinge, die bisher mit der SS als Funktionshäftlinge oder Spitzel zusammengearbeitet haben, versuchen jetzt zu fliehen. Immer mehr Häftlingen gelingt die Flucht. Die Amtsgruppe D will über die Umstände jeder einzelnen Flucht informiert werden. Dazu gehören auch Skizzen und Vernehmungsberichte. Klar ist auch, welche Sanktion dem Häftling droht: „Gegebenenfalls ist Exekutionsantrag zu stellen" (Dokument 35.3).

Die Lebensbedingungen der Häftlinge verschlechtern sich ständig. Immer neue Menschengruppen, darunter Juden aus Ungarn oder Überlebende des Warschauer Aufstandes, kommen in die Konzentrationslager. Für einhunderttausend ungarische Juden schiebt Hitler die Vernichtung auf. Sie werden zu verschiedensten Arbeitskommandos in ganz Deutschland transportiert. Viele von ihnen sterben hier nach kurzer Zeit.

**Dokument 35.1**
**„Bewachung eines kleinen Häftlingskommandos im Freien"**

**Aus dem in Auschwitz gedruckten Schulungs-Bilderbuch „Falsch – Richtig"**

**Dokument 35.2**
**Runderlaß über Fluchtversuche von Häftlingen vom 6. Januar 1944**

65

Der Chef
des SS-Wirtschafts-Verwaltungshauptamtes
D I/1 Az.: 14 c 2/G./Ot.-
**Geh.Tgb.Nr. 41/44.**

Berlin, 6. Januar 1944.
Lichterfelde-West.

3

**Betrifft:** Ermordung eines SS-Angehörigen durch Häftlinge.

An die
Lagerkommandanten der
Konzentrationslager

Geheim

Da., Sah., Bu., Mau., Flo., Neu., Au. I – III, Gr.Ro., Natz., Stu., Lubl., Rav., Herz., War., Gruppenleiter D, Aufenthalts-Lager Bergen-Belsen und "Hinzert".

---

Vor kurzem ist in einem Konzentrationslager wieder ein SS-Rottenführer im Postenbegleitdienst ums Leben gekommen.

Der SS-Angehörige hat sich mit zwei Häftlingen, von denen der eine seit 2 Jahren als V-Mann in zuverlässigster Weise für die Politische Abteilung des betreffenden Lagers gearbeitet hatte, ohne einen dienstlichen Auftrag zu haben, allein aus dem Lager entfernt, um in der Nähe des Lagers verstecktes kommunistisches Zersetzungsmaterial zu suchen. Bei dieser Gelegenheit ist er dann ermordet worden, den beiden Häftlingen gelang die Flucht.

Wenn der SS-Angehörige den gegebenen Befehlen entsprechend gehandelt hätte, so wäre er noch am Leben.

Ich bitte diesen Fall erneut zum Gegenstand der Belehrung der Wachmannschaften zu machen und darauf hinzuweisen, daß

1.) keinem Häftling zu trauen ist und
2.) es die oberste Pflicht im Begleitdienst ist, sich 6 Schritte von den Häftlingen entfernt zu halten,
3.) die mit Gewehr ausgerüsteten Begleitposten der Aussenkommandos das geladene und gesicherte Gewehr nur noch unter dem rechten Arm auf der Patronentasche liegend tragen.

gez. P o h l
und

63

54
13
53

-Wirtschafts-Verwaltungshauptamt Oranienburg, den 26.Januar 1944.
Amtsgruppenchef D
- Konzentrationslager -
D I/1 Az.: 14 d 8/Ot/We.
Geh.Tgb.Nr. 116/44.

12

Betrifft: Flucht von Häftlingen.

An die
Lagerkommandanten der
Konzentrationslager
Da., Sah., Bu., Mau., Flo., Neu., Au. I - III, Groß-Ro., Natz., Stu., Lubl., Rav., Herz., War., Gruppenleiter D.
Aufenthaltslager Bergen-Belsen.

Es besteht Veranlassung nochmals mit allem Nachdruck auf die bisher von hier ergangenen Bestimmungen über Flucht von Häftlingen hinzuweisen.

Ausser der fernschriftlichen Meldung muss in jedem Fluchtfall sofort eingehender Bericht unter Beifügung einer Skizze hier vorgelegt werden. Handelt es sich um die Flucht von Arbeitsplätzen, deren Skizzen aus Gründen der Geheimhaltung nicht mit gewöhnlichen Briefen übersandt werden können, ist Fluchtbericht mit Skizze dem Kurier am 1. oder 16. mitzugeben.

Hat sich herausgestellt, dass an der gelungenen Flucht ein ᛋᛋ-Angehöriger bezw. Zivilarbeiter die Schuld trägt, muss Tatbericht eingereicht und Abschrift desselben hierher gesandt werden. Nach Abschluss des Verfahrens ist Abschrift des Urteils ebenfalls hier vorzulegen.

Weiter ist bei Wiederergreifung eines flüchtigen Häftlings sofort die hiesige Dienststelle fernschriftlich zu benachrichtigen und unverzüglich nach dessen Rücktransport ins Lager eingehender Vernehmung durch den Krim.-Beamten bezw. Gerichtsoffizier durchzuführen. Durchschrift dieser Vernehmung, aus der ersichtlich sein muss, unter welchen Umständen die Flucht aus dem Lager gelang, wer Beihilfe geleistet hat oder ob Unachtsamkeit eines Postens bezw. Nachlässigkeit

54

13

eines Zivilarbeiters (Aufbewahren von Kleidungsstücken, Armbinden, Ausweisen usw. an Orten, die Häftlingen zugängig sind) vorliegt, ist hierher einzureichen. Auch in diesen Fällen ist nachträglich noch Tatbericht zu erstellen. Aus dieser Vernehmungsniederschrift muss ferner hervorgehen, ob der Häftling während der Fluchtzeit Diebstähle oder andere Straftaten begangen hat. Gegebenenfalls ist Exekutionsantrag beizufügen.

Vorlage der oben angeforderten Unterlagen muss für alle nach dem 1.1.44 gemeldeten Fluchtfälle noch nachträglich erfolgen.

F.d.R.:

gez. G l ü c k s
SS-Gruppenführer und
Generalleutnant der Waffen-SS.

SS-Obersturmführer.

Dokument 35.3
Runderlaß über die Flucht von Häftlingen
vom 26. Januar 1944

# 36

## Die Amtsgruppe D 1944

Bild 36.1
Gauleiter Eigruber und Rüstungsminister Albert Speer (rechts) bei Häftlingen im Außenlager Linz des KZ Mauthausen 1944

Dokument 36.2
Schreiben Himmlers an den Chef des SS-Hauptamtes Jüttner über die Wachtruppen in den Konzentrationslagern vom 2. August 1944

Das Netz der Außenlager, das nach der grundsätzlichen Entscheidung für den massiven Zwangsarbeitseinsatz der Häftlinge entsteht, erreicht 1944 seine größte Ausdehnung. Häftlinge werden an Orte gebracht, an denen gigantische Rüstungsprojekte entstehen sollen, die aber oft nur in einer realitätsfremden Planung existieren. Immer mehr Volksdeutsche, hilfswillige Ukrainer, Angehörige des NS-Reichskriegerbundes oder nicht mehr fronttaugliche Soldaten, aber auch Notdienstverpflichtete kommen zu den Wachmannschaften. 1944 sind es vermutlich 50 000 Mann, die über eine halbe Million Häftlinge bewachen. Dennoch macht sich bei der riesigen Ausdehnung des Netzes von über 1 000 Außenlagern immer wieder der Mangel an Wachposten bemerkbar (Dokument 36.2). Die SS wiegt sich im Frühsommer 1944 noch in scheinbarer Sicherheit. Pohl vergleicht sich triumphierend mit Eicke (Dokument 36.3): „Zu Eickes Zeiten gab es insgesamt 6 Lager ! Jetzt: 185!" Heinrich Himmler dankt ihm „herzlich" (Dokument 36.4).

In enger Abstimmung mit dem Rüstungsministerium will die Amtsgruppe D die Ausbeutung der Häftlinge noch effizienter als bisher organisieren. Dies hindert die hier Arbeitenden aber nicht, auch die Vorteile ihrer Stellung wahrzunehmen. Im September 1944 schickt das KZ Herzogenbusch einen LKW mit 2 610 Kilo Obst nach Oranienburg, von denen das Amt D IV 1 319 Kilo in der Amtsgruppe D nach Familienstand und Kinderzahl verteilt. Während in den Konzentrationslagern die Häftlinge verhungern, sorgen die Organisatoren des Massenmordes für den Vitaminbedarf ihrer Angehörigen (Dokument 36.5).

Der Reichsführer-SS
RF/M. 35/78/44 g

Feld-Kommandostelle, den 9. August 1944

Persönlicher Stab Reichsführer-SS
Schriftgutverwaltung
Geh. / 67

Lieber J ü t t n e r !

Ich glaube, wir können jetzt folgende Frage lösen:

Wir hatten doch immer großen Mangel an alten und wenig kriegstauglichen Leuten, sodaß wir oft nicht in der Lage waren, junge Männer, die in den verschiedenen Dienststellen beschäftigt waren, so z.B. als Wachmannschaften in den Konzentrationslagern, herauszulösen.

Sie sagten mir kürzlich, daß Sie 5 000 unverbesserliche Verbrecher, die von 1 000 Mann bewacht wurden, den Konzentrationslagern überwiesen haben. Geben Sie doch diese 1 000 Mann Bewachung sofort dazu gegen Austausch von 1 000 jungen Leuten, die aus unseren Wachmannschaften herausgenommen werden können. Damit könnten wir noch einmal einen guten alten SS-Ersatz an die Front bringen.

H e i l  H i t l e r !

Ihr

gez.: H. Himmler

2. SS-Obergruppenführer P o h l

durchschriftlich mit der Bitte um Kenntnisnahme übersandt.

i.A.

SS-Hauptsturmführer

**Der Chef**
**des SS-Wirtschafts-Verwaltungshauptamtes**

D II/1 Az.: 21 Ma./F.
Tgb.Nr. 237 /44 geh.

Berlin, den 5. 4. 1944
Lichterfelde-West
Unter den Eichen 126-135

Fernsprecher: Ortsverkehr 76 52 61
Fernverkehr 76 51 01

Geheime Reichssache!
2 Ausfertigungen
1. Ausfertigung

Betrifft: Konzentrations- und Arbeitslager.
Anlagen : 1 Karte.

An den
Reichsführer-SS

Berlin SW 11
Prinz Albrechtstr. 8

Reichsführer!

Ich überreiche hierbei eine Karte des Reichsgebietes mit dem Generalgouvernement, den Ostlanden und den Niederlanden, in welcher nach dem Stand vom 31.3.44 alle Konzentrations- und Arbeitslager eingezeichnet sind.
Es bestehen jetzt:

| | | |
|---|---|---|
| Im Reichsgebiet | 13 | Konzentrationslager |
| Im Generalgouvernement | 3 | " |
| Im Ostland | 3 | " |
| In den Niederlanden | 1 | " |
| | 20 | |

Außerdem werden folgende Arbeitslager unterhalten:

| | | |
|---|---|---|
| Im Reichsgebiet | 130 | Arbeitslager |
| Im Generalgouvernement | 3 | " |
| Im Ostland | 30 | " |
| In den Niederlanden | 2 | " |
| | 165 | |

Heil Hitler!

[illegible] es insgesamt 6 Lager!

Jetzt: 185!

1909/44 [illegible]

SS-Obergruppenführer und
General der Waffen-SS

Dokument 36.3
Schreiben Pohls an Himmler, entworfen von Maurer, vom 5. April 1944

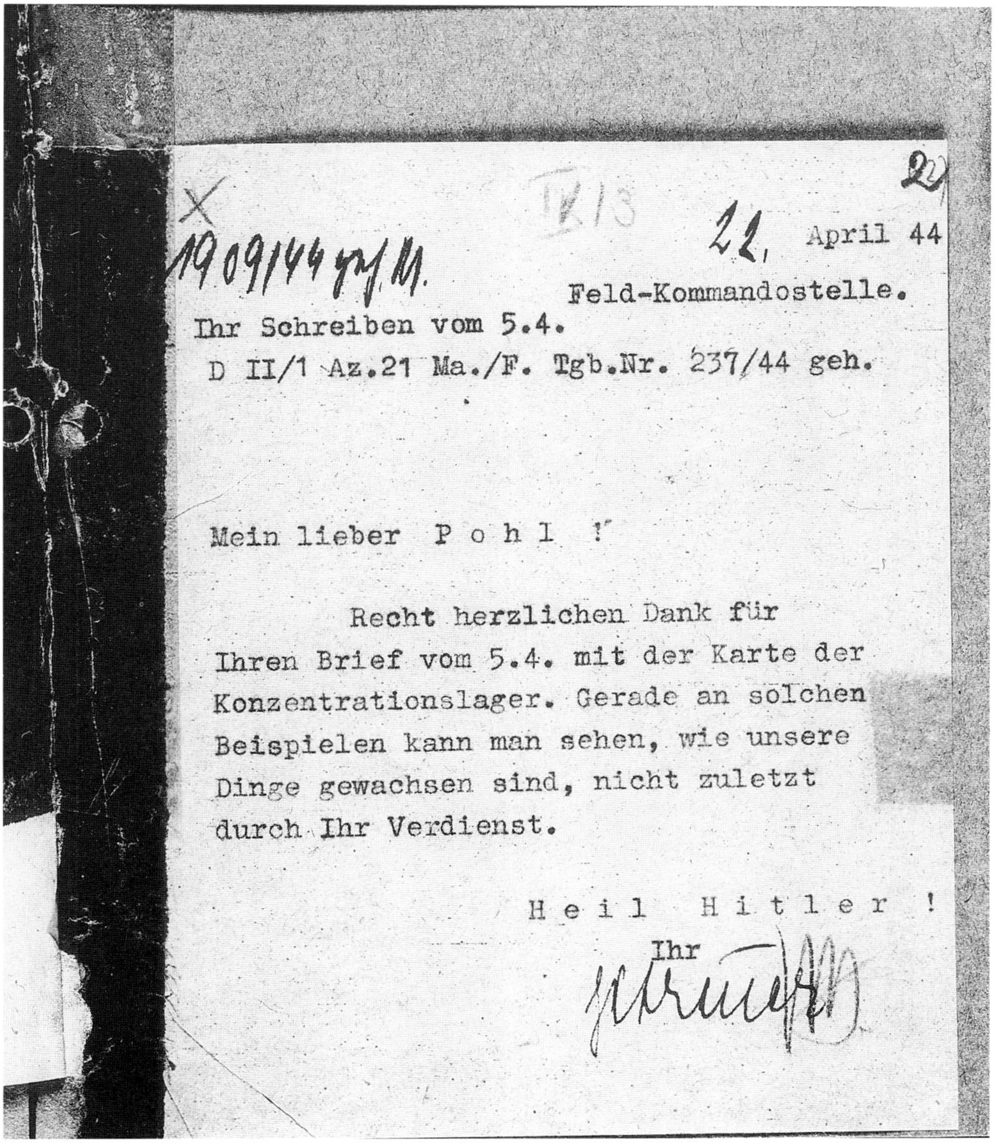

22. April 44

Feld-Kommandostelle.

Ihr Schreiben vom 5.4.
D II/1 Az.21 Ma./F. Tgb.Nr. 237/44 geh.

Mein lieber P o h l !

Recht herzlichen Dank für Ihren Brief vom 5.4. mit der Karte der Konzentrationslager. Gerade an solchen Beispielen kann man sehen, wie unsere Dinge gewachsen sind, nicht zuletzt durch Ihr Verdienst.

H e i l H i t l e r !

Ihr

Dokument 36.4
Antwort Himmlers an Pohl vom 22. April 1944

Namentliche Liste
der Führer, Unterführer und Männer Stab / Amtsgruppe D,
Stand vom 6.September 1944.

| Lfd. Nr. | Dienstgrad | N a m e | Vorname | Stand | Kinder-zahl | Äpfel kg | Quittung | RM |
|---|---|---|---|---|---|---|---|---|
| 1. | Ustuf. | Baumgart | H. | verh. | 4 | 30 | bez | 24,30 |
| 2. | Ustuf. | Biemann | W. | " | 2 | 18 | bez | 14,58 |
| 3. | Stubaf. | Burger | W. | " | 2 | 18 | bez | 14,58 |
| 4. | Gruf. | Glücks | R. | " | - | 6 | bez. (6 kg) | 4,86 |
| 5. | Hstuf. | Götz | H. | " | 1 | 12 | bez | 4,86 9,72 |
| 6. | Stubaf. | Harbaum | A. | " | 2 | 18 | bez | 14,58 |
| 7. | Ostubaf. | Höß | R. | " | 5 | 36 | bez. | 29,16 |
| 8. | Ustuf. | Jansen | G. | " | 2 | 18 | bez | 14,58 |
| 9. | Hstuf. | Jöbstl | R. | " | 3 | 24 | bez | 1944 |
| 10. | Stubaf. | Kiener | H. | " | 2 | 18 | bez | 14,58 |
| 11. | Staf. | Lolling | E. | " | 2 | 18 | bez | 14,58 |
| 12. | Staf. | Maurer | G. | verw. | - | 6 | bez (+5 kg) | 8,91 |
| 13. | Ostubaf. | Pook | W. | verh. | 1 | 12 | bez | 9,72 |
| 14. | Ostuf. | Rumpenhorst | J. | " | 3 | 24 | bez | 19,44 |
| 15. | Hstuf. | Sommer | K. | " | - | 6 | bez | 4,86 |
| 16. | Ostuf. | Scheffe | W. | " | 2 | 18 | bez | 14,58 |
| 17. | Ostuf. | Schultz | E. | led. | - | 6 | bez | 4,86 |
| 18. | Ustuf. | Unger | W. | verh. | 1 | 12 | bez | 9,72 |
| 19. | Ostubaf. | Weiß | M. | " | - | 6 | bez | 4,86 |
| 20. | Oscha. | Beller | P. | verh. | - | 6 | bez | 4,86 |
| 21. | Oscha. | Görke | H. | led. | - | 6 | bez | 4,86 |
| 22. | Hscha. | Falasch | T. | verh. | 3 | 24 | bez | 19,44 |
| 23. | Hscha. | Heiml | J. | " | 2 | 18 | bez | 14,58 |
| 24. | Uscha. | John | R. | led. | - | 6 | bez | 4,86 |
| 25. | Hscha. | Meier | G. | verh. | - | 6 | | |
| 26. | Uscha. | Pahl | G. | " | 1 | ~~12~~ 6 | bez | 4,86 |
| | | | | | 38 | 384 | 310,23 | 310,23 |

Dokument 36.5
Namentliche Liste der Führer, Unterführer und Männer des Stabes der Amtsgruppe D vom 6. September 1944.

| Lfd. Nr. | Dienstgrad | Name | Vorname | Stand | Kinderzahl | Äpfel kg | Quittung | RM |
|---|---|---|---|---|---|---|---|---|
| | | | | | 38 | 384 | | 3~~10~~,23 |
| 27. | Hscha. | Rammler | G. | verh. | 2 | 18 | √ bez. | 14,58 |
| 28. | Hscha. | Schmitt | L. | " | 1 | 12 | √ bez | 9,72 |
| 29. | Uscha. | Schuler | E. | " | 2 | 18 | bez. | 14,58 |
| 30. | Hscha. | Wehner | A. | " | 2 | 18 | bez | 14,58 |
| 31. | Oscha. | Androw | F. | verh. | 1 | 12 | bez. | 9,72 |
| 32. | Uscha. | Bartels | J. | Ledig | - | 6 | bez | 4,86 |
| 33. | Uscha. | Beth | W. | " | - | 6 | bez. | 4,86 |
| 34. | Strm. | Botz | J. | verh. | 1 | 12 | bez | 9,[illegible] |
| 35. | Strm. | Cronenberg | W. | led. | - | 6 | bez | 4,86 |
| 36. | Uscha. | Everth | J. | gesch. | 1 | 12 | bez | 9,72 |
| 37. | Uscha. | Falge | R. | verh. | 1 | 12 | bez | 9,72 |
| 38. | Oscha. | Felkl | W. | " | 1 | 12 | bez | 9,72 |
| 39. | Strm. | Finck | C. | " | 3 | 24 | bez | 19,44 |
| 40. | Uscha. | Förster | W. | led. | - | 6 | bez | 4,86 |
| 41. | Uscha. | Gläßer | K. | verh. | 2 | 18 | bez | 14,58 |
| 42. | Uscha. | Glöckler | F. | " | 2 | 12 | √ bez. ~~8,91~~ | 9,72 |
| 43. | Oscha. | Grünberg | E. | " | 1 | 12 | bez | 9,72 |
| 44. | Oscha. | Gründel | H. | " | 3 | 24 | bez. | 19,44 |
| 45. | Uscha. | Hagen | G. | led. | - | 6 | √ bez | 4,86 |
| 46. | Uscha. | Hartisch | K. | verh. | 2 | 18 | bez | 14,58 |
| 47. | Uscha. | Hederer | W. | led. | - | 6 | | |
| 48. | Uscha. | Hohenberger | F. | verh. | 1 | 6 | bez | 4,86 |
| 49. | Oscha. | Hölig | P. | " | 1 | 12 | bez | 9,72 |
| 50. | Uscha. | Hufnagl | H. | " | - | 6 | | |
| 51. | Rttf. | Israel | A. | led. | - | 6 | bez | 4,86 |
| 52. | Strm. | Kanitz | R. | " | - | 6 | bez | 4,86 |
| 53. | Oscha. | Kneller | H. | verh. | 1 | 12 | bez. | 9,72 |
| 54. | Uscha. | Konrad | K. | " | 3 | ~~24~~ 12 | bez | 9,72 |
| | | | | | 68 | 732 | 567,81 | 567,81 |

5

| Lfd. Nr. | Dienstgrad | N a m e | Vorname | Stand | Kinderzahl | Äpfel kg | Q u i t t u n g | RM |
|---|---|---|---|---|---|---|---|---|
| | | | | | 68 | 732 | 567,81 | 567,81 |
| 55. | Uscha. | Koppers | H. | verh. | 2 | 12 | bez. | 9,72 |
| 56. | Uscha. | Köder | H. | led. | - | 6 | bez. | 4,86 |
| 57. | Uscha. | Koepke | H. | verh. | 2 | 18 | bez. | 14,58 |
| 58. | Strm. | Kronenbitter | L. | led. | - | 6 | bez. | 4,86 |
| 59. | Uscha. | Krotzek | A. | led. | - | 6 | bez. | 4,86 |
| 60. | Hscha. | Krum | F. | verh. | 1 | 12 | bez. | 9,72 |
| 61. | Uscha. | Kruse | O. | " | 2 | ~~18~~ 12 | √ bez. | 9,72 |
| 62. | Uscha. | Kübler | E. | " | 5 | ~~36~~ 12 | √ bez. | 9,72 |
| 63. | Uscha. | Lesse | H. | " | - | 6 | | |
| 64. | Uscha. | Mainzer | O. | " | 2 | 18 | bez. | 14,58 |
| 65. | Uscha. | Margott | A. | " | 4 | 30 | bez. | 24,30 |
| 66. | Rttf. | Mayer | J. | " | 1 | 12 | bez. | 9,72 |
| 67. | Uscha. | Müller | A. | " | 1 | ~~12~~ 6 | bez. | 4,86 |
| 68. | Uscha. | Münch | G. | led. | - | 6 | bez. | 4,86 |
| 69. | Oscha. | Mylich | O. | verh. | - | 6 | bez. | 4,86 |
| 70. | Uscha. | Pfersich | E. | " | 3 | 24 | bez. | 19,44 |
| 71. | Uscha. | Prunar | J. | " | 1 | 12 | bez. | 9,72 |
| 72. | Uscha. | Quaiser | J. | " | 1 | 6 | bez. | 4,86 |
| 73. | Uscha. | Regh | H. | " | 4 | 30 | bez. | 24,30 |
| 74. | Oscha. | Rissler | W. | " | 1 | 12 | bez. | 9,72 |
| 75. | Oscha. | Roes | H. | " | - | 6 | bez. | 4,86 |
| 76. | O.Schtz. | Rotter | F. | " | 1 | 12 | bez. | 9,72 |
| 77. | Uscha. | Sengewald | R. | " | 2 | 18 | bez. | 14,58 |
| 78. | Uscha. | Singbartl | W. | " | 2 | 18 | bez. | 14,58 |
| 79. | Uscha. | Süß | H. | " | 2 | 18 | bez. | 14,58 |
| 80. | Uscha. | Schendzina | H. | led. | - | 6 | bez. | 4,86 |
| 81. | Oscha. | Schmidt | A. | verh. | - | 6 | bez. | 4,86 |
| 82. | Oscha. | Schreier | Chr. | " | 1 | 12 | bez. | 9,72 |
| 83. | Oscha. | Schubert | O. | led. | - | 6 | √ bez. | 4,86 |
| | | | | | 106 | 1134 | 849,69 | 849,69 |

| Lfd. Nr. | Dienstgrad | N a m e | Vorname | Stand | Kinderzahl | Äpfel kg | Quittung | RM |
|---|---|---|---|---|---|---|---|---|
| | | | | | 106 | 1134 | | 849,69 |
| 84. | Oscha. | Staufenbiel | A. | verh. | 1 | 12 | bez | 9,72 |
| 85. | Uscha. | Stromsky | A. | " | 3 | 24 | bez | 19,44 |
| 86. | Uscha. | Tell | A. | " | 2 | 18 | bez | 14,58 |
| 87. | Rttf. | Tichy | K. | led. | - | 6 | bez | 4,86 |
| 88. | Uscha. | Trülzsch | E. | verh. | 1 | 12 | bez. | 9,72 |
| 89. | Uscha. | Vogt | G. | " | - | 6 | bez. | 4,86 |
| 9o. | Oscha. | Watzka | F. | " | 1 | 12 | bez. | 9,72 |
| 91. | Uscha. | Weinberger | F. | " | 1 | 12 | bez. | 9,72 |
| 92. | Oscha. | Bloch | F. | " | 2 | 18 | bez | 14,58 |
| 93. | Uscha. | Hermann | P. | " | - | 6 | bez. | 4,86 |
| 94. | Oscha. | Krause | E. | " | 2 | 18 | bez | 14,58 |
| 95. | Oscha. | Piesick | O. | " | 4 | 3o | bez | 24,3o |
| 96. | Uscha. | Rosenauer | F. | led. | - | 6 | bez | 4,86 |
| 97. | Oscha. | Rudisile | A. | verh. | 1 | 12 | bez | 9,72 |
| 98. | Oscha. | Schmitz | H. | " | 2 | 18 | bez | 14,58 |
| 99. | Oscha. | Wichtrey | B. | " | - | 6 | bez. | 4,86 |
| 1oo. | Uscha. | Bülow | G. | led. | - | 6 | bez. | 4,86 |
| 1o1. | O.Fu. | Stock | H. | " | - | 6 | bez. | 4,86 |
| 1o2. | Strm. | Tretiniak | F. | " | - | 6 | bez | 4,86 |
| 1o3. | Frau | B a d e | M. | verh. | - | 6 | ✓ bez | 4,86 |
| 1o4. | Hstuf. | Rinck | K. | " | 1 | 12 | ✓ bez | 9,72 |
| ~~1o5~~ | ~~2014~~ | ~~H...~~ | | | 126 + 1 = 127 | 1386 | | |
| 105. | Ostuf. | Körner | | verh. | 2. | 18 | bez | 14,58 |
| | | | | | | 1.319 kg | | 1.068,39 |

15. I. 45

**F e r n s p r e c h v e r z e i c h n i s**

Es wird um größte Schonung der Telefonapparate gebeten, da Oberteile, Gabeln u.a. nicht mehr beschafft werden können.

| Zimmer | Teilnehmer | Apparat-Nr. |
|---|---|---|
| 38 | Fernsprechvermittlung ...................... | 11 u. 12 |
| 1 | W a c h e ................................. | 51 |
| 3 | Stabsscharführer .......................... | 24 |
| 39 | Fahrbereitschaft ( Tag ) .................. | 33 |
| 155 | Fahrbereitschaft ( Nacht ) ................ | 63 |
| 130 | Führerheim ................................ | 56 |
| 25 | Ortsgruppe – Lebensmittelkartenausgabe –.. | 19 |
| 24 | Hausverwaltung ............................ | 05 |
| 117 | Poststelle ................................ | 45 |
| 2 | Führer v. Dienst – Zimmer ................. | 55 |
| | **Amtsgruppenchef D** | |
| 70 | SS-Gruppenführer u. Gen.Leutnant G l ü c k s | |
| 70 a | Chef-u.Vorzimmer: SS-Oberscharf.Schmidt .... | 83 u. 84 |
| 69 | **Hauptabteilungsleiter:** | |
| | SS-Sturmbannführer H ä r b a u m .......... | 23 Privat 14 |
| | **Amt D I – Zentralamt –** | |
| 9 | Chef: SS-Obersturmbannführer H ö ß ....... | 89 Privat: 27 |
| | **D I/1 – Häftlingsangelegenheiten –** | |
| 6 | SS-Obersturmführer U n g e r .............. | 66 |
| 7 | SS-Hauptscharführer W e h n e r ..........<br>SS-Oberscharführer G r ü n b e r g ....... | 68 |
| 8 | SS-Unterscharführer S ü ß .................<br>SS-Unterscharführer Killeit ............... | 94 |
| 4 | SS-Hauptscharführer F a l l a s c h ...... | 09 |
| | **D I/2 – Nachrichtenwesen –** | |
| 151 | SS-Oberscharführer G r ü n d e l ........ | 81 |
| 152 | Fernschreibstelle ......................... | 77 |
| 148 | Nachr.Rep.Werkstatt: SS-Uscha.Konrad ..... | 46 |

| Zimmer | Teilnehmer | Apparat-Nr. |
|---|---|---|
| | D I/3 - Kraftfahrwesen - | |
| 42 | SS-Obersturmführer S c h u l t z ..... | 28 |
| 41 | SS-Unterscharführer Hohenberger ........ | 87 |
| | Fahrbereitschaft | |
| Baracke | SS-Unterscharführer P i b e r ........ | 33 |
| | SS-Uscha. Hartisch | |
| | Bereitschaftsraum .................. | 92 |
| | SS-Uscha. Andrew | |
| | SS-Uscha. Pfersich | |
| | SS-Uscha. Hagen | |
| | SS-Uscha. Rutkowski | |
| | SS-Uscha. Kübler | |
| | SS-Strm. Fink | |
| | D I/4 - Waffen u. Gerät - | |
| 12/13 | SS-Hauptscharführer B e c h .......... | 67 |
| | SS-Oberscharführer B e l l e r ........ | |
| | SS-Uscha. Quester .................... | |
| | Abteilung VI | |
| 79 | SS-Sturmbannführer B e r g s c h m i d t | 26 |
| 80 | SS-Oberscharführer K n e l l e r ..... | 61 |
| | SS-Unterscharführer Regh | |
| | SS-Unterscharführer Müller | |
| 46 | SS-Unterscharführer Sengewald .......... | 34 |
| | D I/ 6 - Diensthundewesen - | |
| 83 | SS-Unterscharführer K o p p e r s .... | 29 |
| | Amt D II - Häftlingseinsatz - | |
| 71 | Chef: SS-Standartenführer M o s e r ... | 76 Privat 13 |
| 72 | Vorzimmer: SS-Oscha. F e l k l ........ | 41 |
| 75 | SS-Hauptsturmführer S o m m e r ...... | 91 Privat 79 |
| 74 | SS-Oberscharführer Müller ............. | 91 Parallel-App. |
| 73 | SS-Untersturmführer W e b e r ........ | 04 |
| 63 | SS-Oberscharführer Eylich ............. | 39 |
| | SS-Unterscharführer Trüllzsch ......... | |
| 5 | SS-Oberscharführer S t a u f e n b i e l | 25 |
| | SS-Unterscharführer Margott ........... | 78 |
| 103 | SS-Oscha. Gaschka ...................... | 03 |
| | SS-Uscha. Gläser ....................... | 63 |

- 3 -

| Zimmer | Teilnehmer | Apparat-Nr. | |
|---|---|---|---|
| | D II - Arbeitseinsatz - | | |
| 75 | SS-Obersturmführer B i e m a n n ...... | 48 | |
| 74 | SS-Oberscharführer Rissler ............. | 08 | |
| | SS-Oberscharführer Schubert ............ | | |
| | SS-Rttf. Hänisch ...................... | | |
| | Amt D III - Sanitätswesen - | | |
| 93 | Chef: SS-Standartenführer Dr. L o l l i n g | 64 | |
| | Privat: Orbg. 2121 und über K.L.-Vermittlung. | | |
| 95/96 | Schreibstube: | | |
| | SS-Oberscharführer K r a u s e ....... | 85 | |
| | SS-Oberscharführer Wichtrey ............ | 06 | |
| | SS-Oberscharführer Ludisile ............ | | |
| | Truppenkrankenstube: | | |
| 89 | SS-Hauptsturmführer Dr. J ö b s t l ... | 47 | nachts 65 |
| 90 | Schreibstube: | | |
| | SS-Unterscharführer H e r r m a n n .. | 36 | nachts 36 |
| | SS-Strm. Kamin ......................... | | |
| | Zahnärztlicher Dienst: | | |
| 98/99, | Leiter: SS-Obersturmbannf. Dr. P o o k | 18 | |
| | SS-Oberjunker Schieferer ............... | 18 | |
| | Amt D IV - Verwaltung - | | |
| 109 | Chef: SS-Sturmbannführer B u r g e r | 74 | Privat 75 |
| 110 | Vorzimmer: Frau Bade ................... | 54 | |
| 112 | SS-Hauptsturmführer G ö t z .......... | 62 | |
| 107 | SS-Hauptsturmführer R i n k .......... | 21 | |
| 108 | SS-Uscha. Fieweger ..................... | 37 | |
| | SS-Uscha. Münch ........................ | 37 | |
| 104 | SS-Uscha. Kruse ........................ | 15 | |
| 105 | SS-Uscha. Schöder ...................... | 15 | |
| 111 | SS-Oberscharführer Görke ............... | 88 | |
| | SS-Uscha. Hauptvogel ................... | | |
| | Rechnungsführer | | |
| 113 | SS-Oberscharführer K o e s ........... | 35 | |
| | Rechtsabteilung | | |
| 10 | SS-Sturmbannführer K i e n e r ....... | 52 | |
| 11 | SS-Unterscharführer Stronsky ........... | 53 | |
| | Abwehrbeauftragter | | |
| 114 | SS-Untersturmführer Meinhardt .......... | 07 | |
| 115 | SS-Unterscharführer Franz .............. | 59 | |
| | SS-Unterscharführer Müller ............. | | |

- 4 -

| Zimmer | Teilnehmer | Apparat-Nr. |
| --- | --- | --- |
| | Hauptabteilung AV/4 | |
| 69 | Leiter: SS-Sturmbannführer H a r b a u m | 23 Privat: 14 |
| 68 | SS-Oberscharführer H ö h l i g ........... | 01 |
| | SS-Unterscharführer Prumar ............. | 01 |
| 67 | SS-Unterscharführer Everth ............. | 71 |
| | SS-Unterscharführer Glöckler ........... | 71 |
| 66 | Jetziges Vorzimmer SS-Gruf. Glücks | |
| | SS-Oberscharführer S c h m i d t ...... | 38 |
| | Kartei u. Registratur | |
| 64-65 | SS-Unterscharführer F a l g e ......... | 44 |
| | SS-Unterscharführer Mainzer ............ | |
| | Poststelle | |
| 117 | SS-Hauptscharführer K r u m m ......... | 45 |
| 1 | SS-Unterscharführer Singbartl .......... | |
| | Standesamt II | |
| 20 | SS-Hauptscharführer K l e i n ......... | 17 |
| | SS-Kraftfahrzeugzentraldepot | |
| 30 | SS-Sturmbannführer M ü l l e r ........ | 72 |
| 29 | SS-Hauptscharführer Garvers ............ | 73 |
| | SS-Oberscharführer Krause .............. | 86 |
| | SS-Kraftfahrtechnische Versuchsabteilung | |
| | SS-Sturmbannführer Endesfelder ......... | 43 |
| 32 | Wehrmachtsfahrbereitschaft ( Wefa ) | 22 |
| | Zentralnachweis der Waffen-SS | |
| 52 | SS-Obersturmbannführer v. D a l w i g .. | 49 |
| 54 | SS-Unterscharführer Grummer ............ | 58 ( auch nachts |
| 55 | Frau Koch, Frau Lesse .................. | 31 |
| | Sonderkommission RKPA | |
| 85 | SS-Obersturmführer C o r n e l y ...... | 93 |
| 82 | SS-Richter Hstuf. P a c h o t t a ..... | 32 |
| 26 | SS-Oberjunker Harm ..................... | 02 |

Raum für Nachträge:

## Erdgeschoß des T-Gebäudes
## Januar 1945
## Unvollständige Rekonstruktion

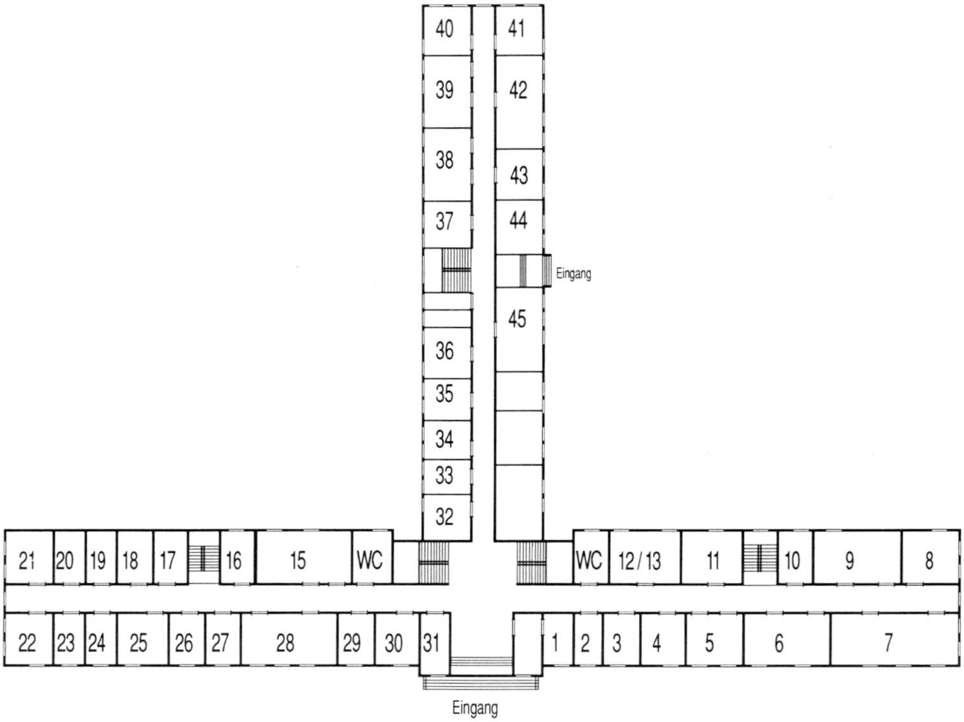


Wie aus dem auf den Seiten 204 ff. abgedruckten Telefonverzeichnis erkennbar ist, hatte Richard Glücks sein Dienstzimmer im ersten Stock direkt über der Eingangshalle (70). Im Erdgeschoß des T-Gebäudes lagen die Räume des Amtes D I, das von Rudolf Höß geleitet wurde (9). Dieses Zentralamt war zuständig für alle „Häftlingsangelegenheiten". Dazu gehörten auch die Ermordung sowjetischer Kriegsgefangener und Verhängung aller Strafen gegen die Häftlinge.

Im ersten Obergeschoß koordinierte das Amt D II unter der Leitung von Gerhard Maurer, später von Hans Moser (71) die Zwangsarbeit der Häftlinge; hier und im Dachgeschoß befanden sich auch die übrigen Ämter. Neben der Inspektion der Konzentrationslager waren im T-Gebäude ebenfalls noch die Kfz-Zulassungsstelle der gesamten Waffen-SS und die „Kriegsgeschichtliche Forschungsabteilung der Waffen-SS" untergebracht.

Erster Stock des T-Gebäudes
Januar 1945
Die Raumaufteilung und Raumverteilung des Nordflügels
konnte nicht rekonstruiert werden

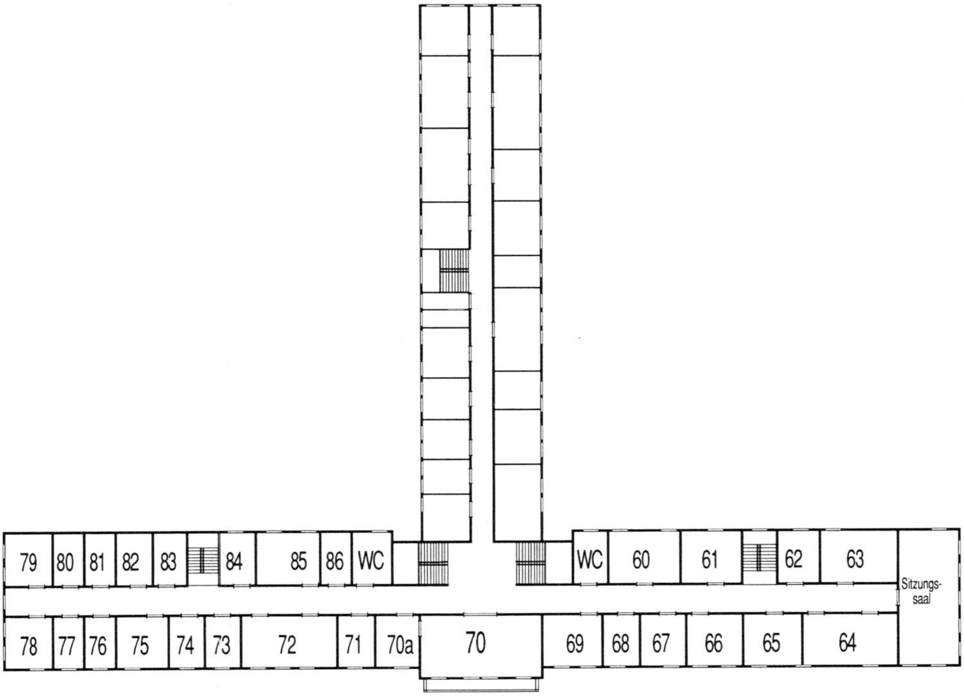


Rudolf Höß, der den Massenmord an den europäischen Juden in Auschwitz-Birkenau koordiniert hatte, war seit November 1943 Amtschef D I. Er schrieb in seinen Krakauer Aufzeichnungen darüber: „In meinem Amt konnte ich nun anhand der hier aufbewahrten Akten, Befehle und des ganzen Schriftverkehrs die Entwicklung aller Lager – seit Eicke Inspekteur wurde – verfolgen und ein Bild davon bekommen. Viele Lager kannte ich noch gar nicht persönlich. – Bei D I wurde der gesamte Schriftverkehr des IKL mit den Lagern, soweit es sich nicht um reine Arbeitseinsatz-, Sanitäts- oder Verwaltungsangelegenheiten handelte, registriert. Man konnte also von hier aus schon einen Überblick über alle Lager erhalten, mehr aber auch nicht. Was in den Lagern vorging, wie die Lager wirklich aussahen, ersah man aus dem Schriftverkehr, aus den Akten nicht. Dazu mußte man schon mit offenen Augen selbst durch die Lager gehen."

37

## Das Ende 1945

Ende 1944 leisten Häftlinge vor allem bei riesigen Untertageprojekten Zwangsarbeit. Im Rahmen der verzweifelten Versuche der NS-Führung, im Osten Deutschlands und an der Küste die militärische Niederlage aufzuhalten, bauen die Häftlinge in neuen Außenlagern unter primitivsten Bedingungen Panzergräben. Die alliierten Truppen rücken vor. Lublin-Maidanek wird im August 1944 befreit, Natzweiler kurz darauf. Im Frühjahr 1945 beginnt wegen der vormarschierenden Alliierten eine Serie sinnloser Häftlingstransporte von einem Lager in das nächste. Zehntausende verhungern auf Transporten und in den Lagern, Tausende werden als „marschunfähig" erschossen.

Fast 12 000 tschechoslowakische Häftlinge sind in den Konzentrationslagern inhaftiert. Darüber läßt sich Karl Hermann Frank als „Staatsminister für Böhmen und Mähren" informieren (Dokument 37.2). Unglaubwürdig ist an diesem Bericht nicht die Gesamtzahl der tschechoslowakischen Häftlinge, sondern die geringe Zahl der Todesfälle.

Von den am 15. Januar 1945 offiziell registrierten 714 211 Häftlingen erleben viele die Befreiung im April und Mai 1945 nicht mehr. Wie viele zehntausend Häftlinge in den kommenden Wochen ums Leben kommen oder ermordet werden, bleibt unbekannt.

Flossenbürg ist das Lager, das im April 1945 noch am weitesten von den alliierten Truppen entfernt ist. So befiehlt Himmler, die Häftlinge aus dem KZ Buchenwald dorthin zu evakuieren (Dokument 37.4). Glücks kann nur noch mitteilen, daß dies nicht möglich ist (Dokument 37.5). Flossenbürg ist überfüllt, der Großteil der Häftlinge soll daher nach Dachau gebracht werden. Der rasche Vormarsch der amerikanischen Armee macht dies zunichte; mehr als 20 000 Häftlinge werden am 11. April in Buchenwald befreit.

Die Amtsgruppe D vernichtet ihre Akten. Die SS-Männer fliehen mit ihren Familien im April 1945 aus Oranienburg. Ein Teil der Häftlingskartei und allgemeines Schriftgut werden in ein Kalibergwerk nach Wanzleben am See bei Halle ausgelagert und müssen als verschollen gelten. Die Personalkartei aller sowohl in den Kommandanturen als auch bei den Wachverbänden eingesetzten SS-Angehörigen befindet sich bis Ende Januar 1945 in Oranienburg, wird dann nach Halle ausgelagert und kommt später in das KZ Flossenbürg. Sämtliche Karten verbrennen dort Ende April 1945. Die umfangreichen Akten des Amtes D II werden nach Rostock gebracht und dort wahrscheinlich ebenfalls vernichtet. Ende April 1945 setzen sich die letzten Angehörigen der Amtsgruppe D, unter ihnen Glücks, Maurer, Höß, Liebehenschel und Lolling, „planmäßig" in den Raum Flensburg ab, wo sich auch Himmler mit engsten Getreuen aufhält. Hier erhalten sie aufgrund einer Vereinbarung zwischen Himmler und Großadmiral Raeder sämtlich Marine-Uniformen und Soldbücher. Sie tauchen in der Marine unter und erhalten so zum größten Teil „echte" Entlassungspapiere aus der Wehrmacht.

Amtsgruppenchef Richard Glücks und der Chef des Amtes D III, Enno Lolling, verüben noch im Mai 1945 Selbstmord. Der Rest der Angehörigen der Amtsgruppe D versucht, unentdeckt zu bleiben.

**Bild 37.1**
**Befreite Kinder im KZ Auschwitz, Januar 1945**

**Dokument 37.2**
**Schreiben des Amtes D I an Karl Hermann Frank über die Zahl tschechoslowakischer Häftlinge in den Konzentrationslagern vom 5. Januar 1945**

SS-Wirtschafts-Verwaltungshauptamt
Amtsgruppe D — Konzentrationslager

Fernsprecher: Sammel-Nr. 3171

Akten-Zeichen
D I/1 Az.: 14 b 14/U./We.
Im Antwortschreiben unbedingt anzugeben!
Geh.Tgb.Nr. 13/45 .

(2) Oranienburg b. Berlin. 5.Januar 1945.

Inlste
: - 8 JAN. 1945

Betrifft: Protektoratshäftlinge in den Konzentrationslagern.
Bezug: Ihr Schreiben St.M. 564/44 vom 25.10.44.
Anlagen: - / -

An den
Herrn Staatsminister für Böhmen u.Mähren
SS-Obergruppenführer und General
der Polizei Frank
Prag.

Geheim

Obergruppenführer!

Nachstehend gebe ich Ihnen den Bericht für Monat Dezember 1944 über die in den Konzentrationslagern einsitzenden Protektoratshäftlinge. Die Gesamtstärke beträgt nach dem Stande vom 31.12.44

11 881 Protektoratshäftlinge,

davon sind 10 412 Männer und 1 469 Frauen. Sie verteilen sich wie nachstehend aufgeführt:

| Konzentrationslager | Bestand 31.12.44 | Zugänge | Abgänge | davon Todesfälle natürl. | unnatürl. | |
|---|---|---|---|---|---|---|
| Auschwitz (Männer) | 24 | 13 | 2 | 1 | - | |
| Auschwitz (Frauen) | 17 | 3 | 9 | 2 | - | |
| Bergen-Belsen | 13 | - | 3 | 3 | - | |
| Buchenwald (Männer) | 3 596 | 168 | 46 | 13 | - | |
| Buchenwald (Frauen) | 40 | - | 1 | - | - | |
| Buchenwald (Sonderl.) | 169 | - | - | - | - | |
| Dachau | 1 340 | 72 | 130 | 5 | - | |
| Floßenbürg (Männer) | 1 366 | 194 | 116 | 51 | - | |
| Floßenbürg (Frauen) | 59 | 2 | 1 | - | - | |
| Groß-Rosen (Männer) | 459 | 102 | 76 | 8 | 1 | Auf Fluc |
| Groß-Rosen (Frauen) | 1 | - | - | - | - | erschoss |
| Mauthausen (Männer) | 892 | 27 | 34 | 9 | - | |
| Mauthausen (Frauen) | 2 | - | - | - | - | |
| Mittelbau | 1 314 | 46 | 13 | 7 | 1 | Exekutio |
| Monowitz | 13 | 6 | - | - | - | |
| Natzweiler | 117 | 36 | 1 | 1 | - | |
| Neuengamme (Männer) | 286 | 6 | 10 | 8 | - | |
| Neuengamme (Frauen) | 31 | - | 6 | - | - | |
| Ravensbrück (Männer) | 110 | 2 | - | - | - | |
| Ravensbrück (Frauen) | 1 254 | 58 | 16 | 20 | - | |
| Sachsenhausen (Männer) | 686 | 47 | 11 | 2 | - | |
| Sachsenhausen (Frauen) | 65 | 1 | 4 | - | - | |
| Stutthof | 27 | 1 | - | - | - | |
| Insgesamt: | 11 881 | 784 | 479 | 120 | 2 | |

-/-

D V II b - 104 l / ...

8 1

| Lager | 1. Januar 1945 | | 15. Januar 1945 | |
|---|---|---|---|---|
| | ϟϟ-Wachmannschaften | Häftlinge | | |
| Auschwitz/Männer | 2 448 | 15 813 | 2 474 | 15 325 |
| " /Frauen | 6o | 18 7o3 | 56 | 16 421 |
| S III | | 1o 234 | | |
| Buchenwald/Männer | 5 192 | 63 189 | 6 297 | 83 9o6 |
| " /Frauen | 532 | 24 21o | 532 | 26 65o |
| Dachau /Männer | 3 544 | 54 242 | 3 544 | 52 596 |
| " /Frauen | 62 | 3 544 | 62 | 2 651 |
| Floßenbürg/Männer | 2 525 | 29 246 | 2 564 | 28 737 |
| " /Frauen | 521 | 11 191 | 515 | 1o 967 |
| Groß-Rosen/Männer | 3 oo3 | 51 2o4 | 3 222 | 51 977 |
| " /Frauen | 877 | 25 524 | 9o6 | 25 927 |
| Mauthausen/Männer | 5 562 | 72 392 | 5 632 | 72 426 |
| " /Frauen | 65 | 959 | 65 | 954 |
| Mittelbau /Männer | 3 28o | 33 797 | 3 319 | 29 323 |
| " /Frauen | - | - | - | - |
| Monowitz /Männer | 1 967 | 33 2oo | 2 oo6 | 33 o37 |
| " /Frauen | 12 | 2 o 36 | 15 | 2 o44 |
| Natzweiler/Männer | 1 626 | 21 577 | 1626 | 2o 961 |
| " /Frauen | 18 | 1 olo | 18 | 1 2o9 |
| Neuengamme/Männer | 2 o43 | 38 858 | 2 13o | 38 23o |
| " /Frauen | 318 | 9 984 | 322 | 9 934 |
| Ravensbrück/Männer | 994 | 7 875 | 1 oo8 | 7 848 |
| " /Frauen | 539 | 45 919 | 546 | 46 o7o |
| Sachsenhausen/Män. | 3 oo5 | 47 665 | 3 632 | 52 924 |
| " /Frauen | 351 | 13 214 | 361 | 13 173 |
| Männer | 35 189 | 479 292 | 36 454 | 487 29o |
| Frauen | 3 355 | 156 294 | 3 388 | 156 ooo |

Dokument 37.3
Die letzte Übersicht über die Zahl der Wachmannschaften und der KZ-Häftlinge aus der Amtsgruppe D vom 15. Januar 1945

(9)

2

| Lager | 1. Januar 1945 | | 15. Januar 1945 | |
|---|---|---|---|---|
| | SS-Wachmannschaften | Häftlinge | SS-Wachmannschaften | Häftlinge |
| Stutthof /Männer | 944 | 18 648 | 943 | 18 436 |
| " /Frauen | 112 | 33 315 | 1o8 | 3o 199 |
| Bergen-Belsen/Män | 267 | 9 735 | 277 | 5 811 |
| " /Frauen | 15 | 8 73o | 12 | 16 475 |
| Plaszow /Männer | 87 | 453 | - | - |
| " /Frauen | | 183 | - | - |
| Zusammen: Männer | 1 298 | 28 834 | 1 22o | 24 247 |
| Zusammen: Frauen | 127 | 42 228 | 12o | 46 674 |
| Übertrag v.L.1: M | 35 189 | 479 292 | 36 454 | 487 29o |
| Übertrag v.L.1: F | 3 355 | 156 294 | 3 388 | 156 ooo |
| Insgesamt: Männer | 36 487 | 5o8 126 | 37 674 | 511 537 |
| Insgesamt: Frauen | 3 482 | 198 522 | 3 5o8 | 2o2 674 |

Aus: Gr. Ob.
Bef: 7.4.
Zeit: 7.45

22,oo Uhr.

139

Amtsgruppe D
Oranienburg

RF-SS hat über KDS Weimar befohlen, Lagerstärke durch Abtransport weitgehendst zu vermindern in Richtung Flo. -
Beginn mit Eisenbahntransport und Treck morgen früh, 7.4.45.
Werde täglich Zahl des Abtransportes melden.
Wieviel sollen abgestellt werden?
Derzeitige Lagerstärke 48 ooo.

Pister

Erledigt

Fernschreibstelle

Dokument 37.4
Fernschreiben des Kommandanten des KZ Buchenwald, Hermann Pister, an die Amtsgruppe D vom 6. April 1945

Fernspruch - Fernschreiben - Funkspruch - Blinkspruch

Durch die Nachr.-Stelle auszufüllen

| Nachr.-Stelle | Nr. |
| --- | --- |
| | 61 |

Vermerke:

| Angenommen oder aufgenommen | | | |
| --- | --- | --- | --- |
| von | Tag | Zeit | durch |
| CRBG. | 7.4. | 1208 | HB. |

| Befördert | | | | |
| --- | --- | --- | --- | --- |
| an | Tag | Zeit | durch | Rolle |
| | | | | 135 |

| Abgang | |
| --- | --- |
| Tag: 7.4. | |
| Zeit: 1150 | |

An: KL. BUCHENWALD

Dringlichkeits-Vermerk: Dringend

Absendende Stelle

Fernsprech-Anschluß:

Inhalt

ES KOENNEN NUR NOCH CA. 20000 HAEFTL.
IN DIE UEBRIGENGEBLIEBENEN LAGER UEBERSTELLT WERDEN.
DEN GROESSEREN TEIL, BIS ZU 15000 NACH DACHAU.
DEN REST DER 20000 NACH FLOSSENBUERG.
EINE WEITERE AUFLOCKERUNG IST NICHT MOEGLICH,
DA DIE RESTLICHEN LAGER UEBERFUELLT SIND.

GEZ. G L U E C K S

f. d. Richtigkeit
Heller
Funkstellenleiter

Dokument 37.5
Fernschreiben von Glücks an das KZ Buchenwald
vom 7. April 1945

## Das Nachkriegsschicksal der Täter

Kein Angehöriger der Amtsgruppe D befindet sich unter den Angeklagten vor dem Internationalen Militärgerichtshof in Nürnberg 1945/46. Erst im vierten Folgeprozeß vor einem amerikanischen Gericht von Januar bis November 1947 gegen Angehörige des SS-Wirtschafts-Verwaltungshauptamtes sind neben Oswald Pohl auch Karl Sommer, stellvertretender Chef des Amtes D II, und Hermann Pook, leitender Zahnarzt im Amt D III, angeklagt. Das Gericht verurteilt Pohl und Sommer zum Tode, Pook zu 10 Jahren Haft. Oswald Pohl wird 1951 hingerichtet. Karl Sommer wird erst zu lebenslanger Haft, später zu 20 Jahren Haft begnadigt und 1953 aus der Haft entlassen. Hermann Pook kommt 1951 frei.

Höß und Maurer sagen in Nürnberg als Zeugen aus und werden später in Polen wegen ihrer Verbrechen in den KZ und nicht wegen ihrer Zeit in der Amtsgruppe D angeklagt. Andere Angehörige der Amtsgruppe D können sich weiterhin verborgen halten.

1965 beginnt die Zentrale Stelle der Landesjustizverwaltungen zur Aufklärung von NS-Verbrechen in Ludwigsburg mit den Ermittlungen gegen Angehörige des SS-Wirtschafts-Verwaltungshauptamtes. Bald wird die Verantwortung der Inspektion der Konzentrationslager für viele NS-Gewaltverbrechen erkennbar. Wegen der Morde an schwachen Häftlingen, den Massenexekutionen von sowjetischen Kriegsgefangenen, einzelnen Morden und den medizinischen Experimenten wird gegen Angehörige der Ämter D I und D II ermittelt.

1968 übernimmt die Staatsanwaltschaft beim Landgericht Koblenz das Verfahren, da in der Nähe einer der Hauptbeschuldigten wohnt. Sie stellt am 25. Juli 1974 das Verfahren gegen 14 Beschuldigte aus Mangel an Beweisen ein. Kein Angehöriger der Inspektion der Konzentrationslager oder der Amtsgruppe D ist von deutschen Gerichten für seine Taten zur Verantwortung gezogen worden.

**Oswald Pohl bei einer Aussage vor dem Gericht in Nürnberg**

**In der zweiten Reihe der Anklagebank sitzen Karl Sommer (zweiter von rechts) und Hermann Pook (rechts)**

**Oswald Pohl** leugnet strikt jede Verantwortung für die Konzentrationslager wie auch jede Mitverantwortung für die „Aktion Reinhard" oder andere Massenmordaktionen. Zugleich verhöhnt er in einem Brief an seine Frau 1947 noch seine Opfer: „Nein, Sorgen haben nur sie gehabt, die KZler. Freilich werden sie solche gehabt haben, das soll gar nicht bestritten werden; aber diese ausschließliche Inanspruchnahme der Lebenslasten durch diese Gesellschaftsgruppe wirft doch ein bezeichnendes Licht auf die Einstellung dieser Kreise." Obwohl Pohl keinerlei Reue zeigt, konvertiert er noch vor der Urteilsvollstreckung am 7. Juni 1951 zum katholischen Glauben und erhält im März 1951 einen – später zurückgezogenen – päpstlichen Segen.

**Karl Sommer,** Stellvertretender Leiter des Amtes D II, wird in Nürnberg am 3. November 1947 zum Tode verurteilt, vom Militärgouverneur zu 20 Jahren Haft begnadigt und bereits 1953 entlassen. Später lebt er als Kaufmann in Niedersachsen. Wegen der Verurteilung 1947 konnte nach Artikel 3 des Überleitungsvertrages kein Verfahren vor deutschen Gerichten eingeleitet werden.

**Hermann Pook,** Leitender Zahnarzt der Inspektion KL, wird in Nürnberg zu einer zehnjährigen Haftstrafe verurteilt, die 1951 auf die verbüßte Strafzeit reduziert wird. Pook lebt danach als Zahnarzt in Berlin.

**Arthur Liebehenschel,** Chef des Amtes D I, sagt als Zeuge bei den Nürnberger Kriegsverbrecherprozessen aus und wird anschließend nach Polen ausgeliefert. Das Oberste Volkstribunal in Krakau verurteilt ihn am 22. Dezember 1947 zum Tode. Am 24. Januar 1948 wird er hingerichtet.

**Rudolf Höß,** Nachfolger Liebehenschels als Amtschef D I, kann sich bis 1946 unter dem falschen Namen „Franz Lang" verbergen. Im Nürnberger Hauptkriegsverbrecher-Prozeß sagt er als Zeuge für den RSHA-Chef Ernst Kaltenbrunner aus. Anschließend wird er nach Polen ausgeliefert und am 2. April 1947 zum Tode durch den Strang verurteilt. Am 16. April 1947 wird er in Auschwitz hingerichtet.

**Martin Weiss,** Kommandant des KZ Neuengamme, ist seit Mai 1944 „Amtschef z.b.V." der Amtsgruppe D. Er wird 1945 wegen seiner als Kommandant des KZ Dachau begangenen Verbrechen von einem US-Militärgericht zum Tode verurteilt und am 29. Mai 1946 hingerichtet.

**August Harbaum** ist als Sturmbannführer Leiter der Personalabteilung der Amtsgruppe D und Adjutant von Glücks. Er legt am 19. März 1946 in Gütersloh eine Aussage für den Nürnberger Prozeß vor und flieht kurze Zeit darauf aus dem Internierungslager. Für die deutsche Justiz gilt Harbaum als „seit Kriegsende in Eger verschollen", obwohl seit 1969 Hinweise auf seinen Aufenthalt in der Bundesrepublik vorliegen. Harbaums Aufenthalt wird nie ermittelt.

**Hellmuth Kiener** ist als SS-Sturmbannführer Leiter der Rechtsabteilung der Amtsgruppe D. 1946 macht er diverse Aussagen für die Nürnberger Prozesse, wird aber selbst nicht angeklagt. Nach seiner Internierung lebt Kiener in München. Im Rahmen der Ermittlungen gegen frühere Angehörige der Ämter D I und D II wird Kiener von deutschen Justizbehörden weder vernommen noch beschuldigt.

**Hermann Hackmann** ist 1941 Angehöriger der Politischen Abteilung der Inspektion der Konzentrationslager. Wegen seiner Verbrechen als stellvertretender Lagerkommandant von Lublin-Maidanek wird er erst 1981 lediglich zu zehn Jahren Freiheitsstrafe verurteilt – wegen Beihilfe zum Mord. Das Revisionsbegehren der Staatsanwaltschaft bleibt erfolglos.

**Gerhard Maurer,** Chef des Amtes D II, sagt für den Nürnberger Prozeß aus und wird anschließend an Polen ausgeliefert. Im Dezember 1951 verurteilt ihn das Wojewodschaftsgericht in Krakau wegen seiner Beteiligung an den Verbrechen in Auschwitz zum Tode; am 2. April 1953 wird er hingerichtet.

**Philipp Grimm,** Arbeitseinsatzführer im KZ Buchenwald und zwischen September 1943 und Mai 1944 als Obersturmführer im Amt D II, sagt in der Internierung für die Nürnberger Prozesse aus. Er lebt nach 1945 in Bayreuth. Gegen ihn wird kein Ermittlungsverfahren wegen seiner Tätigkeit für die Amtsgruppe D durchgeführt.

**Hans Moser,** als SS-Standartenführer ab September 1944 Amtschef z.b.V. und ab Januar 1945 Nachfolger von Maurer als Amtschef D II. Er sagt für die Nürnberger Prozesse aus. Auch gegen ihn wird kein Ermittlungsverfahren wegen seiner Tätigkeit für die Amtsgruppe D durchgeführt.

**Werner Heyde** legt 1933 das psychiatrische Gutachten vor, nach dem Eicke aus der Nervenklinik in Würzburg entlassen werden kann. 1936 ist er „Leiter der psychiatrischen Abteilung beim Führer der SS-TV/KL" und erstellt hier erbbiologische Gutachten für Sterilisationen und Kastrationen. Seit 1939 ist er führender „Gutachter" für die Krankenmordaktion T 4. Nach 1945 lebt Heyde mit Billigung und Unterstützung vieler Kollegen unter dem falschen Namen „Sawade" in Schleswig-Holstein. Erst im November 1959 verhaftet, begeht Heyde, des Mordes an über 100 000 Menschen angeklagt, kurz vor Beginn der Hauptverhandlung am 13. Februar 1964 Selbstmord.

**Werner Kirchert** ist 1940 Leitender Arzt der Inspektion und 1943 Leitender Arzt beim Reichssicherheitshauptamt. Kirchert wird 1953 vom Schwurgericht beim Landgericht München zu viereinhalb Jahren Zuchthaus verurteilt. Anschließend ist er Geschäftsführer einer Chemiefirma. Gegen ihn wird kein Ermittlungsverfahren wegen seiner Tätigkeit für die Inspektion durchgeführt.

**Gustav Ortmann** ist 1940/41 Nachfolger von Kirchert als Leitender Arzt der Inspektion und zugleich Lagerarzt des KZ Sachsenhausen. Wegen der Verbrechen in Sachsenhausen wird gegen Ortmann, der nach 1945 in Baden-Württemberg lebt, ermittelt. Gegen ihn wird kein Ermittlungsverfahren wegen seiner Tätigkeit für die Inspektion durchgeführt.

**Wilhelm Burger** ist SS-Sturmbannführer und Chef des Amtes D IV. Er wird am 11. März 1947 in der Nähe von Nürnberg, wo er unter falschem Namen lebt, verhaftet und im Januar 1948 nach Polen ausgeliefert. Nach vier Jahren Untersuchungshaft wird er am 7. Oktober 1953 durch das Oberste Polnische Gericht zu 8 Jahren Gefängnis verurteilt. Am 21. Mai 1955 kehrt er in die Bundesrepublik zurück. Am 19. Juni 1966 wird Burger wegen Beihilfe zum gemeinschaftlichen, im KZ Auschwitz begangenen Mord zu 8 Jahren Zuchthaus verurteilt, die unter Anrechnung der in Polen verhängten und vollzogenen Strafe als verbüßt gelten. Burger lebt anschließend in Dachau.

**Anton Kaindl,** als SS-Obersturmbannführer Vorgänger von Burger (Chef des Amtes D IV), als SS-Standartenführer Kommandant des KZ Sachsenhausen. Kaindl macht 1946 Aussagen für den Nürnberger Prozeß und wird anschließend an die Sowjetunion ausgeliefert. Am 1. November 1947 verurteilt ihn ein Militärgericht wegen der in Sachsenhausen begangenen Verbrechen zu lebenslanger Haft. Anton Kaindl stirbt 1951 in der Haft in der UdSSR.

**Franz Xaver Kraus,** als SS-Sturmbannführer zwischen November 1939 und September 1941 Leiter der Verwaltung der Inspektion. 1944 als Schutzhaftlagerführer in das KZ Auschwitz kommandiert, beteiligt er sich im Januar 1945 an der Ermordung marschunfähiger Häftlinge. Am 16. Dezember 1947 verurteilt ihn der polnische Oberste Nationalgerichtshof zum Tode; am 24. Januar 1948 wird er in Krakau hingerichtet.

Wilhelm Burger

Philipp Grimm

Hermann Hackmann

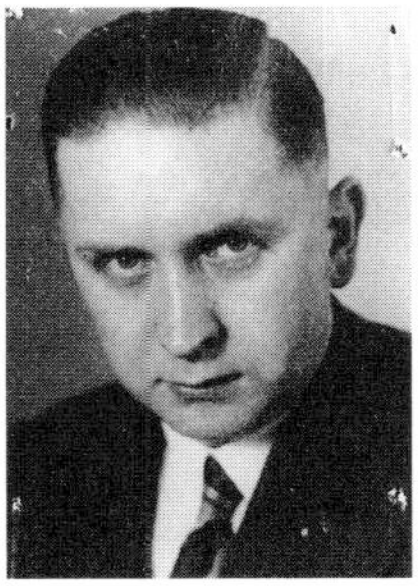

Rudolf Höß

Anton Kaindl

Werner Kirchert

Franz Xaver Kraus

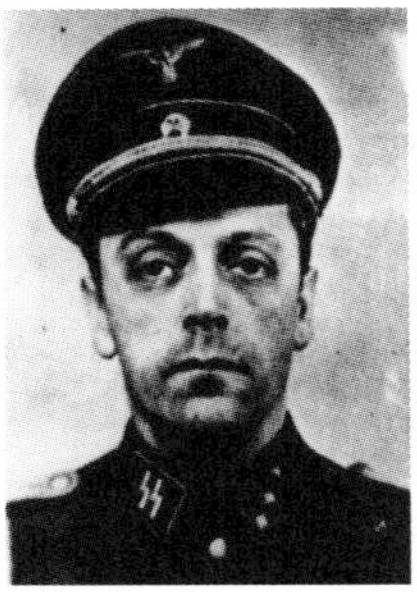

Arthur Liebehenschel

Gerhard Maurer

Hans Moser

Hermann Pook

Martin Weiss

## 40

# Das T-Gebäude nach 1945

Bild 40.2
**Teil einer SS-Rune im Treppenhaus des T-Gebäudes**

Seit 1945 nutzt die Rote Armee das Gebäude, das 1950 die Kasernierte Volkspolizei übernimmt. Hakenkreuze und SS-Runen werden aus den Treppengeländern geschweißt. Nach Umbauarbeiten 1954/55 sind hier und auf dem umliegenden Kasernengelände verschiedenste militärische Formationen der Nationalen Volksarmee untergebracht, so bis 1975 Teile des Artillerieregiments 1. Zwischen 1975 und 1990 nutzt das Panzerbataillon des Mot.-Schützenregiments 1 das Gebäude unter anderem für seine Stabs-, Aufklärungs- und Nachrichtenkompanie. Im vorderen Flügel ist auch die Pionierkompanie untergebracht; das Gebäude dient zugleich als Unterkunft für Berufssoldaten. Das Arbeitszimmer des Inspekteurs der Konzentrationslager wird als Gemeinschaftsraum genutzt. Erst Mitte der siebziger Jahre wird die SS-Maxime „Meine Ehre heißt Treue" über dem Portal endgültig entfernt.

1991 wird eine Historiker-Kommission eingesetzt, die sich mit der Zukunft der Gedenkstätten in Brandenburg befaßt. In den Empfehlungen der Expertenkommission vom Januar 1992 heißt es: „Am ‚T-Gebäude' sollte eine Tafel angebracht werden, die auf die frühere Nutzung des Gebäudes hinweist. Die Kommission hält es für unerläßlich, im Eingangsbereich eine Ausstellung über die hier von 1938 bis 1945 angesiedelte ‚KZ-Inspektion' einzurichten. Die Kommission empfiehlt, das ‚T-Gebäude' vorrangig durch Einrichtungen zu nutzen, die mit der Gedenkstätte in Zusammenhang stehen oder doch mit deren Arbeit kompatibel sind . . . Für den noch verbleibenen Teil von Räumen kommt eine behördliche Nutzung in Frage, die dem Umfeld der Gedenkstätte nicht unangemessen ist."

Nach dem Empfehlungen der Gedenkstätten-Kommission wird die Stiftung Brandenburgische Gedenkstätten gegründet, die 1993 ihre Arbeit aufnimmt. Die Stiftung hat ihren Sitz im T-Gebäude, der größte Teil der vorhandenen Räume wird jedoch vom Finanzamt Oranienburg genutzt.

Bild 40.1
**Mitglieder der Expertenkommission zur Neukonzeption der brandenburgischen Gedenkstätten besichtigen das T-Gebäude**

## Weiterführende Literatur


Josef Ackermann: Heinrich Himmler als Ideologe. Göttingen 1970.

Gunter d'Alquen: Die SS. Geschichte, Aufgaben und Organisation der Schutzstaffeln der NSDAP (= Schriften der Hochschule für Politik). Berlin 1939.

Shlomo Aronson: Reinhard Heydrich und die Frühgeschichte von Gestapo und SD. Stuttgart 1971 (zuerst: Phil. Diss. FU Berlin 1967).

Werner Best: Die Deutsche Polizei. Darmstadt 1941.

Hans Biereigel: Oranienburg und KZ Sachsenhausen – Stätten des Kampfes und des Grauens, in: Helle Sterne in dunkler Nacht. Studien über den antifaschistischen Widerstandskampf im Regierungsbezirk Potsdam 1933–1945. Potsdam 1988, S. 171 ff.

Ruth Bettina Birn: Die Höheren SS- und Polizeiführer. Himmlers Vertreter im Reich und in den besetzten Gebieten. Düsseldorf 1986.

Biuletyn Glownej Komisji Badania Zbrodni Hitlerowskich w Polsce, Bd. XXX. Warszawa 1981.

Charles Bloch: Die SA und die Krise des NS-Regimes. Frankfurt a. M. 1970.

Heinz Boberach (Bearb.): Bestand R 58 Reichssicherheitshauptamt (= Findbücher zu Beständen des Bundesarchivs, Bd. 22). Koblenz 1982.

Helmut Bock (Hrsg): Sturz ins Dritte Reich. Historische Miniaturen und Portraits 1933/35. Leipzig/Jena/Berlin (Ost) 1983.

Karl Dietrich Bracher/Manfred Funke/Hans-Adolf Jacobsen (Hrsg.): Nationalsozialistische Diktatur 1933–1945. Eine Bilanz (= Schriftenreihe der Bundeszentrale für politische Bildung, Bd. 192). Bonn 1983.

Helmut Bräutigam/Oliver C. Gliech: Nationalsozialistische Zwangslager in Berlin I: Die „wilden" Konzentrationslager und Folterkeller 1933/34, in: Wolfgang Ribbe (Hrsg.): Berlin-Forschungen II (= Einzelveröffentlichungen der Historischen Kommission zu Berlin, Bd. 61). Berlin 1987, S. 141 ff.

Barbara Bromberger/Hans Mausbach/Klaus-Dieter Thomann: Medizin, Faschismus und Widerstand. Drei Beiträge. Köln 1985.

Martin Broszat: Nationalsozialistische Konzentrationslager 1933–1945, in: Hans Buchheim u. a. (Hrsg.): Anatomie des SS-Staates, Bd. II, S. 11 ff. München 1967.

Martin Broszat: Der Staat Hitlers. München 1969.

Martin Broszat u. a. (Hrsg.): Bayern in der NS-Zeit II. Herrschaft und Gesellschaft im Konflikt. München/Wien 1979.

Martin Broszat: Nach Hitler. Der schwierige Umgang mit unserer Geschichte. Revidierte Auflage. München 1988.

George Clark Browder: SIPO and SD 1931–1940. Formation of an instrument of power. Diss. Univ. of Wisconsin 1968.

Buchenwald. Mahnung und Verpflichtung. Vierte, völlig neu bearbeitete Auflage. Berlin (Ost) 1983.

Hans Buchheim u. a. (Hrsg.): Anatomie des SS-Staates. 2 Bde. München 1967.

H. G. van Dam/Ralph Giordano: KZ-Verbrechen vor deutschen Gerichten. Frankfurt am Main 1962.

Damals in Sachsenhausen. Solidarität und Widerstand im Konzentrationslager Sachsenhausen. Hrsg. vom Komitee der antifaschistischen Widerstandskämpfer in der DDR. Berlin (Ost) 1961.

Laurenz Demps: Zum weiteren Ausbau des staatsmonopolistischen Apparates der faschistischen Kriegswirtschaft in den Jahren 1943–1945 und zur Rolle der SS und der Konzentrationslager im Rahmen der Rüstungsproduktion, dargestellt am Beispiel der unterirdischen Verlagerung von Teilen der Rüstungsindustrie. Phil. Diss. Humboldt-Universität, Berlin (Ost) 1970.

Laurenz Demps: Konzentrationslager in Berlin, in: Jahrbuch des Märkischen Museums, Bd. III, Berlin (Ost) 1977.

Barbara Distel/Ruth Jakusch (Red.): Konzentrationslager Dachau 1933–1945. 5. Auflage, Dachau 1978.

Max Domarus: Hitler – Reden und Proklamationen. 4 Bde. Wiesbaden 1973.

Ortwin Domröse: Der NS-Staat in Bayern von der Machtergreifung bis zum Röhm-Putsch (= Miscellanea Bavarica Monacensia, Bd. 47). München 1974.

Klaus Drobisch: Über den Terror und seine Institutionen in Nazideutschland, in: Faschismusforschung. Positionen, Probleme, Polemik. Hrsg. von Dietrich Eichholtz und Kurt Gossweiler. Berlin (Ost) 1980.

Klaus Drobisch: Zeitgenössische Berichte über Nazikonzentrationslager 1933–1939, in: Jahrbuch für Geschichte 26 (1982).

Klaus Drobisch: Theodor Eicke – Verkörperung des KZ-Systems, in: Helmut Bock (Hrsg.): Sturz ins Dritte Reich, a. a. O., S. 283 ff.

Klaus Drobisch: Studien zur Geschichte der faschistischen Konzentrationslager 1933/34. Dissertation B. Berlin (Ost) 1987.

Klaus Drobisch: Konzentrationslager im Schloß Lichtenburg. Cottbus 1987.

Klaus Drobisch: Widerstand in Buchenwald. 3. überarb. u. erw. Aufl., Berlin (Ost) 1987.

Klaus Drobisch/Günther Wieland: System der NS-Konzentrationslager 1933–1939. Berlin 1993.

Krzystof Dunin-Wasowicz: Resistance In The Nazi Concentration Camps 1933–1945. Warszawa 1982.

Ludwig Eiber (Hrsg.): Verfolgung – Ausbeutung – Vernichtung. Die Lebens- und Arbeitsbedingungen der Häftlinge in deutschen Konzentrationslagern 1933–1945. Hannover 1985.

Feinderklärung und Prävention. Kriminalbiologie, Zigeunerforschung und Asozialenpolitik (= Beiträge zur nationalsozialistischen Gesundheits- und Sozialpolitk, Band 6). Berlin 1988.

Florian Freund/Bertrand Perz: Das KZ in der Serbenhalle. Zur Kriegsindustrie in der Wiener Neustadt (= Industrie, Zwangsarbeit und Konzentrationslager in Österreich, Band 1). Wien 1987.

Rainer Fröbe u. a.: Konzentrationslager in Hannover. KZ-Arbeit und Rüstungsindustrie in der Spätphase des Zweiten Weltkrieges. Hildesheim 1985.

Rainer Fröbe: „Vernichtung durch Arbeit"? KZ-Häftlinge in Rüstungsbetrieben an der Porta Westfalica in den letzten Monaten des Zweiten Weltkrieges, in: Joachim Meynert/Arno Klönne (Hrsg.): Verdrängte Geschichte in Ostwestfalen 1933–1945, Bielefeld 1986, S. 221 ff.

Rainer Fröbe: „Wie bei den alten Ägyptern." Die Verlegung des Daimler-Benz-Flugmotorenwerkes Genshagen nach Obrigheim am Neckar 1944/45, in: Hamburger Stiftung für Sozialgeschichte des 20. Jahrhundert (Hrsg.): Das Daimler-Benz-Buch. Ein Rüstungskonzern im „Tausendjährigen Reich", S. 392 ff. Nördlingen 1987.

Manfred Funke: Starker oder schwacher Diktator? Hitlers Herrschaft und die Deutschen. Ein Essay. Düsseldorf 1989.

Otto Geigenmüller: Die politische Schutzhaft im nationalsozialistischen Deutschland. Würzburg 1937, zugleich Diss. jur. Leipzig 1937.

Enno Georg: Die wirtschaftlichen Unternehmungen der SS (= Schriftenreihe der Vierteljahrshefte für Zeitgeschichte, Nr. 7). Stuttgart 1963.

Christoph Graf: Politische Polizei zwischen Demokratie und Diktatur. Die Entwicklung der Preußischen Politischen Polizei vom Staatsschutzorgan der Weimarer Republik zum Geheimen Staatspolizeiamt des Dritten Reiches (= Einzelveröffentlichungen der Historischen Kommission zu Berlin, Bd. 36). Berlin 1983.

Walter Grode: Die „Sonderbehandlung 14 f 13" in den Konzentrationslagern des Dritten Reiches. Ein Beitrag zur Dynamik faschistischer Vernichtungspolitik (= Europäische Hochschulschriften, Reihe XXXI, Bd. 100). Frankfurt u. a. 1987.

Lothar Gruchmann: Die bayerische Justiz im politischen Machtkampf 1933/34. Ihr Scheitern bei der Strafverfolgung von Mordfällen in Dachau, in: Martin Broszat u. a. (Hrsg.): Bayern der NS-Zeit, Bd. II, a. a. O., S. 415 ff.

Lothar Gruchmann: Justiz im Dritten Reich 1933–1940. Anpassung und Unterwerfung in der Ära Gürtner (= Quellen und Darstellungen zur Zeitgeschichte, Bd. 28). München 1988.

Hamburger Stiftung zur Förderung von Wissenschaft und Kultur (Hrsg.): „Deutsche Wirtschaft". Zwangsarbeit von KZ-Häftlingen für Industrie und Behörden. Hamburg 1991.

Josef Henke: Das Schicksal deutscher zeitgeschichtlicher Quellen in Kriegs- und Nachkriegszeit. Beschlagnahme – Rückführung – Verbleib, in: Vierteljahrshefte für Zeitgeschichte, Jg. 30 (1982), S. 557 ff.

Josef Henke: Verführung durch Normalität – Verfolgung durch Terror, in: Aus Politik und Zeitgeschichte. Beilage zur Wochenzeitung Das Parlament, B 7/1984, S. 21 ff.

Josef Henke: Von den Grenzen der SS-Macht. Eine Fallstudie zur Tätigkeit des SS-Wirtschaftsverwaltungshauptamtes, in: Dieter Rebentisch/Karl Teppe: Verwaltung contra Menschenführung. Studien zum politisch-administrativen System. Göttingen 1986, S. 255 ff.

Kurt Hiller: Mörder Eicke, in: Neue Weltbühne, Jg. 3 (1934), S. 1345 ff.

Heinrich Himmler: Die Schutzstaffel als antibolschewistische Kampforganisation. 2. Auflage, Berlin 1936.

Gerhard Hirschfeld/Lothar Kettenacker (Hrsg.): Der „Führerstaat": Mythos und Realität. Studien zur Struktur und Politik des Dritten Reiches. Stuttgart 1981.

Adolf Hitler: Mein Kampf. München 1938.

Adolf Hitler: Monologe im Führerhauptquartier 1941–1944. Die Aufzeichnungen Heinrich Heims, hrsg. von Werner Jochmann. Hamburg 1980.

Heinz Höhne: Der Orden unter dem Totenkopf. München (= Goldmann TB) 1979.

Heinz Höhne: Mordsache Röhm. Hitlers Durchbruch zur Alleinherrschaft 1933–34. Reinbek bei Hamburg 1984.

Rudolf Höß: Kommandant in Auschwitz. Hrsg. von Martin Broszat. München 1978.

Karl Hüser: Wewelsburg 1933–1945. Kult- und Terrorstätte der SS. Paderborn 1982.

Peter Hüttenberger: Die Gauleiter. Eine Studie zum Wandel des Machtgefüges in der NSDAP (= Schriftenreihe der Vierteljahrshefte für Zeitgeschichte, Nr. 19). Stuttgart 1969.

Peter Hüttenberger: Nationalsozialistische Polykratie, in: Geschichte und Gesellschaft, Jg. 2 (1976), S. 417 ff.

Eberhard Jäckel: Hitlers Herrschaft. Vollzug einer Weltanschauung. Darmstadt 1987.

Eberhard Jäckel/Axel Kuhn (Hrsg.): Hitler. Sämtliche Aufzeichnungen 1905–1924 (= Quellen und Darstellungen zur Zeitgeschichte, Bd. 21). Stuttgart 1980.

Mathilde Jamin: Zwischen den Klassen. Zur Sozialstruktur der SA-Führerschaft. Wuppertal 1984.

Justiz und NS-Verbrechen. Sammlung deutscher Urteile wegen nationalsozialistischer Tötungsverbrechen. Amsterdam 1966 ff.

Hermann Kaienburg: „Vernichtung durch Arbeit". Der Fall Neuengamme. Die Wirtschaftsbestrebungen der SS und ihre Auswirkungen auf die Exitenzbedingungen der KZ-Gefangenen. Bonn 1991.

Miroslav Kárny: Waffen-SS und Konzentrationslager, in: Jahrbuch für Geschichte, Band 30, Berlin (Ost) 1986, S. 231 ff.

Robert M. W. Kempner: Das Dritte Reich im Kreuzverhör. Aus den Vernehmungsprotokollen des Anklägers. Düsseldorf und Königstein 1980 (= unveränderter Nachdruck von 1969).

Ian Kershaw: Der NS-Staat. Geschichtsinterpretationen und Kontroversen im Überblick. Reinbek 1988.

Günther Kimmel: Das Konzentrationslager Dachau. Eine Studie zu den nationalsozialistischen Gewaltverbrechen, in: Martin Broszat u. a. (Hrsg.): Bayern in der NS-Zeit, Bd. II, a. a. O., S. 349 ff.

Ernst Klee: Was sie taten – Was sie wurden. Ärzte, Juristen und andere Beteiligte am Kranken- oder Judenmord. Frankfurt a. M. 1985.

Peter Ferdinand Koch (Hrsg.): Himmlers graue Eminenz – Oswald Pohl und das Wirtschafts-Verwaltungshauptamt der SS. Hamburg 1988.

Robert Lewis Koehl: The Black Corps. The Structure and Power Struggles of the Nazi SS. Madison, Wisconsin 1983.

Eugen Kogon: Der SS-Staat. Das System der deutschen Konzentrationslager. München 1974 (Erstauflage 1946).

Eberhard Kolb: Die Maschinerie des Terrors. Zum Funktionieren des Unterdrückungs- und Verfolgungsapparates im NS-System, in: Karl Dietrich Bracher/Manfred Funke/Hans-Adolf Jacobsen (Hrsg.): Nationalsozialistische Diktatur 1933–1945, a. a. O., S. 270 ff.

Konzentrationslager. Ein Appell an das Gewissen der Welt. Karlsbad 1934.

Erich Kosthorst/Bernd Walter: Konzentrations- und Strafgefangenenlager im Dritten Reich. Das Beispiel Emsland. 3 Bde. Düsseldorf 1983.

Hermann Langbein: Menschen in Auschwitz. Wien 1972.

Hermann Langbein: ... nicht wie die Schafe zur Schlachtbank. Widerstand in den nationalsozialistischen Konzentrationslagern 1938–1945. Mit einem Geleitwort von Eugen Kogon. Frankfurt am Main 1980.

Klaus Megerle: Die nationalsozialistische Machtergreifung. Berlin 1982.

Alexander Mitscherlich/Fred Mielke: Medizin ohne Menschlichkeit. Dokumente des Nürnberger Ärzteprozesses. Frankfurt a. M. 1978.

Günter Morsch (Hrsg.): Konzentrationslager Oranienburg (= Schriftenreihe der Stiftung Brandenburgische Gedenkstätten, Nr. 3). Berlin 1994.

Harry Naujoks: Mein Leben im KZ Sachsenhausen 1936–1942. Erinnerungen des ehemaligen Lagerältesten. Bearb. von Ursel Hochmuth, hrsg. von Martha Naujoks und dem Sachsenhausen-Komitee für die Bundesrepublik Deutschland. Frankfurt am Main 1987.

Henry Picker: Hitlers Tischgespräche im Führerhauptquartier 1941–1942. Stuttgart 1963.

Falk Pingel: Die Konzentrationslagerhäftlinge im nationalsozialistischen Arbeitseinsatz, in: Waclaw Długoborski (Hrsg.): Zweiter Weltkrieg und sozialer Wandel. Achsenmächte und besetzte Länder, S. 151 ff. Göttingen 1983.

Falk Pingel: Häftlinge unter SS-Herrschaft. Widerstand, Selbstbehauptung und Vernichtung im Konzentrationslager. (= Reihe Historische Perspektiven, Bd. 12). Hamburg 1978.

Oswald Pohl: Credo. Mein Weg zu Gott. Landshut 1950.

Dieter Rebentisch: Führerstaat und Verwaltung im Zweiten Weltkrieg. Verfassungsentwicklung und Verwaltungspolitik 1939–1945 (= Frankfurter Historische Abhandlungen, Band 29), Stuttgart 1989.

Hans-Günter Richardi: Schule der Gewalt. Das Konzentrationslager Dachau 1933–34. München 1983.

Sachsenhausen. Dokumente, Aussagen, Forschungsergebnisse und Erlebnisberichte über das ehemalige Konzentrationslager Sachsenhausen. Frankfurt am Main 1974.

Wolfgang Sauer: Die Mobilmachung der Gewalt. Frankfurt u. a. 1974.

Tom Segev: The Commanders of Nazi Concentration Camps. Phil. Diss. Boston 1977.

Toni Siegert: Das Konzentrationslager Flossenbürg, in: Martin Broszat u. a. (Hrsg.): Bayern in der NS-Zeit, Bd. II, a. a. O., S. 429 ff.

Fritz Sigl: Todeslager Sachsenhausen. Berlin 1947.

Bradley F. Smith: Heinrich Himmler 1900–1926. Sein Weg in den deutschen Faschismus. München 1979.

Bradley F. Smith/Agnes F. Peterson (Hrsg.): Heinrich Himmler. Geheimreden 1933 bis 1945 und andere Ansprachen. Frankfurt a. M. und Berlin 1974.

Wolfgang Sofsky: Die Ordnung des Terrors. Das Konzentrationslager. Frankfurt am Main 1993.

Charles W. Sydnor: Soldiers of Destruction. The SS Death's Head Division 1933–1945. Princeton, New Jersey 1977, zuerst Phil. Diss. Vanderbilt Univ. 1976.

Wolfgang Scheffler: Zur Praxis der SS- und Polizeigerichtsbarkeit im Dritten Reich, in: Klassenjustiz und Pluralismus. Festschrift für Ernst Fraenkel zum 75. Geburtstag am 26. September 1973. Hrsg. von Günther Doeker und Winfried Steffani unter red. Mitarbeit von Falk Esche. Hamburg 1973, S. 224 ff.

Reimund Schnabel: Macht ohne Moral. Eine Dokumentation über die SS. Frankfurt am Main und Berlin (Ost) 1957.

George H. Stein: Geschichte der Waffen-SS. Düsseldorf 1978.

Studien zur Geschichte der Konzentrationslager (= Schriftenreihe der Vierteljahrshefte für Zeitgeschichte, Nr. 21). Stuttgart 1970.

Karl-Leo Terhorst: Polizeiliche planmäßige Überwachung und polizeiliche Vorbeugungshaft im Dritten Reich (= Studien und Quellen zur Geschichte des deutschen Verfassungsrechts, Reihe A: Studien, Band 13). Heidelberg 1985.

Johannes Tuchel: „Arbeit" in den Konzentrationslagern im Deutschen Reich 1933–1939, in: Rudolf G. Ardelt/Helmut Konrad (Hrsg.): Arbeiterschaft und Nationalsozialismus in Österreich – in memoriam Karl R. Stadler. Wien und Zürich 1990.

Johannes Tuchel: Gewalt und Terror bei der nationalsozialistischen „Machtergreifung", in: liberal. Beiträge zur Entwicklung einer freiheitlichen Ordnung, Jg. 25 (1983), S. 17 ff.

Johannes Tuchel: Selbstbehauptung und Widerstand in nationalsozialistischen Konzentrationslagern, in: Jürgen Schmädeke/Peter Steinbach (Hrsg.): Der Widerstand gegen den Nationalsozialismus. Die deutsche Gesellschaft und der Widerstand gegen Hitler (= Einzelveröffentlichung der Historischen Kommission zu Berlin), München und Zürich 1985, S. 938 ff.

Johannes Tuchel: Die „Inspektion der Konzentrationslager" und das Oranienburger „T-Gebäude" 1938–1945, in: Brandenburgische Gedenkstätten für die Verfolgten des NS-Regimes. Perspektiven, Kontroversen und internationale Vergleiche. Red. Stefanie Endlich. Berlin 1992, S. 159 ff.

Johannes Tuchel: Die Kommandanten des Konzentrationslagers Flossenbürg, in: Helge Grabitz, Klaus Bästlein, Johannes Tuchel (Hrsg.): Die Normalität des Verbrechens. Bilanz und Perspektiven der Forschung zu den nationalsozialistischen Gewaltverbrechen. Festschrift für Wolfgang Scheffler zum 65. Geburtstag. Berlin 1994, S. 201–219.

Johannes Tuchel: Die Systematisierung der Gewalt – Vom KZ Oranienburg zum KZ Sachsenhausen, in: Günter Morsch (Hrsg.): Konzentrationslager Oranienburg (= Schriftenreihe der Stiftung Brandenburgische Gedenkstätten, Nr. 3). Berlin 1994, S. 117 ff.

Johannes Tuchel: Die Kommandanten des Konzentrationslagers Dachau, in: Dachauer Hefte 10, 1994.

Johannes Tuchel/Reinold Schattenfroh: Zentrale des Terrors. Prinz-Albrecht-Straße 8. Hauptquartier der Gestapo. Berlin 1987.

Johannes Tuchel/Kurt Schilde: Columbia-Haus. Berliner Konzentrationslager 1933–1936. Hrsg. vom Bezirksamt Tempelhof von Berlin. Berlin 1991.

Trials of War Criminals before the Nuernberg Military Tribunals under Control Council Law Nr. 10 (TWC), Volume V, Washington 1950.

Bernd Wegner: Hitlers Politische Soldaten: Die Waffen-SS 1933–1945. Studien zu Leitbild, Struktur und Funktion einer nationalsozialistischen Elite. Paderborn 1982.

Andreas Werner: SA und NSDAP. Studien zur Geschichte der SA und der NSDAP 1920–1933. Phil. Diss. Erlangen – Nürnberg 1967.

Günther Wieland: Die normativen Grundlagen der Schutzhaft in Hitlerdeutschland, in: Jahrbuch für Geschichte, Bd. 26 (1982), S. 75 ff.

Olga Wormser-Migot: Le Système concentrationnaire Nazi (1933–1945) Phil. Diss. Paris 1968.

# Abbildungs- und Quellennachweis

| Dokument oder Bildnummer | |
|---|---|
| 1.1 | Bundesarchiv/ADN |
| 1.2 | Gedenkstätte Deutscher Widerstand |
| 1.3 | Gedenkstätte Deutscher Widerstand |
| 1.4 | Berlin Document Center, Eicke |
| 1.5 | Bundesarchiv, R 58/239, fol. 64–66 |
| 2.1 | Bundesarchiv, Bildarchiv, Bild 119/2115/10 |
| 2.2 | Berlin Document Center, Eicke |
| 3.1 | Bundesarchiv, R 58/239, fol. 92 |
| 3.2 | Geheimes Staatsarchiv Preußischer Kulturbesitz, II. HA., Rep. 90 P, 104 |
| 4.1 | Bundesarchiv, NS 31/256 |
| 4.2 | Gedenkstätte Dachau |
| 4.3 | Bundesarchiv, R 22/1467, fol. 185 |
| 4.4 | Bundesarchiv, NS 19/1269 |
| 5.1 | Berlin Document Center |
| 5.2 | Brandenburgisches Landeshauptarchiv, Rep. 2 A, III Forsten, Nr. 16238 |
| 6.1 | Berlin Document Center |
| 6.2 | Bundesarchiv, NS 31/258, fol. 12 |
| 7.1 | Bundesarchiv/ADN |
| 7.2 | Bundesarchiv, NS 3/291 |
| 7.3 | Bundesarchiv, R 2/12163 |
| 7.4 | Geheimes Staatsarchiv Preußischer Kulturbesitz, II. HA, Rep. 151/3565 |
| 8.1 | Berlin Document Center, Eicke |
| 8.2 | Bundesarchiv/ADN |
| 8.3 | Bundesarchiv, NS 4/Flossenbürg 59 |
| 8.4 | Bundesarchiv, NS 3/415, fol. 1 |
| 9.1 | Bundesarchiv, Bildarchiv, Bild 119/2115/11 |
| 9.2 | Berlin Document Center, Glücks |
| 9.3 | Berlin Document Center, Glücks |
| 10.1 | Gedenkstätte Deutscher Widerstand |
| 10.2 | Bundesarchiv, NS 19/1919 |
| 11.1 | Bundesarchiv, Bildarchiv |
| 11.2 | Bundesarchiv, NS 31/372, fol. 116 |
| 11.3 | Bundesarchiv, NS 4/Natzweiler 6 |
| 11.4 | Bundesarchiv, NS 4/Buchenwald 31 |
| 12.1 | Berlin Document Center, Liebehenschel |
| 12.2 | Berlin Document Center, Gerlach |
| 12.3 | Berlin Document Center, Höß |
| 13.1 | Bundesarchiv/ADN |
| 13.2 | Bundesarchiv, NS 4/Flossenbürg 59 |
| 13.3 | Bundesarchiv, NS 4/Groß-Rosen 9, fol. 17 |
| 13.4 | Bundesarchiv, NS 4/Groß-Rosen 9, fol. 18 |
| 13.5 | Bundesarchiv, NS 3/425, fol. 45 f. |
| 14.1 | Bundesarchiv/ADN |
| 14.2 | Nürnberger Beweisdokument, PS 1151 C |
| 14.3 | Nürnberger Beweisdokument, PS 1151 B |
| 14.4 | Nürnberger Beweisdokument, PS 1151 J |
| 14.5 | Nürnberger Beweisdokument, PS 1151 P |
| 15.1 | Bundesarchiv, ADN |
| 15.2 | Zentrale Stelle, Ordner Verschiedenes 310 |
| 16.1 | Bundesarchiv, ADN |
| 16.2 | Bundesarchiv, NS 19/1920 |
| 16.3 | Bundesarchiv, NS 3/1080, fol. 118 |
| 16.4 | Zentrale Stelle, Ordner Polen 363 |
| 16.5 | Zentrale Stelle, Ordner Polen 363 |
| 16.6 | Bundesarchiv, NS 3/1078 a |
| 17.1 | Bundesarchiv, Bildarchiv |
| 17.2 | Zentrale Stelle, Ordner Polen 363 |
| 17.3 | Bundesarchiv, NS 3/425, fol. 123 |
| 17.4 | Bundesarchiv, NS 3/426, fol. 41 |
| 17.5 | Bundesarchiv, NS 3/409, fol. 136 |
| 17.6 | Bundesarchiv, NS 3/426 |
| 18.1 | Gedenkstätte Dachau |
| 18.2 | Bundesarchiv, NS 4/Mauthausen 1 |
| 18.3 | Gedenkstätte Auschwitz |
| 19.1 | Gedenkstätte Mauthausen |
| 19.2 | Bundesarchiv, R 58/241, fol. 355 ff. |
| 19.3 | Nürnberger Beweisdokument, PS 1234 |
| 19.4 | Nürnberger Beweisdokument, PS 1234 |
| 19.5 | Nürnberger Beweisdokument, PS 1234 |
| 19.6 | Nürnberger Beweisdokument, PS 1234 |
| 20.1 | Bundesarchiv, NS 3/425, fol. 93 |
| 20.2 | Bundesarchiv, NS 3/426, fol. 76 |
| 20.3 | Bundesarchiv, NS 3/426, fol. 108 ff. |
| 21.1 | Berlin Document Center, Maurer |
| 21.2 | IfZ, Eichmann-Dok. 1193 |
| 21.3 | Bundesarchiv, NS 19/1542 |
| 21.4 | Bundesarchiv, NS 3/426, fol. 165 |
| 21.5 | Berlin Document Center, Maurer |
| 22.1 | Bundesarchiv, NS 4/Natzweiler 49 |
| 22.2 | Bundesarchiv, NS 4/Buchenwald 36 |
| 22.3 | Bundesarchiv, NS 3/425, fol. 108 |
| 22.4 | Gedenkstätte Auschwitz |
| 22.5 | Gedenkstätte Auschwitz |
| 22.6 | Bundesarchiv, NS 4/Natzweiler 86 |
| 23.1 | Gedenkstätte Yad Washem |
| 23.2 | Bundesarchiv, NS 4/Flossenbürg 22 |
| 23.3 | Bundesarchiv, NS 4/Flossenbürg 22 |
| 23.4 | Bundesarchiv, NS 4/Auschwitz 8 |
| 24.1 | Bundesarchiv, Bildarchiv |
| 24.2 | Bundesarchiv, NS 4/Flossenbürg 67 |

24.3 Bundesarchiv, NS 4/Flossenbürg 67
25.1 Bundesarchiv-ADN
25.2 Gedenkstätte Dachau
25.3 Bundesarchiv, NS 19/14, fol.131 ff.
26.1 Bundesarchiv, Bildarchiv 79/36/2
26.2 Bundesarchiv, All.Pr.7, FC 1801
26.3 Bundesarchiv, NS 4/Flossenbürg 32
27.1 Bundesarchiv/ADN
27.2 Bundesarchiv, R 2/12163, fol. 82 f.
27.3 Bundesarchiv, R 2/12163
27.4 Bundesarchiv, NS 3/386, fol. 92
27.5 Bundesarchiv, NS 19/ 3929
28.1 Nürnberger Beweisdokument
28.2 Berlin Document Center, Lolling
28.3 Bundesarchiv, NS 4/Groß-Rosen 3, fol. 105
28.4 Bundesarchiv, NS 4/Mauthausen 33
28.5 Bundesarchiv, NS 3/426, fol. 134 und RS
29.1 Berlin Document Center, Glücks
29.2 Bundesarchiv, NS 19/Befehle 9
29.3 Bundesarchiv, All.Pr.7, FC 1808
29.4 Bundesarchiv, NS 3/437, fol. 47
29.5 Bundesarchiv, NS 4/Groß-Rosen 8
30.1 Berlin Document Center, Burger
30.2 Berlin Document Center, Burger
30.3 Zentrale Stelle, Ordner 510
30.4 Zentrale Stelle, Ordner 538
30.5 Bundesarchiv, NS 3/405
30.6 Nürnberger Beweisdokument, NO 1990 = PS 1166
30.7 Bundesarchiv, NS 3/394, fol. 4
30.8 Bundesarchiv, NS 4/Flossenbürg 58
32.1 Gedenkstätte Auschwitz 20995/502
32.2 Gedenkstätte Auschwitz
32.3 Gedenkstätte Auschwitz
32.4 Gedenkstätte Auschwitz
32.5 Bundesarchiv/ADN
32.6 Nürnberger Beweisdokument, PS 3677
32.7 Gedenkstätte Auschwitz
32.8 Gedenkstätte Auschwitz
33.1 Gedenkstätte Auschwitz
33.2 Bundesarchiv, R 22/4062, fol. 35 a ff.
33.3 Bundesarchiv, All.Pr.7, FC 1808
33.4 Bundesarchiv, All.Pr. 7, FC 1813
34.1 Bundesarchiv, Bildarchiv, 71/97/20
34.2 Berlin Document Center, Höß
34.3 Berlin Document Center, Höß
34.4 Bundesarchiv, NS 3/427, fol. 28
35.1 Bundesarchiv, Bildarchiv
35.2 Bundesarchiv, NS 3/427, fol. 3
35.3 Bundesarchiv, NS 3/427, fol. 12 f.
36.1 Gedenkstätte Deutscher Widerstand
36.2 Bundesarchiv, NS 19/1542
36.3 Bundesarchiv, NS 19/1921
36.4 Bundesarchiv, NS 19/1921
36.5 Bundesarchiv, NS 3/406
36.6 Bundesarchiv, NS 19/1921
36.7 Bundesarchiv, NS 4/ Flossenbürg 59
37.1 Bundesarchiv/ADN
37.2 Bundesarchiv Potsdam, Bestand KZ Hafta
37.3 Bundesarchiv, NS 3/439, fol. 1/2
37.4 Zentrale Stelle, Ordner 311 d
37.5 Zentrale Stelle, Ordner 311 d
40.1 Privatbesitz Dr. Stefanie Endlich
40.2 Privatbesitz Dr. Stefanie Endlich

# Personenregister

Vorbemerkung: Die häufig genannten Namen Adolf Hitler, Heinrich Himmler, Theodor Eicke, Richard Glücks, Oswald Pohl und Arthur Liebehenschel sind hier ebenso wie die Namen auf den nach S. 200 veröffentlichten Listen nicht erfaßt.

# Abkürzungsverzeichnis

| | |
|---|---|
| Az | Aktenzeichen |
| BA | Bundesarchiv, Koblenz |
| BPP | Bayerische Politische Polizei |
| BV | „Berufsverbrecher" (Häftlingskategorie) |
| DAW | Deutsche Ausrüstungswerke GmbH |
| DEST | Deutsche Erd- und Steinwerke GmbH |
| E.A.Pl | Einheits-Aktenplan |
| Faks | Faksimile |
| F.d.W. | Führer der Wachverbände |
| FM | Finanzministerium |
| F/TV – F/SS-TV | Führer der SS-Totenkopf-Verbände |
| Gestapa | Geheimes Staatspolizeiamt |
| Gestapo | Geheime Staatspolizei |
| G.Lg | Gefangenenlager |
| GSTA | Geheimes Staatsarchiv der Stiftung Preußischer Kulturbesitz, Berlin |
| g.v.H. | Garnisonsverwendungsfähig Heimat |
| HDV | Heeres-Dienstvorschrift |
| HSSPF | Höherer SS- und Polizeiführer |
| I.d.W. | Inspekteur der Wachverbände |
| IfZ | Institut für Zeitgeschichte, München |
| IKL | Inspektion der Konzentrationslager, Inspekteur der Konzentrationslager |
| IMT | Internationaler Prozeß gegen die Hauptkriegsverbrecher, Nürnberg 1945/46 – Internationaler Militärgerichtshof, Nürnberg |
| Kdtr | Kommandantur |
| KL | Konzentrationslager |
| KLD | Konzentrationslager Dachau |
| KLE | Konzentrationslager Esterwegen |
| KLL/KL Li | Konzentrationslager Lichtenburg |
| KLS | Konzentrationslager Sachsenhausen |
| KPD | Kommunistische Partei Deutschlands |
| KTD | Kasernentagesdienst |
| k.v. | kriegsverwendungsfähig |
| KZ | Konzentrationslager |
| LAH | Leibstandarte SS „Adolf Hitler" |
| MdI | Ministerium des Innern |
| NSDAP | Nationalsozialistische Deutsche Arbeiterpartei |
| NSDFB | Nationalsozialistischer Deutscher Frontkämpferbund |
| Ob.d.H. | Oberbefehlshaber des Heeres |
| OT | Organisation Todt |
| PG, Pg | Parteigenosse (der NSDAP) |
| Pol. Abt. | Politische Abteilung |
| Preuß. | Preußisch |
| RFM | Reichsfinanzministerium |
| RFSS, RfSS | Reichsführer SS |
| RfSSuChDtPoliRMdI | Reichsführer SS und Chef der deutschen Polizei im Reichsministerium des Innern |
| RGBl | Reichsgesetzblatt |
| RMJ | Reichs- und Preußisches Justizministerium |
| RSHA | Reichssicherheitshauptamt |

| | |
|---|---|
| SA | Sturmabteilung |
| San. | Sanitäts- |
| SD | Sicherheitsdienst des Reichsführer SS |
| SIPO | Sicherheitspolizei |
| SS | Schutzstaffel |
| SS-FHA | SS-Führungshauptamt |
| SS-HA | SS-Hauptamt |
| SS-PHA | SS-Personalhauptamt |
| SS-RuSHA | SS-Rasse- und Siedlungshauptamt |
| SS-WVHA | SS-Wirtschafts-Verwaltungshauptamt |
| SS-T.-Div. | SS-Totenkopf-Division |
| StA, STA | Staatsanwaltschaft, Staatsarchiv |
| Stbsf. | Stabsführer |
| TV | Totenkopf-Verbände |
| VO | Verordnung |
| W.A. | Wachabteilung |

## SS-Ränge

| | | (Wehrmacht-Entsprechung) |
|---|---|---|
| SSM | SS-Mann | Soldat |
| Stm | Sturmmann | |
| Rf | Rottenführer | Gefreiter |
| Uschaf | Unterscharführer | Unteroffizier |
| Schaf | Scharführer | Unterfeldwebel |
| Oschaf | Oberscharführer | Feldwebel |
| HSchaf | Hauptscharführer | Oberfeldwebel |
| SSchaf | Sturmscharführer | Stabsoberfeldwebel |
| UStuf | Untersturmführer | Leutnant |
| OStuf | Obersturmführer | Oberleutnant |
| HStuf | Hauptsturmführer | Hauptmann |
| Stubaf | Sturmbannführer | Major |
| OStubaf | Obersturmbannführer | Oberleutnant |
| Staf | Standartenführer | Oberst |
| Oberf | Oberführer | |
| Brif | Brigadeführer | Generalmajor |
| Gruf | Gruppenführer | Generalleutnant |
| OGruf | Obergruppenführer | General der . . . |

Der Autor und die Stiftung Brandenburgische Gedenkstätten danken vielen Beteiligten für die Unterstützung der Erstellung der Dokumentation und des Kataloges, vor allem aber dem Berlin Document Center, dem Brandenburgischen Landeshauptarchiv, dem Bundesarchiv Koblenz, dem Bundesarchiv-Bildarchiv, dem Bundesarchiv-ADN-Bildarchiv, dem Bundesarchiv-Militärarchiv Freiburg, dem Bundesarchiv – Abteilungen Potsdam, der Forschungsstelle für die Geschichte des Nationalsozialismus in Hamburg, der Gedenkstätte Auschwitz, der Gedenkstätte Dachau, der Gedenkstätte Deutscher Widerstand, der Gedenkstätte Haus der Wannsee-Konferenz, der Gedenkstätte Ravensbrück, der Gedenkstätte Sachsenhausen, der Gedenkstätte Yad Vashem, dem Geheimen Staatsarchiv Preußischer Kulturbesitz, dem Institut für Zeitgeschichte München, den National Archives Washington D.C., dem Staatsarchiv Nürnberg, der Zentralen Stelle zur Verfolgung von NS-Verbrechen in Ludwigsburg sowie Herrn Baufeld, Oranienburg, der viele hilfreiche Informationen gab, sowie für vielfältige Unterstützung Herrn Dr. Drobisch, Berlin, Frau Dr. Endlich, Berlin, Herrn Kroker, Oranienburg und Herrn Wyborni, Oranienburg. Der besondere Dank des Autors gilt auch der Edition Hentrich und dem Verleger Werner Buchwald für die reibungslose Zusammenarbeit.